Markus Väth

Musterwechsel

Wie wir unsere Wirtschaft retten

Wir übernehmen Verantwortung! Ökologisch und sozial!

- Verzicht auf Plastik: kein Einschweißen der Bücher in Folie
- Nachhaltige Produktion: Verwendung von Papier aus nachhaltig bewirtschafteten Wäldern, PEFC-zertifiziert
- Stärkung des Wirtschaftsstandorts Deutschland: Herstellung und Druck in Deutschland

MARKUS VÄTH

MUSTERWECHSEL

Wie wir unsere Wirtschaft retten

Bibliografische Information der Deutschen Nationalbibliothek

Die Deutsche Nationalbibliothek verzeichnet diese Publikation
in der Deutschen Nationalbibliografie; detaillierte bibliografische Daten
sind im Internet über http://dnb.d-nb.de abrufbar.

ISBN 978-3-96739-087-2

Lektorat: Claudia Franz, Oberstaufen | info@text-it.org
Umschlaggestaltung: Buddelschiff, Stuttgart | www.buddelschiff.de
Titelfoto: Photo by Ash from Modern Afflatus on Unsplash
Autorenfoto: © Lena Wenz
Satz und Layout: Das Herstellungsbüro, Hamburg | www.buch-herstellungsbuero.de
Druck und Bindung: Salzland Druck, Staßfurt

Copyright © 2022 GABAL Verlag GmbH, Offenbach

Wir drucken in Deutschland.

www.gabal-verlag.de
www.gabal-magazin.de
www.facebook.com/Gabalbuecher
www.twitter.com/gabalbuecher
www.instagram.com/gabalbuecher

PEFC zertifiziert
Dieses Produkt stammt aus nachhaltig
bewirtschafteten Wäldern und kontrollierten
Quellen.

www.pefc.de

Inhalt

Deutschland am Wendepunkt

Im Mediengeschäft gibt es ein Sprichwort: *Only bad news are good news.* Nur schlechte Nachrichten sind gute Nachrichten. Schlechte Nachrichten verkaufen sich besser, versprechen sie doch emotionale Schlagzeilen, Drama, das Außergewöhnliche und nicht zuletzt die Bestätigung der eigenen Ansichten über die Schlechtigkeit der Welt. Als Konsument zeitgenössischer Nachrichten bekommt man jeden Tag sein Päckchen schlechter Nachrichten aus aller Welt ab. Gutes hingegen geht in der Nachrichtenflut oft unter oder wird als nicht berichtenswert von den Redaktionen ausgesiebt. Weil wir das wissen, haben wir uns recht gut auf den überwiegend negativen, manchmal alarmierten Charakter von Nachrichten eingestellt.

Trotzdem tritt ein Thema in den letzten Jahren immer mehr in den medialen Vordergrund, das den Deutschen die Sorgenfalten auf die Stirn treibt: die eigene Unzulänglichkeit, wenn es um unsere politische Kompetenz geht, um Krisenmanagement, wirtschaftliche Innovation oder gesellschaftliche Probleme wie Armut oder Migration. Wir Deutschen, an unseren Ruf als Land der Dichter und Denker ebenso gewöhnt wie an das Dauerabonnement in den Spitzenplätzen der Exportwirtschaft, machen uns bei den großen Themen unserer Zeit zunehmend lächerlich.

Wir Deutschen machen uns bei den großen Themen unserer Zeit zunehmend lächerlich.

Selbst ausländische Medien wie die New York Times oder die Neue Zürcher Zeitung fragen sich mittlerweile in schöner Regelmäßigkeit, was in »good old Germany« los ist.

Natürlich gelingen uns kleinere Vorhaben und Initiativen in der Regel immer noch. Aber überall, wo es groß wird, komplex, wo Koordination, Kompetenz und Wille gefragt sind, versagen wir. Der Berliner Flughafen, Stuttgart 21, die elektronische Gesundheitskarte, die digitale Infrastruktur, der Wohnungsnotstand in Ballungsgebieten, die flächendeckend maroden Schulgebäude, der schleppende Ausbau erneuerbarer Energien: Diese und viele andere Beispiele machen gnadenlos klar, dass wir Deutsche es im Gegensatz zu unserer Selbstwahrnehmung »nicht mehr draufhaben«.

Wir leben von unserer politischen, wirtschaftlichen und technologischen Substanz. Autobahnen, Brücken und Tunnel sind vielerorts marode und müssten dringend saniert werden. Wir haben mit der krisengeschwächten Deutschen Bank und der heruntergewirtschafteten Commerzbank keine nationale Bank von Weltrang mehr. Alle großen Energiekonzerne filetieren sich selbst, suchen ihr Heil in der Aufspaltung oder in neuen Geschäftsmodellen. Die Autokonzerne haben viel zu spät die Zeichen der Zeit erkannt und kommen jetzt erst mit den Themen E-Mobilität und autonomem Fahren in die Gänge. Unser Bildungssystem ist nicht im Ansatz auf die beruflichen Anforderungen des 21. Jahrhunderts vorbereitet, sondern bringt standardisierte Fließband-Angestellte für Verwaltung, Fabriken und Büros hervor. All diese Probleme bestanden schon vor der Corona-Krise, manche seit 20 Jahren und länger. Passiert ist wenig bis nichts.

Unser Wohlstand, unsere Zukunft und der soziale Frieden in Deutschland stehen auf dem Spiel.

Mittlerweile ist es fast zu spät. Unser Wohlstand, unsere Zukunft und der soziale Frieden in Deutschland stehen auf dem Spiel. Daher reichen keine kleinen Änderungen mehr, kein Justieren von Stellschrauben oder ein neues Gesetz zur Anpassung von X. Was wir brauchen, ist eine echte Veränderung, ein *Musterwechsel* in Wirtschaft, Politik und Gesellschaft. Ein Musterwechsel tritt dann ein, wenn Menschen, Unternehmen oder die Gesellschaft ihr altes Denken und Handeln in zentralen Punkten über Bord werfen und sich neue Denk- und Handlungsmuster aneignen – weil man erkennt, dass man nur so das Überleben sichert und neue Ziele erreicht.

Ein Beispiel für einen Musterwechsel ist der Übergang zum sogenannten Fosbury-Flop im Hochsprung, benannt nach Richard Douglas Fosbury. Von Sportexperten und der Konkurrenz kritisch beäugt bis verlacht, übersprang Fosbury bei den Olympischen Sommerspielen 1968 als erster Mensch die Hochsprunglatte *rückwärts* und gewann. In kurzer Zeit wurde der Fosbury-Flop zur Standardtechnik, auch weil die Hochsprung-Gemeinde erkannte: Mit der neuen Technik lässt sich der seit Jahren gültige Weltrekord knacken – was auch geschah. Heute liegt der Hochsprungweltrekord der Männer bei 2,45 Meter, erzielt mit einem Fosbury-Flop.

Was wir brauchen, ist ein gesellschaftlicher Fosbury-Flop. Wir müssen uns eingestehen, dass wir immer noch alte Lösungen für neue Probleme anwenden. Und das ist nicht mehr zielführend. So wie sich die politischen, technologischen und wirtschaftlichen Probleme im Lauf der Zeit wandeln, müssen wir unsere traditionellen Denk- und Handlungsmuster hinterfragen. Wir müssen wie Richard Fosbury den Mut haben, neue Dinge auszuprobieren – auch auf die Gefahr hin, lächerlich auszusehen oder zu scheitern. Sonst wird Deutschland auf Dauer seinen Wohlstand nicht halten können, sondern international immer weiter ins Hintertreffen geraten: wirtschaftlich, technologisch, politisch.

Wie also retten wir unsere Wirtschaft und prägen die Zukunft der Arbeit und unserer Gesellschaft neu? Von der Antwort hängt schließlich einiges ab: Wohlstand, sozialer Frieden, das Selbstverständnis unserer Unternehmen und nicht zuletzt gelingende Arbeitsbiografien in einer Epoche der ökonomischen Dynamik und Unsicherheit.

Für dieses Buch habe ich sieben Ideen zusammengestellt, mit denen wir einen wirksamen Musterwechsel und wirklich neue Denk- und Handlungsmuster herbeiführen können. In einer gesellschaftlichen Perspektive sollten wir einen selbstbewussten, aber auch wohlwollenden Umgang mit unserem kapitalistischen System pflegen, flankiert von einer Kultur des Digitalen, einer revolutionierten Bildung und dem Ziel des Gemeinwohls. In einer wirtschaftlichen

Perspektive sollten wir unsere Arbeitswelt um zentrale Prinzipien herum bauen, die ein Gleichgewicht finden zwischen den Ansprüchen ökonomischer Produktivität und der Würde menschlicher Arbeit. Konkret heißt das: Wertschöpfung durch Wertschätzung, sinnvolle Arbeit und New Work als Wirkprinzip von Unternehmen:

1. Auf der Idee des Kapitalismus fußt unser gesamtes Gesellschafts- und Wirtschaftssystem. Die soziale Marktwirtschaft in Deutschland lebt eine gemäßigte Spielart des Kapitalismus – zu Recht. Aber in den letzten 50 Jahren ist der Kapitalismus auch hierzulande zunehmend in die Defensive geraten. Ich analysiere in meiner ersten Idee die beiden Narrative des Kapitalismus, versuche eine faire Bewertung und mache Vorschläge, wie wir mit dem Konzept eines aufgeklärten Kapitalismus neu über ihn nachdenken und uns bereits von der Schule an kompetent und souverän mit diesem zentralen Gesellschaftselement auseinandersetzen können.

2. Eng mit einer Betrachtung eines modernen Kapitalismus sind die Fragen verbunden: Was ist Wertschöpfung überhaupt jenseits des traditionellen betriebswirtschaftlichen Modells? Und wie hängen Wertschöpfung und Wertschätzung für menschliche Arbeit zusammen? In meiner zweiten Idee diskutiere ich zunächst das Thema Wertschätzung in Form von Gehalt und dem damit verbundenen psychologischen Arbeitsvertrag sowie die neue Qualität von Arbeitszeit in einer Post-Corona-Wirtschaft. Darauf aufbauend entwerfe ich auf der Grundlage eines modernen Menschenbildes ein ganzheitliches Modell von Wertschöpfung jenseits betriebswirtschaftlicher Schemata.

3. Wertschöpfung fußt natürlich nicht nur auf Wertschätzung. Moderne Wirtschaft ist beispielsweise ohne eine konsequente Digitalisierung nicht denkbar, und die ist in Deutschland Mangelware. In meiner dritten Idee analysiere ich die zweifelhafte Rolle der Politik, wenn es um Digitalisierung in Deutschland geht, bevor ich mich mit der Psychologie der Digitalisierung beschäftige so-

wie mit den gesellschaftlichen Sorgen und Versprechungen, die damit verbunden sind. Schließlich entwerfe ich eine Perspektive in Form einer umfassenden Kultur des Digitalen, die über technologische Digitalisierungsdebatten hinausreicht.

4. Im Zentrum jeder vernünftigen Wirtschaft muss – digitalisiert oder nicht – ein möglichst hoher Anteil sinnvoller Arbeit stecken. Nicht nur für gute Arbeitsergebnisse, sondern weil Arbeit ein wichtiger Teil des menschlichen Lebens ist. Daher setze ich mich in meiner vierten Idee damit auseinander, was sinnvolle Arbeit auszeichnet, wie wir den Anteil sinnvoller Arbeit in der Wirtschaft erhöhen und Bullshit-Jobs reduzieren. Dazu gehört auch eine kritische Auseinandersetzung mit der aktuellen Purpose-Bewegung und mit der Bedeutung von Wirksamkeit als entscheidendem Kriterium für berufliche Zufriedenheit.

5. Ob sinnvoll oder nicht: Unser Arbeitsalltag findet in der Regel in kleinen und großen Organisationen statt. Und diese Organisationen werden immer noch nach Management-Prinzipien gestaltet, die nicht mehr zu unserer dynamischen Zeit passen. In meiner fünften Idee setze ich mich daher mit den beiden entscheidenden Merkmalen erfolgreicher Organisationen auseinander – Verantwortung und Vertrauen. Davon ausgehend entwerfe ich ein Modell aus fünf Prinzipien, mit denen sich vom Handwerksbetrieb über den Mittelstand bis hin zur öffentlichen Verwaltung moderne, erfolgreiche Organisationen aufbauen lassen.

6. Neue und alte Unternehmen brauchen natürlich kluge Köpfe und gut ausgebildete Mitarbeiter. Aber an einer zeitgemäßen Bildung hapert es allerorten, nicht nur im Betrieb, sondern bereits in der Schule. In meiner sechsten Idee decke ich auf, wofür Schule tatsächlich da ist und warum wir Bildung endlich vom Kopf auf die Füße stellen müssen. Darauf aufbauend entwerfe ich das Zukunftsbild einer individuellen und selbstwirksamen Bildung, die einen mündigen, kritischen Bürger hervorbringt, der auch in der zukünftigen Arbeitswelt bestehen kann und so den Anforde-

rungen des 21. Jahrhunderts mit allen seinen Unwägbarkeiten entspricht.

7. Schließlich widme ich mich der Rolle der Wirtschaft in unserer modernen Gesellschaft. In meiner siebten Idee setze ich mich mit dem ökonomischen Musterwechsel hin zum Stakeholder-Value auseinander und analysiere den Trend zum Kollektiv-Denken in Gesellschaft und Politik, das einen epochalen Wechsel von einer Ich-zentrierten zu einer Wir-zentrierten Perspektive enthält. Mit diesen Beobachtungen entwerfe ich Möglichkeiten einer sozialen und nachhaltigen Wirtschaft, die von Meinungsfreiheit, demokratischer Beteiligung und Transparenz geprägt ist.

Diese sieben Punkte erscheinen mir als zentral für einen Musterwechsel, der weit über die Wirtschaft hinausreicht und ebenso gesellschaftliche und politische Veränderungen in Gang bringen kann. Und dieser Musterwechsel, dieser gesellschaftliche Fosbury-Flop ist möglich.

Ich möchte Sie ganz herzlich einladen, sich intensiv mit den Ideen in diesem Buch zu beschäftigen. Sie sind das Ergebnis meiner langjährigen Erfahrung als Psychologe, Organisationscoach und Beobachter einer zunehmend anspruchsvollen (Wirtschafts-)Welt. Dieses Buch ist als Startpunkt, als Inspiration zum Weiterdenken und Weiterdiskutieren gedacht. Ich freue mich daher über Lob, Kritik, aber auch über alternative Ideen für unsere Zukunft – gerne per Mail an markus@humanfy.de oder über mein Profil beim Business-Netzwerk LinkedIn.

Ich hoffe, Sie haben beim Lesen genauso viel Spaß wie ich beim Schreiben. Dieses Buch versteht sich nicht als klassisches Fachbuch und ist für einen möglichst großen Leserkreis geschrieben. Wo immer möglich, habe ich exotische Fachbegriffe vermieden. Wichtig ist mir ein verständlicher Stil, der trotzdem der Komplexität des Themas gerecht wird. Lassen Sie uns den Musterwechsel in der Wirtschaft verwirklichen. Lassen Sie uns gemeinsam die Zukunft in Angriff nehmen – mit Mut, Ausdauer und Kreativität.

KAPITALISMUS:
Besser als sein Ruf

Von Ausbeutern und Kostendrückern: Das Narrativ vom bösen Kapitalismus

Haben Sie manchmal auch das Gefühl, es wird alles schlechter? Dass beispielsweise die Schere zwischen Arm und Reich immer weiter aufgeht, dass Klimawandel und Umweltzerstörung unaufhaltsam voranschreiten und dass wir von politischen bzw. religiösen Extremisten unterwandert werden? Nicht wenige Menschen haben diese und viele andere Befürchtungen aus den Bereichen Wirtschaft, Gesellschaft und Politik längst verinnerlicht. Für sie ist klar, dass eine wie auch immer geartete Zeitenwende vor der Tür steht – eine Furcht, die schon mal in der gesellschaftlich diskutierten Frage endet: Darf man in so eine Welt eigentlich noch Kinder setzen?

Wenn Ihnen diese Fragen auch Angst machen, trösten Sie sich: Sie sind nicht allein. Eine Studie aus dem Jahr 2021 fand diese drei Ängste unter den bedeutendsten Zukunftssorgen der Deutschen: Für 51 Prozent sind die Umweltzerstörung und der Klimawandel das drängendste Problem, 44 Prozent fürchten eine Zweiklassengesellschaft und 41 Prozent die Bedrohung durch Terrorismus. Nur die Angst vor Altersarmut (55 Prozent) und eine generelle Furcht vor Kriminalität (46 Prozent) wurden neben diesen drei Zukunftsängsten von den Befragten als ähnlich wichtig erachtet. Die Studienautoren schlussfolgern, dass Phänomene wie die German Angst und ein typisch deutscher Pessimismus durchaus weiter bestehen, obwohl Deutschland wirtschaftlich stärker und politisch stabiler ist als viele vergleichbare Länder. Frauen sind laut dieser Erhebung übrigens deutlich pessimistischer gestimmt als Männer, und Ältere wiederum pessimistischer als Jüngere.[1]

Vielleicht liegt der Grund für diese Haltung tatsächlich in der spezifisch deutschen Mentalität eines realistischen Pessimismus. Diese Haltung hat evolutionär durchaus Vorteile: lieber die Risiken einer Sache über- als unterschätzen. Eine solche Haltung lässt uns manchmal übertrieben vorsichtig werden, misstrauisch gegenüber Veränderungen, sei es in unserem persönlichen Alltag, an unserem Arbeitsplatz oder auch bei neuen Technologien. Hollywood zum Beispiel nutzt den realistischen Pessimismus zur Gag-Produktion: Wenn böse Jungs im Film in ein Gebäude einbrechen, geht der Klügere meist als Zweiter. Während der wagemutige Erste eins auf die Mütze bekommt, kann der kluge Zweite entkommen (und seine Gene erfolgreich weitergeben, falls ihm sein stressiges Gaunerleben eine solche Extravaganz gestattet). In den Jahrzehntausenden, die der Mensch nun schon auf dieser Erde verbringt, haben sich eher die Vorsichtigen als die Wagemutigen genetisch durchgesetzt.

Wir Deutschen haben aus unserer fehlenden Abenteuerlust sogar ein Sprichwort gemacht: »Lieber den Spatz in der Hand als die Taube auf dem Dach.« Wir gehen als Gesellschaft sozusagen immer als Zweite durch die Tür. Das ist einerseits evolutionär verständlich und kann auch Ausdruck von Höflichkeit sein, doch beim globalen Innovationsrennen um politische Gestaltung oder technologische Vorreiterrollen machen wir Deutsche damit in der Regel leider keinen Stich. Da zählen Wagemut, Improvisationstalent, Kapital und ein fundierter Glaube an sich selbst. Und der Innovationsdruck wächst: Bei digitalen Patententwicklungen beispielsweise, dem jüngsten und kraftvollsten Forschungszweig globaler Innovation, lag Deutschland 2018 mit rund 2000 Patenten abgeschlagen auf dem fünften Platz. Zum Vergleich: Ranking-Sieger USA kam auf rund 11 900 Patente, Japan auf 6700 Patente, China als Nummer drei auf 6300 Patente und Korea auf 4400 Patente. Die USA entwickeln also fast sechsmal so viele Patente wie Deutschland, und das in einer der Schlüsselbranchen der Zukunft.

> **Wir Deutschen haben aus unserer fehlenden Abenteuerlust sogar ein Sprichwort gemacht: »Lieber den Spatz in der Hand als die Taube auf dem Dach.«**

Die Diskussion um eine unsichere Zukunft ist in Deutschland beileibe nicht neu, genauso wenig wie Debatten über eine mangelnde Innovationskultur. Aber was hat das mit einem Kapitalismus-Narrativ zu tun? Sind das nicht ganz andere Probleme? Vordergründig ja. Die Angst des Rentners vor Altersarmut ist ein Thema der Rentenpolitik und die zunehmende technologische Innovationslücke ist ein Thema des wirtschaftlichen und wissenschaftlichen Fortschritts. Aber wenn uns die Moderne und unsere Erfahrung mit modernen Gesellschaften eins gelehrt hat, dann die Tatsache, dass wir die meisten wichtigen Themen nicht isoliert voneinander angehen können.

Die Betrachtung von Systemen, nicht von deren Einzelteilen, wird zur hohen Kunst der Politik und der Wirtschaft. Wir müssen akzeptieren, dass unsere Gesellschaft ein System aus ganz unterschiedlichen Teilsystemen darstellt, die miteinander interagieren. Dabei ist die Gesellschaft einem einzelnen Menschen nicht unähnlich. Auch ein Mensch ist ein komplexes System, in dem Organe, Zellen, Nervengewebe und vieles mehr miteinander interagieren und so zum Überleben des Gesamtorganismus beitragen. So wie die moderne Medizin gelernt hat, bei Diagnose und Heilung nicht nur das einzelne Organ zu analysieren, sondern die Gesamtsituation des Patienten, sollten wir moderne Gesellschaften auch als Gesamtorganismus betrachten und uns fragen: Gibt es zentrale Bestandteile dieses Systems, die es am Leben erhalten? Gibt es vielleicht sogar eine Basis, welche die moderne Gesellschaft definiert? Im Fall unserer modernen Gesellschaft ist dies die kapitalistische Ordnung. Wenn wir uns also Themen wie Rentenpolitik oder Innovationsdefizite anschauen, kommen wir nicht darum herum, das kapitalistische System als Basis unserer Überlegungen mit einzubeziehen: Viele Themen hängen mit der Darstellung und Beurteilung des Kapitalismus als Grundsystem unserer Gesellschaft zusammen – und damit, wie interessierte gesellschaftliche Gruppen und die Medien das Thema Kapitalismus transportieren.

Schauen wir uns das Beispiel *Rente* an. Viele Deutsche befürworten unser umlagefinanziertes Rentensystem: Man zahlt in eine staatliche Kasse ein und bekommt als Rente wiederum Geld aus dieser staatlichen Kasse. Dass dieses System vor dem Kollaps steht, wird jedoch ignoriert. Heute versorgen etwa drei arbeitende Bürger einen Rentner. Bereits 2027 werden es nur noch zwei Arbeitende sein, welche die Rente eines Älteren erwirtschaften. Deutschland wird bald global nach Japan die zweithöchste Rentnerquote haben. Auch ein Erweitern der Beitragspflichtigen um Selbstständige oder Beamte brächte wenig, da diese Gruppen ja wiederum Ansprüche auf Rentenzahlungen stellen würden. Mit anderen Worten: Das umlagefinanzierte Rentensystem ist mittelfristig am Ende; spätestens ab 2035 sollte es auf anderen Füßen stehen, beispielsweise mit dem norwegischen Modell eines börsenorientierten Staatsfonds. Da dessen Durchfinanzierungsphase bis zu einer stabilen Auszahlungsleistung an die Bürger allerdings 15 bis 20 Jahre dauert, sollte die deutsche Politik eher heute als morgen über eine zügige Einführung dieses Instruments nachdenken.

Rational gesehen, ist das deutsche Rentensystem in sehr kurzer Zukunft also nicht mehr finanzierbar. Doch die Deutschen tun sich schwer mit alternativen Finanzierungsmodellen. Selbst fondsgebundene Rentenversicherungen oder ähnliche Instrumente, die eine Nutzung des Kapitalmarkts zuließen, sind vielen ein Gräuel – zu unsicher, zu unübersichtlich und vor allem: zu kapitalistisch. Kapitalismus verkörpert für viele, nun ja, die dunkle Seite der Macht. Lieber sehenden Auges gegen die Rentenwand rennen als die – durchaus – risikobehafteten Chancen kapitalistischer Geldwirtschaft nutzen. Das scheint das Motto breiter Bevölkerungsschichten zu sein, denn nur etwa 16 Prozent der Deutschen besitzen Aktien. Das Land der Dichter und Denker verhält sich wie ein Tourist »bei einer Reise in den Urlaub, bei der der Fahrer das Auto höchstens auf Tempo 30 beschleunigt. Dadurch ist ein tödlicher Unfall fast ausgeschlossen, ob die Reisenden aber während ihres Urlaubs am Ziel ankommen, ist fraglich. […] Die Masse legt ihr Geld nach wie vor auf Tagesgeldkonten, zu Zinsen nahe null an – und wundert sich, dass nichts vorangeht.«[2]

> **Kapitalismus verkörpert für viele, nun ja, die dunkle Seite der Macht.**

Beispiel *Digitalinnovationen:* Digitale Unternehmen, vor allem Start-ups mit guten Ideen, brauchen auch in Deutschland vor allem eins: Kapital. Seit Jahren setzen sich einschlägige Verbände für eine Verbesserung der rechtlich möglichen Venture-Capital-Finanzierung ein. So wollen sie verhindern, dass vielversprechende Gründungen ins Silicon Valley abwandern oder gleich von IT-Riesen aufgekauft werden. Eine Zahl verdeutlicht das drastisch: Konnten 2018 in den USA 257 Venture-Capital-Fonds rund 54 Milliarden Dollar für die Finanzierung von jungen Unternehmen einsammeln, kamen 17 deutsche Wagnisfinanzierer im gleichen Jahr auf lediglich 1,2 Milliarden Euro. Die USA, die auch hier das Maß aller Dinge sind, pumpen also fast 40-mal (!) so viel Geld in ihre digitale Zukunft wie Deutschland.

Hierzulande herrscht eine Investitionspolitik nach dem Motto: Wasch mich, aber mach mich nicht nass. Zum Leben zu wenig, zum Sterben zu viel. Vor allem in der fortgeschrittenen Unternehmensphase von Start-ups, wo es um Skalierung des Geschäftsmodells, um Wachstum und intensives Marketing geht, versagt die zurückhaltende deutsche pessimistische Investitionsmentalität. Stattdessen rufen die Deutschen lieber eine Agentur für Sprunginnovationen und einen Digitalrat ins Leben: Wenn du nicht mehr weiterweißt, gründe einen Arbeitskreis.

Noch ein Beispiel, diesmal aus der *Kulturgeschichte:* Steve Jobs und Joschka Fischer kommen aus der gleichen Generation. Beide wollten die Welt verändern. Jobs erschuf einen globalen Konzern, der die digitale Welt revolutionierte; Fischer wurde Politiker und international geachteter Staatsmann: »Es ist kein Zufall, dass Apple etwa zur gleichen Zeit wie die Grünen entstand. Palo Alto brachte Steve Jobs und Frankfurt Joschka Fischer hervor. Beide gingen ähnlich radikal zu Werke. Fischer warf Steine, Jobs zertrümmerte Monopole von Microsoft und IBM. Sie unterschieden sich in ihren Mitteln, nicht in ihrem Anspruch auf Veränderung. […] Interessanterweise suchte Apple für seine Kampagne die gleichen Helden aus wie die Grünen in Deutschland: Mahatma Gandhi, Martin Luther King, den Dalai Lama und Albert Einstein.«[3]

Während Steve Jobs mit Apple ganz selbstverständlich den kapitalistischen Weg technologischer Innovation ging, kann man mit wirtschaftlichem und finanziellem Erfolg bei uns in Deutschland gesellschaftlich nicht reüssieren. Alles jenseits eines kompakten Mercedes oder BMW ist Protz. Der Deutsche erwirbt gesellschaftlichen Respekt nicht durch Geld und Besitz, sondern durch intellektuellen Beitrag, hierarchischen Status oder Society-Prominenz. Deshalb leben Deutschlands Multimillionäre versteckt hinter Grundstücksmauern, während in den USA Reiche von den Veranden ihrer Villen offenherzig herüberwinken. Die USA und Deutschland repräsentieren so etwas wie Extrempole, wenn es um die Beurteilung von Kapitalismus und seine Vor- und Nachteile geht. Weder hier noch dort sind die Diskursanteile im Gleichgewicht. Während in den USA vieles am Kapitalismus zu unkritisch gesehen wird, schlagen wir Deutsche ins andere Extrem und gebrauchen »Kapitalismus« oft gar nicht mehr als Beschreibung, sondern als ideologischen Kampfbegriff mit negativem Einschlag.

> **Alles jenseits eines kompakten Mercedes oder BMW ist Protz. Der Deutsche erwirbt gesellschaftlichen Respekt nicht durch Geld und Besitz.**

Es ist durchaus leicht, kapitalistische Auswüchse zu kritisieren. So hat Deutschland beispielsweise mit etwa 20 Prozent immer noch einen der größten Niedriglohnsektoren in Europa – von Mini-Jobs über Clickworking bis hin zu Werkverträgen. Zum Vergleich: In allen 28 EU-Ländern (mit Großbritannien) arbeiten im Schnitt nur knapp über 15 Prozent der Beschäftigten im Niedriglohnsektor. Selbstverständlich muss man die Frage stellen, ob auf Kosten des Profits nicht höhere Löhne ökonomisch machbar und ethisch geboten wären. Darüber hinaus profitiert Deutschland wirtschaftlich von globalen Lieferketten, deren Rentabilität nicht selten auf Ausbeutung, Kinderarbeit und niedrigen Löhnen in den Lieferländern, vor allem in Asien und Lateinamerika, beruht. So unterschiedliche Branchen wie Konsumartikelhersteller, Bekleidungsunternehmen oder Technologie-Firmen profitieren teilweise extrem von diesen Lieferketten. Und nicht zuletzt herrscht in Deutschland akute Wohnungsnot. Laut Fachverbänden müssten bis zu 60 000 Sozialwohnungen gebaut werden – pro Jahr. Hauptverantwortlich für den bereits Jahre anhaltenden Trend sind nicht nur Preissteigerungen für Baumaterial von bis zu 80 (!) Prozent über die letzten 20 Jahre, sondern eben auch die Nutzung von Immobilien als Spekulationsobjekte zahlreicher in- und ausländischer Investoren.

Die Liste ließe sich fortsetzen. Kleine und große gesellschaftliche Probleme, für die der Kapitalismus verantwortlich gemacht wird, kann man jeden Tag in Presse, Funk und Fernsehen begutachten. Und ja, das sind reale Probleme, die wir dringend lösen müssen. Doch es gibt eben auch die andere Seite: Fakten, die eine positive, fast segensreiche Geschichte des Kapitalismus zeigen und ihn historisch nicht nur satisfaktionsfähig machen, sondern zu einer Angelegenheit, die man nicht leichtfertig kaltstellen sollte.

Die sogenannten Entwicklungsländer haben ihren Wohlstand zwischen 1970 und 2018 erheblich vergrößern können. Während sich das weltweite reale Bruttoinlandsprodukt pro Einwohner in diesem Zeitraum »nur« etwas mehr als verdoppelte, stieg es in Asien um fast das Fünffache. In Subsahara-Afrika gab es ebenfalls eine Steigerung, wenn auch nur um 25 Prozent.[4] Der globale Wohlstand wird also teilweise umverteilt – von den alten, westlichen Industrienationen hin zu den neuen, aufstrebenden Weltregionen wie Asien, aber auch Süd- und Mittelamerika.

Auch in puncto Gesundheit hat der Kapitalismus Erfolge vorzuweisen: Der Hunger in der Welt wird immer weiter zurückgedrängt, ja sogar in sein Gegenteil verkehrt. 2014 war das erste Jahr in der Geschichte der Menschheit, in dem weltweit mehr Menschen aufgrund von Übergewicht zu Tode kamen als aufgrund von Hunger: 1,7 Millionen starben an Unterernährung; 4,4 Millionen durch die Folgen von Übergewicht. Ermöglicht wurde diese radikale Wende auch durch die kapitalistische Förderung von Agrartechnologien, Mikrokredite oder Freihandelsabkommen.

Die Lebenserwartung hat sich ebenfalls enorm erhöht: global von durchschnittlich 50,4 Jahren im Jahr 1950 auf 79 Jahre im Jahr 2017.[5] Eine Steigerung von fast 60 Prozent innerhalb von knapp 70 Jahren! Auch hier hatte der Kapitalismus seinen Anteil: beispielsweise durch die Erzeugung von Nahrung im industriellen Maßstab, durch Entwicklung von Kapazitäten zur Wasseraufbereitung oder durch umfangreiche Investitionen in medizinische Forschung.

Der globalisierte Kapitalismus hat der Welt viel Gutes gebracht; mitunter wird er sogar in einem positiven Sinn als Ökonomie der Armen für Arme bezeichnet: »Die Beschäftigten in den Unternehmen wissen sehr genau: Damit es ihnen gut geht, braucht es eine effiziente Massenproduktion von Gütern, die sie sich leisten können. Das ermöglicht ihnen nur der Kapitalismus, wie auch das hohe Niveau der Löhne und die meist ordentlichen Arbeitsbedingungen, die sie heute haben. Die sozialistischen Experimente waren dazu […] nicht in der Lage.«[6]

Allerdings ist es leicht, eigene Ängste und Probleme auf den Kapitalismus abzuwälzen, denn »er ist eine geniale Projektionsfläche zur Erklärung aller möglichen Übel, von der Zunahme psychischer Krankheiten bis zum Wachstumswahn. Diese Kritik prüft nie, ob sie richtig adressiert ist. Dahinter steckt eine Erlösungshoffnung: Es könnte eine bessere Welt ohne Knappheit, Konkurrenzkämpfe und die vermeintlich diabolische Gier geben. Die Botschaft ist viel älter als der Kapitalismus. Seit Aristoteles weist die Philosophie darauf hin, dass Geld den Charakter verdirbt, dass es den Menschen entfremdet. Das ist bis heute populär: Wir alle fühlen uns hilflos ausgeliefert, wenn das Geld am Ende des Monats knapp wird.«[7]

Unkritischer Kapitalismus kann der Gesellschaft, den Menschen und nicht zuletzt der Wirtschaft selbstverständlich schaden, weil er Vertrauen in die Unternehmen zerstört und somit letztlich die Quelle unseres Wohlstands. Gerade deshalb müssen wir das Bild des Kapitalismus differenzieren – weg vom unreflektierten, negativen Narrativ von Kapitalismus, dem gerade in Deutschland viele Menschen nachzuhängen scheinen. Das kapitalistische Wirtschaftssystem erscheint vielen als mehr oder weniger erträgliches Übel. Es ist notwendig, um die Gesellschaft mit Gütern und Dienstleistungen zu versorgen, aber dabei so beliebt wie der ungezogene Onkel, den man zu Weihnachten einladen muss, mit dem man sich aber nicht gern sehen lassen will, weil er nach Alkoholgenuss gern ausfallend wird.

Über die letzten 100 Jahre formte sich in der westlichen Welt das Narrativ des bösen Kapitalismus: gierig, ungerecht, eine Zumutung für Mensch, Gesellschaft und Natur. Vom »Raubtierkapitalismus« ist manchmal die Rede oder gern auch von Investoren, die wie »Heuschrecken« über arme, notleidende Betriebe herfallen und sie finanziell kahl fressen. Aber es geht auch subtiler: Der 1. Mai ist in Deutschland als Feiertag den Arbeitnehmern gewidmet, meist organisiert von Gewerkschaften und linken Gruppen. Arbeitgeber hingegen muss man nicht feiern, die profitieren ja sowieso von der »Ausbeutung der Massen«. In der Folge werden zum Beispiel Tarifverhandlungen oft zum Kampfgebiet eines Stellvertreterkrieges zwischen den guten Arbeitnehmern und den bösen kapitalistischen Arbeitgebern.

Die Erzählung des guten Kapitalismus gruppiert sich um die Begriffe Wohlstand, Marktwirtschaft und Wachstum. Sie skizziert ein Win-win-Szenario, in dem durch kapitalistische Wirtschaft, Innovation und globalisiertem Handel alle möglichen Gruppen voneinander profitieren. Böser Kapitalismus hingegen drückt sich in Ressourcenverschwendung, sozialer Ungleichheit und globaler Umweltzerstörung aus. Dabei ist dieses negative Narrativ nur die eine Seite einer Medaille, die allerdings in den letzten Jahrzehnten immer mehr an Bedeutung gewonnen hat. Angefangen von der Ära der US-amerikanischen Reaganomics in den 1980er-Jahren über die Finanzkrisen von 1987, 2000 und 2008 bis zur immer stärkeren Klimabewegung wird der Kapitalismus zur Zielscheibe zahlreicher Projektionen. Aber das Narrativ vom bösen Kapitalismus verwirrt mehr als es erhellt. Vergessen wird gerne, dass der globale Kapitalismus ganze Weltregionen aus der Armut geholt, Millionen Menschen das Leben gerettet und durch Investitionen und Freihandel den globalen Wohlstand in einem kaum vorstellbaren Ausmaß gesteigert hat. Doch diese historischen Argumente dringen in der Regel nicht in unser alltagsgeplagtes Gemüt. Dort dominiert ein dumpfes Unbehagen, festgemacht an durchaus realen Problemen, die auch (aber eben nicht nur) von ökonomisch-kapitalistischen Fehl-

> **Das Narrativ vom bösen Kapitalismus verwirrt mehr als es erhellt.**

entwicklungen verursacht werden und so das Bild eines bösen Kapitalismus formen.

Das kapitalistische System ist natürlich nicht perfekt. Nicht umsonst gibt es rund um den Globus die unterschiedlichsten Spielarten: von der neoliberalen amerikanischen Variante über die europäisch-gemäßigte Marktwirtschaft bis hin zum kapitalistischen Sozialismus Chinas. Diese Vielfalt bildet sich in unserer Debatte über einen aufgeklärten reflexiven Kapitalismus allerdings nicht genügend ab. Wir sind dabei, die Errungenschaften des kapitalistischen Systems unkritisch wegzufegen, ohne eine befriedigende Alternative zu präsentieren. Davor warnen nicht nur konservative Denker oder Wirtschaftsführer. Selbst ein ausgewiesener Kapitalismuskritiker wie der Begründer der New-Work-Bewegung, der amerikanische Philosoph Frithjof Bergmann, sprach sich in seiner langen Karriere nie für ein Revival des Sozialismus aus; ihm lag vielmehr eine radikale Anpassung des kapitalistischen Systems am Herzen.

Kapitalismus ist nicht das Problem. Der Knackpunkt ist unsere begrenzte Fähigkeit, unterschiedliche Standpunkte hinsichtlich seiner Probleme und deren Lösungen zu respektieren bzw. einzunehmen. Das Ergebnis ist eine neurotische »Ja, aber«-Gesellschaft: nie im Reinen mit sich selbst, dabei ständig auf Krawall gebürstet. Wir lassen uns von der Komplexität unserer Gesellschaft überfordern und erliegen dem sogenannten *Confirmation Bias*, dem Bestätigungsfehler. So nennen Psychologen den menschlichen Hang, die eigene Meinung über bestimmte Sachverhalte zu verstärken, indem man gegenteilige Meinungen ausblendet bzw. bekämpft. Man erlangt innere Ruhe, indem man den Diskussionsgegner ignoriert oder mundtot macht. Nichts anderes kommt in den erregten Diskussionen um *Cancel Culture* oder in den ewigen Twitter-Kriegen zu allen möglichen Themen zum Ausdruck. Nicht das Thema wird so zum Problem, sondern unser Umgang mit ihm.

Barack Obama soll seine Mitarbeiter immer wieder gefragt haben: »What if we are wrong?« – »Was ist, wenn wir falschliegen?« Der amerikanische Ex-Präsident versuchte auf diese Art, sein Team gegen Arroganz und einen zu engen Horizont zu impfen. Denn es gibt immer eine gewisse Wahrscheinlichkeit, dass man selbst falschliegt und der Gegner recht hat. Und es ist ein Signal der Demut, dass man tragfähige Lösungen letztlich immer mit dem gegnerischen Lager finden muss – und nicht in einer emotionalen oder medialen Überwältigung. Social-Media-Blasen sind nichts anderes als der hilflose Versuch, den Bestätigungsfehler einer bestimmten Gesellschaftsgruppe aufrechtzuerhalten, zu verstärken oder zu bekämpfen.

Die »Ja, aber«-Gesellschaft kann nicht mehr in unterschiedlichen, manchmal gegensätzlichen Szenarien denken – und das wirkt sich bei den wirklich wichtigen Themen verheerend aus. Was wir daher für eine konstruktive Debatte über den Kapitalismus brauchen, ist die Fähigkeit zu neuem Denken: weg von »Entweder-oder« und hin zu »Sowohl als auch«. Wir sollten uns in *inklusivem* Denken üben und nicht in *exklusivem* Denken. Wir sollten einschließen und nicht ausschließen. Das setzt voraus, dass wir uns nicht auf menschliche Gegner konzentrieren, sondern uns in sachlicher Auseinandersetzung üben, immer mit Augenmerk auf den positiven Seiten des jeweiligen Gegenstands. Wer sich gegenseitig in Grund und Boden schreit, findet zu keinem Thema eine befriedigende Lösung.

Wer sich gegenseitig in Grund und Boden schreit, findet zu keinem Thema eine befriedigende Lösung.

Die Zukunft des Kapitalismus in Deutschland sollte möglichst viele Gewinner produzieren und möglichst wenige Verlierer. Dabei sollten wir weder den Kapitalismus unkritisch preisen noch uns vom Narrativ des bösen Kapitalismus verführen lassen. Immerhin verdankt Deutschland dem kapitalistischen System seinen Wohlstand der letzten 60 Jahre. Der manchmal unversöhnliche Kampf zwischen Kapitalismusbefürwortern und -kritikern verdeutlicht die Hassliebe, das neurotische Verhältnis, das viele Deutsche zur wirtschaftlichen Grundlage ihres Wohlstands pflegen. In den beiden Narrativen des Kapitalismus verbergen sich nicht nur zwei unterschiedliche Erfolgs- bzw. Misserfolgserzählungen, sondern eine tiefe Ambivalenz, ein fehlendes Grundvertrauen in die Basis unserer Gesellschaft. Über diese Grundfesten unseres Gemeinwesens kann und sollte man diskutieren; das betrifft nicht nur den Kapitalismus, sondern auch Dinge wie Demokratie oder soziale Gerechtigkeit. Wichtig ist nur, diese Debatten sachlich und respektvoll zu führen. Und hier sehe ich in der Kapitalismusdebatte eine gewisse ideologische Infizierung – von beiden Seiten.

Aber das latente Misstrauen gegenüber der modernen Gesellschaft zeigt sich nicht nur in der Kapitalismusdebatte. Auch bei anderen, durchaus praktischen Themen schlägt eine gewisse »Ja, aber-Mentalität«, ein Hin- und Hergerissensein zu – zum Beispiel im Hinblick auf unsere Berufswünsche und die Gestaltung der Arbeitswelt. Darum geht es im nächsten Abschnitt.

Am liebsten Vollzeit und Beamter:
Was unsere Jobwünsche über uns verraten

Mein Schlüsselerlebnis für eine gelungene Berufswahl hatte ich sehr früh in meiner Karriere. Besser gesagt: noch vor irgendeiner Karriere. Nach dem Abitur ging ich zu einem Berater der Arbeitsagentur. Angeleitet von seiner Kompetenz und Erfahrung wollte ich mir das Rüstzeug für eine informierte Entscheidung über meine berufliche Zukunft abholen. Seine Reaktion auf meinen Gedanken, Psychologie zu studieren, werde ich nie vergessen: »Eine sehr gute Wahl! Wenn man schon arbeitslos ist, dann wenigstens in einem Beruf, der einem Spaß macht.« Das sprudelte ernsthaft und völlig unironisch aus ihm heraus – und erschütterte mein Vertrauen in eine staatlich gelenkte Arbeitsmarktpolitik nachhaltig. Inzwischen habe ich trotzdem Psychologie studiert. Arbeitslos war ich in meinem ganzen Leben nur drei Monate lang – und das auch nur, weil ich mich in einer Übergangszeit offiziell beim Arbeitsamt melden musste.

Die damalige Begebenheit machte mir klar, wie folgenschwer eine falsche Entscheidung hinsichtlich des Berufs sein kann. Die Botschaft war klar: »Geh in eine falsche Richtung, und du kommst womöglich nicht mehr auf die Füße.« Aber das waren die Neunziger, wo man noch 20 Jahre oder mehr »beim Daimler« verbrachte und das als völlig normal empfand. So betrug 1995 (als ich mein Studium begann) die durchschnittliche Dauer der Betriebszugehörigkeit in Deutschland über alle Branchen hinweg fast elf Jahre. In der öffentlichen Verwaltung waren es sogar 13 Jahre. Man dachte auf Arbeitgeber- und Arbeitnehmerseite langfristig. Stellenwechsel erfolgten, wenn man umzog oder mehr Geld bekam. Und der Gedanke, sich selbst zu verwirklichen? Der spielte kaum eine Rolle. Personaler legten Wert auf einen lückenlosen, taggenauen Lebenslauf. Häufige Wechsel wurden kritisch beäugt und waren nicht selten ein Kriterium für die Ablage P. Die Standard-Bewerbungsfrage »Wo sehen Sie sich in fünf Jahren?« machte damals noch Sinn, weil man die Verhältnisse auf dem Arbeitsmarkt im Allgemeinen und die eigene Situation im Besonderen als relativ planbar einschätzte, wenn man im Betrieb keine silbernen Löffel klaute oder sein Auto auf dem Parkplatz des Vorstands abstellte.

Ebenso wenig wie langfristige Arbeitsverhältnisse wurde damals die Dominanz der Vollzeitstelle hinterfragt. Vollzeit wurde als selbstverständlich angestrebt. 37 bis 42 Stunden in der Woche verbrachte der Deutsche im damaligen Normalarbeitsverhältnis. Teilzeit war zumindest bei Männern so verbreitet wie ein knalliges Hawaii-Hemd auf dem Wiener Opernball. Nur drei Prozent aller deutschen Männer arbeiteten in Teilzeit – im Gegensatz zu einem satten Drittel der erwerbstätigen Frauen. Alleinstehende Frauen und verheiratete Mütter waren damals schon Leidtragende des Versorger-Mythos, der die Vollzeitstelle als allein selig machende Variante der deutschen Erwerbsbiografie vermittelte. Insgesamt waren 1995 nur 16 Prozent aller Erwerbstätigen in Teilzeit tätig. Deutschland, einig Vollzeit-Land – das war es jedenfalls für diejenigen, die eine Arbeit hatten.

Teilzeit war zumindest bei Männern so verbreitet wie ein knalliges Hawaii-Hemd auf dem Wiener Opernball.

Damals wie heute aber gilt: Für die allermeisten Berufe braucht man eine solide Ausbildung. So starteten 1995 gemeinsam mit mir 262 000 andere junge Menschen ihr Studium. Das waren etwa 22 Prozent unserer Altersgruppe. Weit mehr, über 500 000 junge Leute, begannen eine Ausbildung. Dieses Verhältnis hat sich in den letzten 25 Jahren umgekehrt. 2020 nahmen fast 489 000 Menschen ein Studium an einer deutschen Hochschule auf. Das ist beinahe eine Verdoppelung der jährlichen Zulassungszahlen aus den 1990ern. Hingegen starteten 2020 nur 246 000 junge Menschen eine Ausbildung. Dies entspricht lediglich der Hälfte der Ausbildungsanfänger von 1995. Diese Zahlen bilden einen Langfrist-Trend ab: mehr Akademisierung, weniger Ausbildung und »Hands-on«-Arbeit. Das ist politisch auch so gewollt. Denn »im Vergleich zu 2005 ist die Arbeitslosigkeit unter Akademikern sogar um ein Fünftel gesunken, obwohl seitdem deutlich mehr Akademiker von den Unis kamen. Für die Arbeitsagentur ist das ein deutliches Zeichen, dass der Arbeitsmarkt die vielen Hochschulabsolventen braucht.«[8] Deswegen hält es die Politik »für kontraproduktiv, jetzt auf einmal die Akademisierung in Deutschland zu stoppen und stattdessen die berufliche Bildung aufzuwerten«.[9]

Ob Ausbildung oder Studium: 1995 hatten wir jungen Menschen alle ein bestimmtes Bildungsmodell gemeinsam. Wir verorteten unsere Ausbildung ganz selbstverständlich auf der damals üblichen Zeitlinie: Schule, Ausbildung bzw. Studium, Beruf, Rente. Innerhalb der beruflichen Laufbahn waren allenfalls Upgrades in Form von Weiterbildungen sozial akzeptiert. »Studienabbrecher« war damals noch ein Schimpfwort und keine Ehrenbezeichnung für Start-up-Gründer. Aus dieser Mentalität heraus ist auch der Spruch meines damaligen Betreuers bei der Arbeitsagentur zu verstehen. Er hielt genau wie ich meine Studienwahl für eine Art Gerichtsurteil, eine epische Entscheidung über Sieg oder Niederlage im Kampf um eine erfolgreiche berufliche Zukunft. Ein bisschen wie bei Star Wars, wenn der alte, weise Jedi-Meister Yoda über die zwei Seiten der Macht dozierte: »Folgst du einmal dem dunklen Pfad, auf ewig wird beherrscht davon dein Schicksal.«

> »Studienabbrecher« war ein Schimpfwort und keine Ehrenbezeichnung für Start-up-Gründer.

Die Wahl und der Verlauf einer Erwerbsbiografie waren geprägt von einer gewissen Unterkomplexität. Die Schritte Ausbildung bzw. Studium, erste Arbeitsstelle, zweite Arbeitsstelle und so weiter entsprachen einem klaren, auch gesellschaftlich vorgegebenen Ablauf. Dabei erlebte man dieses lineare Korsett in der Regel weniger als individuell beglückend. Vielmehr wurde das Korsett spürbar durch das negative Feedback von außen, wenn man den vorgesehenen

Pfad verließ. Karriere machen bedeutete in der Regel: Es gibt mehr Geld und / oder mehr Status. Karriere war in diesem Sinne nichts Dynamisches. Vielmehr erlebte man sich beim Klettern auf der Karriereleiter selbst als wenig überraschend.

Die Grenzen des deutschen Ausbildungssystems, die Erwartungen der Arbeitgeber und der eigene Kompetenzkatalog definierten einen relativ engen Korridor der Selbstentfaltung. In meiner Zeit als Berater einer größeren Personalberatung sprachen wir in diesem Zusammenhang vom »ABC-System«. Wollten Menschen ihre Stelle wechseln, gab es drei Möglichkeiten: Bei Variante A war die neue Stelle der alten so ähnlich, dass der Markt keine Fragen stellte, weil sich keine Glaubwürdigkeitslücke ergab. Praktisch ging es um die gleiche Position in einem anderen Unternehmen, vielleicht noch mit mehr Geld und mehr Verantwortung. Variante B war schon etwas kniffliger. Der Bewerber »entfernte sich vom vorgegebenen Pfad« und dem vom Arbeitgeber erwarteten Kompetenzmuster. Im Klartext: Er traute sich – zutreffend oder nicht – eine Aufgabe zu, für die er nach den Erwartungsschablonen des Ausbildungs- und Berufssystems nicht vorbereitet bzw. kompetent war. Hier ergab sich eine größere Glaubwürdigkeitslücke, die ein Bewerber aktiv managen musste. Das Motivationsschreiben, die sogenannte »Dritte Seite«, lief hier zu großer Form auf. Sie machte unter anderem bei Initiativbewerbungen Sinn oder wenn man dem eigenen Lebenslauf einen gewissen roten Faden verleihen wollte. Denn hier konnte man eine besondere Motivation deutlich machen oder Kompetenzen schildern, die über den normalen Lebenslauf hinausgingen. Die Dritte Seite verdeutlichte den Willen zur Performance und zur groß angelegten Lernanstrengung. Variante C schließlich war der exotische Exit; hier spielte die Glaubwürdigkeitslücke keine große Rolle, da der Einzelne bewusst und für alle sichtbar mit dem bisherigen Erwartungskorsett brach. Tauchlehrer in Thailand fiel beispielsweise in diese eher seltene Kategorie.

Dieser Grundmechanik des Arbeitsmarkts mit einer ABC-Kategorisierung bei Jobwechseln, einem traditionellen und innovationsarmen Bildungssystem und einer eher statischen Marktentwicklung in vielen Branchen kann man aus heutiger Sicht nachtrauern. Immerhin waren die meisten Lebensläufe wenig spektakulär, dafür berechenbarer und sicherer als heute. Mittlerweile sind wir allerdings in eine neue Ära eingetreten: Wir sprechen inzwischen ganz selbstverständlich von Mosaik-Karrieren, die nicht mehr linear innerhalb einer einzigen Position und Firma aufwärts verlaufen. Vielmehr können Karrieren auch seitwärts verlaufen – mit Pausen und biografischen Brüchen. Das war schon immer so, wurde aber im traditionellen ABC-System als abseitig und unnormal abgetan. Dafür war auch das lange in Deutschland favorisierte Versorgermodell verantwortlich. Ein (meist männlicher) Ehepartner versorgte mit seinem Einkommen die ganze Familie. Dieses Muster wurde erst in den letzten Jahrzehnten nicht nur juristisch, sondern auch gesellschaftlich aufgebrochen. Mittlerweile sind Karrierewechsel auch in der Lebensmitte statthaft. Das gilt sogar für komplette Neuanfänge. Denn unterschiedlichste Lebens- und Karriere-Entwürfe sind inzwischen salonfähig geworden.

Wir sprechen inzwischen ganz selbstverständlich von Mosaik-Karrieren, die nicht mehr linear innerhalb einer einzigen Position und Firma aufwärts verlaufen.

Die Bürger nehmen ihre Freiheit zur Arbeitsgestaltung stärker wahr als früher, sowohl was neue Karrieren, aber auch die Souveränität von Arbeitszeit und Arbeitsort angeht. Die Corona-Pandemie hat durch den Schub an Homeoffice und Remote Work hier einen unglaublichen Beitrag geleistet, der Deutschland sehr wahrscheinlich weitere zehn Jahre Zittern und Zagen bei der digitalen Arbeit erspart hat. Aber genau dieser Musterwechsel zeigt auch die bisherige Starrheit unseres Arbeitssystems auf. Die Bürger sind längst weiter als das System aus Arbeitsgesetzen, betrieblichen Regelungen und altem Denken über Machtverteilung im Unternehmen oder Präsenzkultur. In dieser Hinsicht ist die Corona-Pandemie tatsächlich die große Chance für den Sprung nach vorn. Nicht im Bewusstsein der Menschen, sondern im Aufrütteln der politischen und wirtschaftlichen Regeln, nach denen unsere Wirtschaft funktioniert. Trotzdem bleiben die Grundkoordinaten der Wunschprojektion gleich: Deutschlands arbeitende Bevölkerung sucht – wie praktisch alle Menschen auf diesem Planeten – in ihrer Arbeitsstelle einen Mix aus ökonomischer Sicherheit, Respekt, einer Entwicklungsperspektive, einem kollegialen Umfeld und intellektueller Herausforderung. Aber in diesem Mix zeigen sich erste Disharmonien, wenn man die persönlichen Wünsche und die Erfordernisse moderner Wirtschaft gegenüberstellt.

Sicherheit und Berechenbarkeit waren schon immer ein großes Motiv für die Ausbildungs- und Berufswahl. Dieser Wunsch widerspricht jedoch der zunehmenden Dynamisierung der Wirtschaft und der dafür notwendigen Flexibilität. Doch gerade wegen dieser Dynamisierung und Flexibilisierung flüchten die Menschen verstärkt in sichere und unbefristete Arbeitsverhältnisse. So deckte eine Befragung der Unternehmensberatung EY aus dem Jahr 2020 von über 2000 deutschen Studenten auf, dass über ein Viertel am liebsten bei Vater Staat arbeiten will. Erst danach kam die Privatwirtschaft. Hier dominiert die IT-Branche mit 20 Prozent. Gleichzeitig setzten die Studenten auf Zukunftsfähigkeit: 27 Prozent studierten Ingenieurwissenschaften bzw. Informatik. Erst mit großem Abstand folgten Wirtschafts- und Sozialwissenschaften. Die früheren Renner Jura und Medizin kamen nur auf jeweils sechs Prozent. Diese Ergebnisse zeigen konzentriert die drei großen Koordinaten der Arbeitswelt auf – Akademisierung, Sicherheitsorientierung und ein Bewusstsein für zukunftsträchtige Studiengänge: »Der Studierendenansturm des vergangenen Jahrzehnts hat sich vor allem auf die Rechts- und Wirtschaftswissenschaften und die Ingenieurwissenschaften ausgewirkt, wo inzwischen mehr als doppelt so viele eingeschrieben sind wie vor 20 Jahren. In den MINT-Fächern (Mathematik, Informatik, Technik, Naturwissenschaften) ist die Zahl der Studienanfänger allein seit 2005 um 48,1 Prozent gestiegen, was deutlich über dem Anstieg der Studienanfänger insgesamt liegt [...].«[10]

Der Dreiklang aus Akademisierung, der Suche nach beruflicher Sicherheit und dem Drängen in technische Berufe findet sich vor allem bei jungen Menschen und lässt für die berufliche Landschaft Deutschlands hoffen. In einer Welt des Umbruchs konzentrieren sich junge Menschen auf klare Perspektiven und investieren klug in sich selbst. Junge Menschen in Deutschland haben ein höheres Bewusstsein für ihre berufliche und historische Situation als vermutet. Dies bestätigt auch die Shell-Jugendstudie von 2019.[11] Bei der Zustimmung zu Alltagstugenden dominieren Eigenverantwortlichkeit (89 Prozent), Unabhängigkeit (83 Prozent), Respekt vor Recht und Gesetz (87 Prozent) sowie Fleiß und Ehrgeiz (81 Prozent). All das sind Tugenden, die man in der jungen Bevölkerung beim Blick in die Presse oder in Social-Media-Kanäle vielleicht weniger vermuten würde. Darüber hinaus halten es fast 70 Prozent der befragten Jugendlichen für wichtig, mehr zu leisten als andere. Gesundes Konkurrenzdenken ist also nicht tot, sondern bleibt Triebfeder der persönlichen und beruflichen Entwicklung. Das ist zu begrüßen. Nur faire und transparente Konkurrenz fördert persönlichen Aufstiegswillen, berufliche Risikobereitschaft und wirtschaftliche Innovation. Über allem jedoch steht der Wunsch der Jugendlichen nach einem sicheren Arbeitsplatz (93 Prozent) und einer hohen Work-Life-Balance (ebenfalls 93 Prozent).

Herrscht hier also unbegrenztes Anspruchsdenken? Mitnichten. Junge Menschen stehen am Anfang ihrer beruflichen Karriere. Da ist es völlig legitim, zunächst einmal alles zu wollen. Erst im Lauf der Zeit bildet sich die sogenannte resignative Reife heraus, die das Wollen und Streben in konkrete, realistische Bahnen lenkt. Dass dies geschieht, dafür muss die Gesellschaft in Gestalt von Eltern, Bildungsstätten, Unternehmen und politischen Rahmenbedingungen sorgen. Denn Veränderung ist machbar. Die Corona-Pandemie hat gezeigt, zu welchen großen Anpassungsleistungen Menschen fähig sind: Denken wir nur an die enorme Belastung der Intensivmediziner, an die konstante Versorgung durch systemrelevante Berufe wie Supermarkt-Kassierer, Müllarbeiter und Lkw-Fahrer, an die monatelange Doppelbelastung von Eltern mit Homeoffice und Homeschooling, an das Durchhalten der besonders gebeutelten Branchen Gastronomie, Einzelhandel oder Tourismus. Diese Beispiele zeigen, dass es nicht die jungen Menschen bzw. die arbeitenden Bürger im Allgemeinen sind, die sich nicht auf Veränderungen der Arbeitswelt einstellen können oder wollen.

Deutschlands Bürger sind leidensfähig und leidenswillig, wenn es um ein größeres Ziel geht. Was hingegen nicht mehr in unsere Berufswelt passt, sind die politischen Rahmenbedingungen. Politische Entscheidungsprozesse waren schon immer schwerfällig. Das muss zunächst kein Nachteil sein. Manche politischen Prozesse brauchen eben Zeit, viele Debatten und eine abwägende Entscheidung. Das ist der Sicherheitsmechanismus der Demokratie. Schnelligkeit ist anders als in der Wirtschaft in der Politik kein Wert an sich. Und genau an dieser Schnittstelle knirscht es immer öfter. Je dynamischer die Wirtschaft, je schneller und agiler man dort auf globale und lokale Anforderungen reagieren muss, umso hinderlicher sind unzeitgemäße, störende, gar destruktive politische Regelungen. Hier zeigt sich das ambivalente Verhältnis der Gesellschaft zur Wirtschaft. Grundlegend dabei ist jedoch nicht das zwiespältige Verhältnis zum Kapitalismus, sondern das Unverständnis, das dem Wirtschaftssystem von der Politik entgegengebracht wird. Das mag auch daran liegen, dass die handelnden Akteure in Wirtschaft und Politik unterschiedlicher nicht sein könnten.

Deutschlands Bürger sind leidensfähig und leidenswillig, wenn es um ein größeres Ziel geht. Was hingegen nicht mehr in unsere Berufswelt passt, sind die politischen Rahmenbedingungen.

Natürlich gibt es immer wieder einzelne, teilweise spektakuläre Wechsel von Politikern zu Konzernen und Wirtschaftsverbänden (seltener umgekehrt). Doch die Protagonisten erleiden im jeweils fremden Biotop immer wieder Schiffbruch. Zu unterschiedlich sind die Ansichten über Machbarkeit und Schnelligkeit von Prozessen, zu eingefahren die eigenen Bewertungskategorien: »Politiker und Manager werden völlig unterschiedlich sozialisiert. Bereits im Studium zeichnen sich unterschiedliche Schwerpunkte ab – Betriebswirtschaft, Ingenieurwissenschaften einerseits, Politikwissenschaft, Soziologie, aber auch Jura andererseits. Der Berufseinstieg erfolgt bei dem künftigen Führungsnachwuchs in Wirtschaftsprüfungsgesellschaften, in Anwaltskanzleien, bei Unternehmensberatern, in Konzernen einerseits – in der Politik als Assistent eines Abgeordneten, bei einer NGO, in einem Think-Tank, als Lehrer und wissenschaftlicher Mitarbeiter andererseits. [...] Systematische Führungskräfte-Entwicklung zählt zu den Kernaufgaben jedes Personalmanagements. Dazu zählt auch die Entwicklung von Teamgeist und Zusammenarbeit. Anders in der Politik: [...] Politiker sind Einzelkämpfer, die von Anfang an ihren Weg zum Aufstieg selber finden müssen. Ein ›Coaching‹ durch erfahrene Politiker gibt es nur in Einzelfällen.«[12]

Dieses gegenseitige Nicht-Verstehen von Wirtschaft und Politik ist ein Grund dafür, dass das politische Berlin von Lobbyisten belagert wird, die tagein, tagaus nichts anderes tun als eben dieses Unverständnis zu minimieren. Aber Moment: Heißt es nicht, die dominanten wirtschaftlichen Player, die Daimlers, Boschs oder RWEs dieser Republik würden der Politik die Agenda buchstäblich diktieren, indem sie Gesetzesentwürfe formulieren, Ausschüsse beeinflussen und durch den Personaltausch zwischen hohen Ämtern in Konzernen und Politik munter »Bäumchen wechsel dich« spielen? Ja, dies alles geschieht. Aber Lobbyismus ist an sich nichts Verwerfliches. Wo immer sich Interessengruppen bilden, versuchen sie, eben diese Interessen durchzusetzen – egal ob es sich um ein Pharma-Unternehmen, eine Nichtregierungsorganisation, Fridays for Future oder den Förderkreis der örtlichen Grundschule handelt. Allerdings sollte Lobbyismus transparent stattfinden: Was sind die Ziele? Wer lobbyiert? Findet alles im Rahmen der Gesetze statt? Unter solchen Rahmenbedingungen ist gegen Lobbyismus wenig zu sagen. Lobbyismus ist auch der Versuch, die prinzipielle Sprachlosigkeit zwischen Politik und Wirtschaft zu überwinden. Schon der Soziologe Max Weber konstatierte, dass wir in einer Gesellschaft der Organisationen leben. Politische Parteien, Unternehmen, NGOs, Familien, Schulen: alles Organisationen. Diese Organisationen kommunizieren miteinander – und eine Form dieser Kommunikationen ist nun mal der Lobbyismus. Trotz des Lobbyismus, trotz der Verflechtung von Politik und Wirtschaft, trotz der Skandale und Skandälchen, trotz des oft kolportierten Kuschelns zwischen den Mächtigen in Wirtschaft und Politik kann man durchaus von einer Nachrangigkeit der wirtschaftlichen Interessen sprechen – zumindest, wenn wir sie als Interessen des arbeitenden Bürgers interpretieren. Diese Nachrangigkeit resultiert aus einer strukturellen und kommunikativen Schwäche: Die Nöte und Wünsche von über 40 Millionen Arbeitskräften in Deutschland sind nun mal schwerer zu kanalisieren und zu kommunizieren als die von 40 DAX-Konzernen.

Arbeitende Menschen stehen im Spannungsfeld von eigenen Wünschen, betrieblichen Rahmenbedingungen und allgemeinen Gesetzen, die ihr berufliches Dasein regeln. Dieses Spannungsfeld benötigt naturgemäß eine individuelle Anpassungsleistung: Beispielsweise müssen Mütter und Väter den familiären Rhythmus mit den Arbeitszeiten im Betrieb synchronisieren. Oder es gibt tarifliche Bezahlung, deren Kategorisierung man akzeptieren muss. Das alles ist bekannt – und das Leben ist kein Ponyhof, wie man so schön sagt. Dennoch muss man mittlerweile konstatieren, dass zentrale Tatsachen der Arbeitswelt für eine immer größere Anzahl arbeitender Bürger nicht mehr passen. Das Spannungsfeld des beruflichen Alltags wird zur Zerreißprobe. Nehmen wir beispielsweise die digitale Infrastruktur: Laut OECD betrug der Anteil von Glasfaserleitungen 2020 hierzulande beschämend niedrige fünf Prozent. Der OECD-Durchschnitt an nationalem Glasfaser-Durchsatz beträgt immerhin 29 Prozent, ganz zu schweigen von Durchstartern wie Schweden (73 Prozent) oder Südkorea (84 Prozent).

Deutschlands Digitalpolitik ist geprägt von jahrzehntelangem Zögern, Investitionsschwäche und Inkompetenz. Dass eine veraltete IT-Infrastruktur handfeste Nachteile hat, bemerkten dann in der Corona-Pandemie nicht nur die Unternehmen.

Deutschlands Digitalpolitik ist geprägt von jahrzehntelangem Zögern, Investitionsschwäche und Inkompetenz.

Auch Arbeitnehmer versuchten im Homeoffice verzweifelt, ihr virtuelles Meeting durchzuführen, während nebenan der Sohn für ein Schulprojekt bei YouTube recherchierte und sich der Rechner des Partners ein nicht abbrechbares Windows-Update zog. Nicht wenige Unternehmen gaben in der Pandemie die Losung aus, bei virtuellen Meetings die Kamera auszuschalten, da sonst die Verbindung zu oft abbrechen würde. Veraltete digitale »Autobahnen« (um eine völlig schiefe Analogie aus dem politischen Wörterbuch des Schreckens zu zitieren) verursachen nicht nur Probleme in ländlichen Regionen, sondern auch in den angeblich gut ausgebauten Lagen der großen und größten Städte.

Auch bei Unternehmensgründungen tut sich Deutschland schwer. Das zeigt der Index »Ease Of Doing Business 2020«, der 190 Länder bezüglich ihrer wirtschaftlichen Rahmenbedingungen vergleicht. Hier steht Deutschland immerhin auf Platz 22, wenn es um die Tätigkeit *bereits etablierter* Unternehmen geht – nach so unterschiedlichen Ländern wie Neuseeland, Georgien oder Thailand, aber immerhin vor Österreich oder Japan. Demgegenüber landet Deutschland im Hinblick auf die *Gründung* von Unternehmen abgeschlagen auf Platz 125. Zu langsam und zu bürokratisch mahlen die Mühlen deutscher Verwaltung, zu kostspielig sind die Kapitalanforderungen. Mittelfristig zeigt sich die Gefahr einer Erstarrung der Unternehmenslandschaft. Junge Gründer könnten entmutigt und möglicherweise nützliche Innovationen begraben werden, bevor sie überhaupt das Licht der Unternehmensrealität erblickt haben. Der Unternehmensmarkt in Deutschland atmet Besitzstandswahrung. Mit Neugründungen oder gar innovativen Unternehmensformen wie der »Unternehmensgründung in Verantwortungseigentum« (GmbH-VE) tut man sich hierzulande schwer. Auch das ist eine Spielart der deutschen Sicherheitsorientierung – zugunsten von Stabilität, zulasten von unternehmerischer Dynamik und Flexibilität. In der Folge überlegen es sich junge (und alte) Talente zweimal, bevor sie eine Firma gründen und das bekannte Terrain der Arbeitnehmerschaft in bereits etablierten Organisationen verlassen.

Warum sind diese Punkte wichtig, wenn es um das Spannungsfeld von Wirtschaft und Gesellschaft geht? Menschen wählen ihre Ausbildung und ihren Beruf nicht nur nach ihren individuellen Wünschen und Fähigkeiten, sondern selbstverständlich auch nach den oben genannten Kriterien Sicherheit und Zukunftsfähigkeit. In diesem Sinne drängt es immer mehr Deutsche in die vermeintlich sicheren Häfen von Beamtentum und öffentlicher Verwaltung. In der Folge wuchs die Beschäftigtenzahl im öffentlichen Dienst bei

Bund, Ländern und Kommunen zwischen 2008 und 2018 um knapp sieben Prozent auf gut 4,8 Millionen Menschen. Die öffentliche Verwaltung ist somit mit Abstand der größte Arbeitgeber in Deutschland. Elf Prozent aller Erwerbstätigen arbeiten für ihn.

Deutschland lebt mental in einer Welt der alten Beschäftigung, mit einer Normalarbeitszeit von knapp 40 Stunden, dem Ideal der unbefristeten Vollzeitstelle und ausgeprägtem Sicherheitsstreben. Das alles ist völlig verständlich. Nur zukunftsfähig ist es nicht, wenn das 21. Jahrhundert um uns herum spürbar an Fahrt aufnimmt. Wir dürfen die wirtschaftliche und politische Komplexität der Arbeitswelt nicht länger verdrängen oder kleinreden. Ebenso sollten wir uns davor hüten, dem negativen Narrativ des bösen Kapitalismus zu folgen und das Kind mit dem Bade auszuschütten. Was wir brauchen, sind Ideen für eine zukunftsfähige kapitalistische Gesellschaft, für moderne, menschenfreundliche Unternehmen, für menschenwürdige Arbeit und für individuelle berufliche Entwicklung.

> **Wir dürfen die wirtschaftliche und politische Komplexität der Arbeitswelt nicht länger verdrängen oder kleinreden.**

Der Kapitalismus sind wir: Wie wir Wirtschaft und Gesellschaft versöhnen

Lieben Sie Krimis? Ich jedenfalls tue es. Eine gute Kriminalgeschichte fesselt mich, mitunter versinke ich in der Handlung und kann die Auflösung gar nicht abwarten. Damit bin ich nicht allein: Auf dem deutschen Buchmarkt sind seit Jahren etwa ein Viertel aller Neuerscheinungen sogenannte Spannungsbücher (Krimis, Thriller, Horror). Die Zahl der regelmäßigen Krimileser geht in Deutschland in die Millionen. Was mir bei einem guten Krimi am besten gefällt: Man weiß möglichst lange nicht, wer der Täter ist. Im Extremfall gibt es die Auflösung erst auf den letzten Seiten – eine echte Belastungsprobe für meine Fingernägel und meinen Lieblingssessel. Umso überraschter war ich angesichts einer Medienanalyse zu den »Tatort«-Krimis der ARD. Das Flaggschiff des deutschen Kriminalfilms zeichnet sich unter anderem dadurch aus, dass der Mörder in über zehn Prozent der über 1000 Folgen der Unternehmer ist. Das ist der statistische Spitzenwert. Damit liegen die Unternehmer sogar noch vor der Gruppe der Berufskriminellen. Zum Vergleich: Lehrer oder Banker morden im »Tatort« zehnmal seltener; sie kommen nur jeweils auf ein Prozent Täteranteil.[13] Wird im »Tatort« also das Narrativ des bösen Kapitalismus in einer subtilen Form transportiert? Zumindest bildet diese Analyse die Vorstellungswelt der Drehbuchschreiber ab – und hier ist es vielleicht am attraktivsten, dem wirtschaftlich erfolgreichen Individuum nicht nur allgemein moralisch, sondern auch konkret juristisch eine Schuld zuzuweisen.

Nun könnte man die Tätertypologie des »Tatort« für einen Ausrutscher halten, für eine interessante, aber nicht stellvertretende

Ausprägung der Medienmentalität. Tatsächlich jedoch hat die negative Assoziation von moralischer Schlechtigkeit mit Wirtschaft, Unternehmertum und Kapitalismus System. In Kinderserien wie »TKKG« oder »Bibi und Tina« sind die Bösewichte ebenfalls überzufällig oft Unternehmer bzw. Menschen aus der Wirtschaft. Die Figur des Dagobert Duck aus Entenhausen transportiert seit Jahrzehnten augenzwinkernd das Stereotyp des geizigen, raffgierigen Kapitalisten, der für nichts anderes Augen hat als für seine glänzenden Taler. Auch in Kinderfilmen, von Klassikern wie »Robbi, Tobbi und das Fliewatüüt« bis zu Animationsfilmen wie »Das magische Haus«, wird das Klischee des skrupellosen Kapitalisten gepflegt, der Kindern das Leben schwer macht oder als Immobilienmakler alte Leute aus ihren Häusern vertreiben will.

Insgesamt zeigt sich in Presse und Rundfunk eine deutliche weltanschauliche Schieflage nach links. Es gibt wohl keine Zuschauergruppe, die nicht von Zeit zu Zeit subtil oder mit deutlicher Botschaft das Narrativ des bösen Kapitalismus vermittelt bekommt. Das fängt bereits bei Kindern an und hört mit dem »Tatort« beileibe nicht auf. Das ist umso erstaunlicher, da die Produzenten dieses Narrativs in den Presse- und Rundfunkanstalten Erzeugnisse eben dieses kapitalistischen Gesellschaftssystems sind. Man könnte nun trefflich über die tiefenpsychologischen Motive einer solchen Selbstverleugnung spekulieren. Doch allein das Ergebnis zählt: Millionen Menschen werden Tag für Tag in Deutschland mit einem negativen Bild ihres eigenen Wirtschaftssystems indoktriniert. Kapitalismus als System und Wirtschaft als dessen pulsierendes Herz erfährt man so nicht als neutrales, konstituierendes Element unserer sozialen Marktwirtschaft. Vielmehr wird Kapitalismus als potenziell zerstörerische Instanz dargestellt, deren Vertreter in Form von Unternehmern, Lobbyisten und Wirtschaftsvertretern im besten Falle unsympathisch, im schlimmsten Fall vernichtenswert sind.

Dieses Phantasma eines ausschließlich negativ assoziierten Wirtschaftssystems können wir uns nicht mehr leisten.

Dieses Phantasma eines ausschließlich negativ assoziierten Wirtschaftssystems können wir uns nicht mehr leisten. Mag es in der

Vergangenheit en vogue gewesen sein, mit links-sozialistischen Strömungen zu kokettieren, ist die Lage mittlerweile zu ernst. Wir brauchen einen aufgeklärten Kapitalismus, einen informiert-bewussten Blick auf unseren europäischen respektive deutschen Kapitalismus, ohne manipulierende Unterströmungen. Mindestens das sind wir einer Idee schuldig, die uns Deutschen in den letzten 60 Jahren immensen Wohlstand beschert und uns an die ökonomische Weltspitze katapultiert hat. Das Denkmodell eines aufgeklärten Kapitalismus bedeutet überdies nicht, beispielsweise das amerikanische Modell des exzessiven Kapitalismus gutzuheißen oder gar zu übernehmen. Aufgeklärter Kapitalismus ist offen für die Vorteile des Kapitalismus, benennt aber auch klar dessen Nachteile und versucht sie auszugleichen oder ganz aus dem Weg zu räumen. Entscheidend bei der Formung und Anwendung des aufgeklärten Kapitalismus ist eine transparente Diskussion in der Gesellschaft, eine Eindämmung der Manipulation durch die Medien sowie eine umfassende Bildung der Menschen, wenn es um Zusammenhänge in der Wirtschaft und um die Wechselwirkung zwischen Wirtschaft, Politik und Gesellschaft geht.

Gerade bei der Bildung von Kindern und Jugendlichen gibt es hinsichtlich ihres Wissens über wirtschaftliche und finanzielle Zusammenhänge enormes Verbesserungspotenzial. Nur wenige Bundesländer wie Bayern, Baden-Württemberg oder Thüringen haben Wirtschaft als eigenständiges Fach in unterschiedlichen Schulformen verankert. Am verbreitetsten sind hier immer noch Mischpläne, die ökonomische Lehrinhalte mit Geografie, Sozialkunde oder anderen Fächern kombinieren. Das Ergebnis ist erschreckend. So schnitten in einer Studie, die Wissen über Inhalte wie Angebot und Nachfrage, Inflationsrate oder das Wesen von Aktien abfragte, ein Drittel der Schüler »schwach« bzw. »sehr schwach« ab. Ein Drittel hatte »gute« Kenntnisse, ein weiteres Drittel immerhin »sehr gute« Kenntnisse. Dass ihnen grundlegendes Wissen über Wirtschaft und Kapitalismus vorenthalten wird, monieren die jungen Menschen mittlerweile selbst. Acht Prozent der Studienteilnehmer gaben an, dass sie »überhaupt keinen« Unterricht in Wirtschaft erhalten würden; fast zwei Drittel sind der Meinung, dass sie an ihrer Schule nicht genügend über wirtschaftliche Themen gelernt haben. Während sich 89 Prozent der Jugendlichen deutlich mehr schulische Inhalte zu Wirtschaft und Finanzen wünschen, erhalten diesen Unterricht nach Selbstaussage nur 38 Prozent der jungen Menschen. Ihr ökonomisches Wissen beziehen diese Jugendlichen vor allem von ihren Eltern (81 Prozent) oder aus dem Internet (44 Prozent).[14] Auch die Berufswahl wird durch die Vermittlung von ökonomischen Zusammenhängen im Jugendalter beeinflusst. So zeigen Studien aus Deutschland und den Niederlanden, dass gute ökonomische Bildung mit der Aufnahme einer späteren selbstständigen Tätigkeit, mit einer höheren Aktienmarktbeteiligung und mit einer besseren Altersvorsorge zusammenhängt.[15]

Ausgeprägtes Wissen über Ökonomie und finanzielle Zusammenhänge produziert also keine Zerrbilder à la »Richie Rich« (ein verzogenes, neureiches Kind, das andere terrorisiert). Im Gegenteil: Dieses Wissen bringt mündige Bürger hervor, die selbstständig und kompetent über die finanzielle Gestaltung ihres Lebens entscheiden. Und ist das nicht das vornehmste Ziel ökonomischer Bildung? Aufgeklärter Kapitalismus fördert nicht die Ausbeutung anderer, sondern stellt die selbstverantwortliche Gestaltung des eigenen Lebens in den Mittelpunkt – immer im Kontext von sozialer Verantwortung für das eigene Umfeld, die Gemeinschaft und den Planeten. Demgegenüber fördert der aktuelle Bildungstrend der ökonomischen Unmündigkeit genau die negativen Phänomene, die unsere Gesellschaft teilweise bestimmen und die eine selbstverantwortliche Lebensweise, finanzielle Souveränität und das Eingehen kalkulierter Risiken behindern: Beamtentum, eine Normalarbeitswoche von 40 Stunden, eine gewisse Versorgungsmentalität und die Ablehnung alternativer privater Finanzierungsmodelle abseits des beliebten Bausparvertrags. Mit dieser Haltung bereiten wir junge Menschen leider nicht bestmöglich auf ihre Zukunft in einer komplexen, auch finanziell unsicheren Welt vor.

Insgesamt zeigen sich bei deutschen Schülern und Jugendlichen teilweise erschreckende und vermeidbare Wissenslücken, was wirtschaftliche Fakten und finanzielle Zusammenhänge betrifft. Wie können wir das ändern? Zunächst müssen wir die wirtschaftliche

Bildung an Schulen konsequent ausbauen und professionalisieren. Wir brauchen verbindliche Ausbildungspläne für unterschiedliche Schulformen und Altersstufen, die einerseits der heutigen Wirklichkeit von Jugendlichen Rechnung tragen und andererseits ein realistisches Bild unserer sozialen Marktwirtschaft vermitteln. Der heute praktizierte Föderalismus dürfte, wie bei vielen Bildungsthemen, hier einen gehörigen Hemmschuh darstellen. Dennoch dürfen wir ein solch wichtiges Thema wie die wirtschaftliche Bildung unserer Kinder nicht der Willkür der Landespolitik überlassen. Als Zweites müssen wir das für die Vermittlung von ökonomischem Wissen zuständige Lehrpersonal nachschulen. Nach einer Studie aus dem Jahr 2015 erreichten selbst ordentlich ausgebildete Lehrer für »Politik / Wirtschaft« im Durchschnitt nicht einmal zwei Drittel der maximal möglichen Punktzahl – wohlgemerkt ging es hier um die Kerninhalte ihres eigenen Fachs.[16] Und schließlich brauchen wir eine neutrale Darstellung der wirtschaftlichen Themen in Schulbüchern. Bereits 2010 ergab eine Analyse von über 50 deutschen Schulbüchern, dass wirtschaftliche Inhalte hier teilweise stark emotionalisiert, tendenziös oder schlicht falsch präsentiert werden.[17] Wie bei der Ausbildung des Lehrpersonals sollten wir auch bei den verwendeten Lehrmitteln für eine hohe Qualität und Standardisierung sorgen – damit das negative Narrativ des Kapitalismus nicht bereits in den Schulen indoktriniert wird.

Verlässt man die Bühne der Wissensvermittlung im engeren Sinne und wendet sich der Aufbereitung von ökonomischen Themen in den Medien allgemein zu, gibt es hier ebenfalls Nachholbedarf an neutraler und ausgewogener Information. Wenn man einzelne Fachsendungen im Fernsehen oder die wenigen Fachmagazine in der Presse außen vor lässt, werden ökonomische Zusammenhänge – siehe das bereits erwähnte »Tatort«-Beispiel – nicht selten durch offene oder subtile negative Narrative transportiert. Deshalb sollten wir in Presse und Rundfunk Rahmenbedingungen setzen, damit über Wirtschaft und Kapitalismus fair und gleichzeitig kritisch berichtet wird. Zunächst sollte die faktisch vorhandene politische Linkstendenz vieler Medienschaffender in deutschen Leitmedien zum Thema gemacht werden. So ergab eine Umfrage unter ARD-

Volontären, dass über 90 Prozent von ihnen den Grünen (57 Prozent), der SPD (23 Prozent) und der LINKEN (12 Prozent) bei einer Bundestagswahl ihre Stimme geben würden. CDU und FDP kamen in der Wählergunst der Volontäre zusammen nur auf vier Prozent.[18] Man mag dieses Schlaglicht als Einzelereignis und als nicht repräsentativ für die deutsche Medienlandschaft bewerten. Erstaunlich ist aber, dass es unter Medienschaffenden Stimmen gibt, die ein solches Ergebnis nicht einmal für bemerkenswert halten, sondern sogar für wünschenswert. Eine solche Linkslast sei »real und vollkommen plausibel«, denn der Journalismus bestehe »überwiegend aus eher jungen, bildungsbürgerlichen, urbanen, akademisch gebildeten Menschen […], also Mitgliedern eines kosmopolitisch orientierten, linksliberalen Milieus. […] Die ökonomische Krise macht das Berufsfeld in der Tendenz unattraktiver für ältere (Quer-)Einsteiger, prekäre Beschäftigungsverhältnisse lassen ältere Berufsangehörige eher ausscheiden, etwa durch einen Wechsel in die PR. Das Berufsfeld hat sich zuletzt stark akademisiert. Journalisten weisen in der Regel einen geistes- oder sozialwissenschaftlichen Studienabschluss auf. Das Absterben des Lokaljournalismus führt zu einer Konzentration in den Metropolen. Die Demoskopie aber lehrt: Jüngere Bürger stehen politisch links von älteren, Akademiker links von Nichtakademikern und Urbane links von Ruralen.«[19] Ist diese potenzielle Linkslast der journalistischen Berichterstattung für die Darstellung von Themen wie Kapitalismus, Ökonomie und Finanzen also per se ein Problem? Nicht unbedingt – wenn wir gegensteuern.

Wie lässt sich politische Einseitigkeit in den Medien abschwächen? Zum Beispiel sollte die Darstellung von Pro-Contra-Artikeln in allen Medien verstärkt und als Qualitätsmerkmal beworben werden. Politisch eingefärbte Artikel, egal ob rechts oder links, sollten noch stärker auf eine Trennung von Fakt und Meinung überprüft werden. Letztlich geht es hier um nichts anderes als um eine Reprofessionalisierung von Journalismus: die Wiedergabe von Fakten und ihre Interpretation. Leser, Zuschauer und Zuhörer wollen und sollen nicht erzogen werden. Vielmehr sollten die Redaktionen die Mündigkeit ihres Publikums geradezu provozieren, indem sie unterschiedliche Interpretationen der Fakten anbieten. In der amerikanischen Debattenkultur gibt es die schöne Übung, dass zwei Kontrahenten leidenschaftlich den Standpunkt des anderen verteidigen müssen, auch wenn dieser ihrer eigenen Überzeugung genau entgegensteht. Das erzeugt Empathie und eine Durchdringung des Arguments. Weiterhin könnten wir im Journalismus über eine Konservativen-Quote nachdenken. Wir sollten konservativen Denkern ihren Platz in der Medienlandschaft nicht nur gewähren, sondern sie auch wertschätzen. In der Urform des ZDF-Formats »Frontal« waren es die legendären Wortgefechte zwischen Bodo Hauser und Ulrich Kienzle und deren gleichberechtigter Einfluss auf die Gestaltung der Sendung, die die Waage zwischen links und rechts im Gleichgewicht hielten. Es war offizielles Konzept der Sendung, sowohl die Denke der linken SPD als auch die der konservativen CDU/CSU abzubilden. In der modernen Organisationstheorie ist viel von Diversität und ihren Vorteilen die Rede. In der Medienlandschaft hingegen scheint an vielen Stellen Uniformität und eine Hegemonie linken Denkens zu herrschen. Das dürfen wir nicht länger hinnehmen. Wir sollten konservative Stimmen zwar nicht stärker als linke gewichten, aber sie doch als relevant im politischen Wortraum verankern und fördern.

Eine Verbesserung der Bildung unserer Kinder und eine Entideologisierung der Medien bleiben jedoch unwirksam, solange die Wirtschaft und ihre Vertreter selbst nicht aktiver das Licht der Öffentlichkeit suchen. Damit wir Wirtschaft als Teilsystem der Gesellschaft nicht nur bei Skandalen oder Tarifauseinandersetzungen wahrnehmen, ist eine viel größere Aktivität der wirtschaftlich Handelnden nötig. Selbstverständlich gibt es Ausnahmen wie den Ex-Siemens-Chef Joe Kaeser, der sich auch politisch äußert und »Lieber ›Kopftuch-Mädel‹ als ›Bund Deutscher Mädel‹«[20] fordert. Kaeser mischt sich immer wieder in politische Debatten ein und ist damit einer der wenigen deutschen Unternehmensführer, die jenseits ihres wirtschaftlichen Wirkkreises sichtbar wurden.

Dass eine solche Öffentlichkeitsarbeit auch erratische Züge annehmen kann, sieht man am Beispiel von Elon Musk. Der genialisch-verschrobene Tesla-Chef lässt schon mal den Kurs seiner Tesla-Aktie erbeben, wenn er sich beispielsweise zu Themen wie

Bitcoin oder dem eigenen Drogenkonsum äußert. An Elon Musk zeigen sich die Grenzen authentischer Kommunikation, wenn man an der Spitze eines Unternehmens steht. Da CEOs und Vorstände immer das Geld anderer Leute in Form von Aktien und Anteilen verwalten, sind sie nie frei in ihrer Meinungsäußerung, sondern jederzeit in der Schusslinie von Analysten, Hedgefonds, kleinen und großen Anlegern und ihren politischen Gegenspielern. In dieser Gemengelage als Wirtschaftsvertreter seinen persönlichen Sound zu finden, klar und dennoch authentisch zu kommunizieren, ist keine leichte Aufgabe. CEOs wie Herbert Diess von Volkswagen beschäftigen einen mehrköpfigen Stab für ihre Darstellung und ihre Statements in sozialen Medien wie LinkedIn oder Twitter. Aber auch die beste Selbstdarstellung ersetzt keine fundierte Meinungsäußerung zu Themen, die nicht im unmittelbaren Wirkumfeld der Wirtschaftsvertreter angesiedelt sind. Es muss Menschen aus der Wirtschaft erlaubt sein, sich zu politischen Themen, ganz besonders zu Ökonomie, Finanzen und Kapitalismus, zu äußern, ohne sich juristisch sofort ins Unrecht zu setzen. Gerade die Menschen an Unternehmensspitzen, die jeden Tag intensiv im kapitalistischen System arbeiten, die persönlich von ihm profitieren, aber manchmal auch an ihm leiden, dürfen ihre Erfahrungen momentan vor allem auf beschränkten oder verschwiegenen Wegen weitergeben: in Vieraugengesprächen mit Vertrauten, Hintergrundgesprächen mit Journalisten oder glatt gebügelten Pressemitteilungen. Alles andere setzt sie potenziellen juristischen Konsequenzen aus. Dass viele Wirtschaftsvertreter zu vielen Themen schweigen, ist also durchaus verständlich. Trotzdem ist eine Ökonomisierung des Diskurses gefragt – und auch mehr Mut und Engagement der Wirtschaftsvertreter. Viele haben sich mit Engagement, Ausdauer und Kreativität ein Lebenswerk aufgebaut und umfassende Erfahrungen gesammelt. Wir sollten ihre Stimmen hören, ohne sie sofort in das negative Narrativ des Kapitalismus einzuordnen. Diese Vertreter eines aufgeklärten

> **Es muss Menschen aus der Wirtschaft erlaubt sein, sich zu politischen Themen zu äußern, ohne sich juristisch sofort ins Unrecht zu setzen.**

Kapitalismus sind wichtig. Wir brauchen Sie für eine sorgfältige, faire Prüfung der Fakten und deren Tauglichkeit für eine Zukunft, von der möglichst viele Menschen profitieren. Wir benötigen ökonomische Influencer wie Joe Kaeser, aber nicht punktuell-erratisch, sondern mit einer klaren Botschaft, einer kommunikativen Strategie.

Wirtschaftsvertreter müssen als relevante gesellschaftliche Gruppe ihre Meinungen, Sorgen und Lösungen transportieren können. Hier haben die Akteure auf beiden Seiten eine Bringschuld. Wirtschaftsvertreter müssen mutig den ersten Schritt gehen und auch jenseits glatt geschliffener Interviews in Wirtschaftsmagazinen ihre Meinung und ihre Bewertung der Lage darstellen. Medien wiederum sollten durch ausgewogene Darstellung, Pro-Contra-Technik, professionelle Interviewführung und die Förderung eigenen wirtschaftskompetenten Personals zu einer besseren Darstellung ökonomischer Fakten beitragen, ohne in das negative Narrativ des Kapitalismus zu verfallen.

Ich glaube nicht an einen unkritischen Kapitalismus. Ich glaube aber auch nicht daran, dass wir den Kapitalismus abschaffen sollten. In Europa und besonders in Deutschland haben wir mit der sozialen Marktwirtschaft eine der besseren kapitalistischen Spielarten erfunden. Aber der Kapitalismus ist wie die Politik in ständiger Bewegung. Um nicht von der Entwicklung des Systems getrieben zu werden, sondern es aktiv zu prägen, brauchen wir eine neue, faire Erzählung des Kapitalismus, mit allen seinen Stärken und Schwächen. Damit dies geschehen kann, sollten wir dieses neue Narrativ und das Denken eines aufgeklärten Kapitalismus an unterschiedlichen Stellen fördern: mit einer Qualitätsoffensive in der schulischen Bildung, einem Reflexions- und Qualitätsprozess in den Medien und mit einer offensiveren, glaubwürdigen Kommunikation aus der Wirtschaft heraus. Diese Maßnahmen würden dazu beitragen, das zwiespältige Verhältnis der Menschen zu ihrem grundlegenden Gesellschaftssystem bewusster zu gestalten – heraus aus einem politischen Freund-Feind-Denken und hinein in eine differenzierte Debatte über eines der relevantesten und gleichzeitig umstrittensten Felder unserer Gesellschaft.

WERTSCHÄTZUNG:
Mehr als Geld
und warme Worte

Money talks, bullshit walks:
Geld als Anerkennung

Ursprünglich wollte ich nie als Psychologe arbeiten. Mein Diplom fertig machen? Das ja. Aber klinisch arbeiten? Das konnte ich mir bei der Verleihung meines Diploms schwer vorstellen. Als ich schließlich doch meine erste Stelle bei einem privaten Bildungsträger antrat, hatte ich kein Verhältnis zur Intensität meiner Aufgabe und zur damit verbundenen Bezahlung. Man gab mir als Studienabgänger gleich eine Position als therapeutische Lehrgangsleitung. Ich arbeitete in einer Tageseinrichtung mit jungen Ex-Psychiatrie-Patienten, darunter waren Autisten, Selbstverletzer und Drogenkonsumenten. Das war, wie es eine erfahrene Kollegin ausdrückte, jeden Tag ein »emotionaler Schnellkochtopf«, bei dem alles passieren konnte. Es waren psychisch und physisch leidende, teils schwer traumatisierte junge Menschen, für die ich die Verantwortung übernahm. Im Rückblick erscheint es fast fahrlässig, jemandem eine solche Aufgabe zu geben, der frisch von der Universität kam. Aber mir ging es damals wie vielen frischgebackenen Absolventen: Ich war jung, prägefähig und billig. Beim Gehaltsvorschlag meiner Chefin stellte ich keine Fragen. Familie hatte ich keine, Miete und Kino waren billig und der Rest meines Gehalts reichte für ein eher anspruchsarmes Leben.

Mit zunehmender Erfahrung betrachtete ich mein damaliges Gehalt eher als Schmerzensgeld denn als Äquivalent einer erbrachten beruflichen Leistung. Dies war natürlich meine subjektive Wahrnehmung. Jeder von uns hat eine eigene Vorstellung von fairer Bezahlung, Gerechtigkeit und angemessenen Aufgaben. Im Lauf meines beruflichen Lebens traf ich jedoch viele Menschen, die ihr Gehalt halb im Scherz, halb ernsthaft ebenfalls als Schmerzensgeld bezeichneten. Offenbar bin ich nicht der Einzige, der in einer Art mentaler Buchführung sein Gehalt seiner Tätigkeit gegenüberstellt und zu einer für den Arbeitgeber wenig schmeichelhaften Bilanz kommt. Warum? Fühlen sich Menschen generell unterbezahlt und zu wenig wertgeschätzt? Und muss sich Wertschätzung immer in Geld ausdrücken? Natürlich kann man argumentieren, dass sich Menschen vorschnell ungerecht behandelt fühlen, dass sie Dinge vor allem nach dem eigenen Vorteil beurteilen oder den Hals nicht vollkriegen, wenn es um Geld im Allgemeinen und ihr Gehalt im Speziellen geht. Aber die Kopplung einer wie auch immer gemessenen Leistung an das bezahlte Gehalt ist ein Grundpfeiler unseres Wirtschaftssystems, und wir täten gut daran, diese Verbindung ernst zu nehmen.

Seit über 60 Jahren haben wir in Deutschland eine Prägung auf das Normalarbeitsverhältnis von 40 Stunden und das Ideal des Vollzeitjobs gepflegt. Das System der alten Arbeit ist gekennzeichnet von vorhersehbaren Karrierepfaden, (unbefristeten) Vollzeitstellen, dem alten Verteilungsmodell »er Karriere, sie die Kinder«, einer geringeren Arbeitsdichte und einer überschaubaren Kommunikation. Dieses System hat seine Wurzeln im Aufbruchsdeutschland der 1950er- und 1960er-Jahre – mit allen Vor- und Nachteilen. Typisch war das Normalarbeitsverhältnis als Dreh- und Angelpunkt unseres wirtschaftlichen Alltags. Doch die »allgemeine Fixierung auf das Normalarbeitsverhältnis war eine Notlösung des 20. Jahrhunderts. Es ging halt offenbar nicht anders, die meisten haben das irgendwie eingesehen und so getan, als käme das nächtliche Zähneknirschen von irgendetwas anderem als ihrem Job. Aber das Normalarbeitsverhältnis war nur ein Waffenstillstand, bei dem Existenzangstminderung und Karriereversprechen eingetauscht wurden für acht Stunden Lebenszeit am Tag.«[21] Leistung wurde und wird in Arbeitszeit gemessen. Innerhalb des zeitlichen Rahmens besteht eine akzeptierte Schwankungsbreite der Leistung, karikiert durch die Bezeichnungen Minderleister und Outperformer. Für die unterschiedlichen Gruppen gibt es individuelle Ziele, alle unterliegen jedoch dem Rahmen einer zeitlichen Regelung. In diesem Sinne war Wertschätzung vor allem die Bezahlung von Zeit.

In den 20er-Jahren des neuen Jahrhunderts stellt sich eine völlig andere Situation dar: Die Digitalisierung durchzieht die Gesellschaft, ganze Geschäftsmodelle brechen zusammen, die Corona-Pandemie verändert das Bewusstsein der Welt. Technische, ökonomische und politische Erdbeben verschieben die Landschaft unserer Arbeitswelt und bringen alte Modelle und Traditionen an ihre Grenzen – unter anderem die Modelle »Geld gegen Zeit« (in Phänomenen wie Clickworking oder Werkverträgen) und sogar »Geld gegen Leistung« bzw. Entlohnung als Wertschätzung.

> **Die Digitalisierung durchzieht die Gesellschaft, ganze Geschäftsmodelle brechen zusammen, die Corona-Pandemie verändert das Bewusstsein der Welt.**

Während wir in der Corona-Krise Pflegekräften und Müllfahrern applaudieren und so unsere angebliche Wertschätzung zeigen, tut sich auf den Gehaltszetteln der betroffenen Berufsgruppen nichts. Gerade im Pflegebereich wird der Schwarze Peter gern zwischen den Trägern und den Pflegekassen hin- und hergeschoben. Die einen schieben Tariftreue vor; die anderen deckeln ihre Zuschüsse und sind kaum bereit, über mehr Geld für die Pflegeunternehmen und deren Beschäftigte zu diskutieren. Aber es geht noch besser: Auch für die Verkäufer und Kassierer im Lebensmitteleinzelhandel wurde in der Pandemie viel geklatscht und von Systemrelevanz gesprochen. Die traurige Wahrheit: 2020 ist das Gehalt dieser Berufsgruppe um 60 Euro monatlich *gesunken*.[22] Während Supermarktketten und Discounter von der Lockdown-Situation profitiert haben, bleibt bei den einfachen Mitarbeitern offensichtlich nichts hängen.

Gesellschaft, Politik und Arbeitgeber haben offenbar ein kurzes Gedächtnis, wenn es um ihre in der Corona-Pandemie abgegebenen Versprechen geht. Pflegekräfte werden immer noch nicht besser bezahlt, es sind keine Aktionen zur Behebung des Fachkräftemangels in der Gesundheitsbranche erkennbar und der Applaus von den Balkonen der Republik ist längst verhallt. Dass diese Ignoranz gefährlich sein kann, lässt sich an zwei Zahlen illustrieren: 2020 quittierten über 9000 Pflegekräfte in Deutschland ihren Dienst, vor allem in Krankenhäusern und in der Altenpflege.[23] Das sind zwar nur 0,5 Prozent aller 1,8 Millionen deutschen Pflegekräfte, aber es ist eine griffige Zahl, mit der sich Schlagzeilen produzieren lassen. Viel beunruhigender ist: Bis 2030 gehen 500 000 der heute tätigen Pflegekräfte in Rente – immerhin fast 30 Prozent. Rechnet man das Wachstum der alternden Bevölkerung Deutschlands dagegen, laufen wir im Bereich Pflege in eine veritable Versorgungskrise hinein. Der Pflegebereich verdeutlicht, dass wir am Arbeitsmarkt und in der Gestaltung unserer Arbeitsrealität die kurzfristigen Effekte eher über- und die langfristige Entwicklung eher unterschätzen. Das gilt für die Pflege ebenso wie für jeden anderen systemrelevanten Beruf. Wir müssen jetzt anfangen, solche Berufe attraktiv und zukunftsfähig zu machen – und das hat selbstverständlich ganz enorm mit der Bezahlung und einer finanziellen Fairness zu tun.

Offenbar sind das Gehalt und die Wertschätzung der eigenen Leistung durch Geld ein tief verwurzeltes Bedürfnis praktisch jedes arbeitenden Menschen. Nicht umsonst heißt es: Gute Arbeit verdient gute Entlohnung, denn die Höhe der Bezahlung ist für das eigene Gefühl der Anerkennung entscheidend. Dass vielen diese Anerkennung fehlt, liegt nicht zuletzt am *psychologischen Arbeitsvertrag,* den jeder Arbeitnehmer mit seinem Arbeitgeber schließt. Den offiziellen Vertrag verhandeln beide Parteien sichtbar auf dem Tisch. Doch unter dem Tisch wird ein unausgesprochener Arbeitsvertrag geschlossen, der gegenseitige Erwartungen regelt, die nicht ausgesprochen werden. Während man Klauseln in schriftlichen Arbeitsverträgen diskutieren und anpassen kann, versäumen es Unternehmen und Bewerber meist, offen ihre Erwartungen im psychologischen Arbeitsvertrag zu klären. Diese Erwartungen betreffen nicht nur Fragen der Führung, der tatsächlichen Arbeitszeit oder der Unternehmenskultur, sondern auch der Angemessenheit des vereinbarten Gehalts. Manchmal sind Menschen bei ihrer Anstellung indifferent, wenn es um ihre Bezahlung geht (so wie ich damals bei meiner ersten Stelle). Manchmal verhandeln sie gut und freuen sich. In den meisten Fällen jedoch gibt es entweder keinen oder nur einen geringen Spielraum – beispielsweise, wenn die Bezahlung durch Tarifverträge geregelt wird. Häufig kommt es auch vor, dass der Bewerber eine mögliche Verhandlungsmacht ignoriert und das angebotene Gehalt einfach akzeptiert.

Im Grunde legt man schon mit diesem stillschweigenden psychologischen Arbeitsvertrag die Zündschnur für individuelle Unzufriedenheit und eine scheinbar unfaire Bezahlung. Dieser Umstand dürfte zu den immer gleichen Ergebnissen der berüchtigten jährlichen Gallup-Umfrage beitragen, wonach stets über 80 Prozent der deutschen Arbeitnehmer »keine oder nur eine geringe emotionale Bindung«[24] an ihren Arbeitnehmer entwickeln. Das ist nicht weiter verwunderlich. Emotionale Bindung erfordert Vertrauen – und Vertrauen verlangt einen als fair empfundenen psychologischen Arbeitsvertrag. Insofern spiegelt die Gallup-Umfrage den Zwiespalt zwischen den lange gepflegten Bedürfnissen einer sicherheitsorientierten Arbeitsgesellschaft, die ihren Wunsch nach Wertschätzung nicht erfüllt sieht, und einer Wirtschaftswelt, die ihre Arbeitnehmer als reine Funktionsträger von Arbeitskraft und nicht als Menschen mit psychologischer Motivstruktur wahrnimmt. Nicht offen ausgehandelte psychologische Arbeitsverträge sind ein wichtiges Spannungsmoment zwischen objektivem Gehalt als wichtigster Quelle der beruflichen Anerkennung einerseits und seiner subjektiven Wahrnehmung andererseits. Damit legen wir in der Wirtschaft im Grunde überall dort, wo Arbeit gegen Bezahlung stattfindet, den Grundstein für Disharmonie und latente Unzufriedenheit. Kurzum: Ungeklärte psychologische Arbeitsverträge sind eines der wirksamsten »Gifte« in der Zusammenarbeit von Arbeitnehmer und Arbeitgeber.

> **Ungeklärte psychologische Arbeitsverträge sind eines der wirksamsten »Gifte« in der Zusammenarbeit von Arbeitnehmer und Arbeitgeber.**

Aber die Lage ist heute sogar noch komplizierter geworden. Früher verrechnete der klassische psychologische Arbeitsvertrag die individuelle Loyalität des Arbeitnehmers gegenüber einem Arbeitgeber mit dessen Angebot einer Beschäftigungsgarantie. Doch diese Beschäftigungsgarantie kann heutzutage vielerorts nicht mehr aufrechterhalten werden. Leiharbeit, Clickworking, das wissenschaftliche Prekariat und andere wirtschaftliche Sachzwänge haben zum Bruch des psychologischen Arbeitsvertrags vonseiten der Wirtschaft und damit zur Aufkündigung dieses Vertrags durch die Mitarbeiter geführt. Die Gleichung ist mittlerweile eine andere: Der Mitarbeiter stellt seine Arbeitskraft zur Verfügung im Gegenzug für eine vom Arbeitgeber bereitgestellte *Employability*. Nicht mehr eine möglichst lange Beschäftigung ist das Ziel des Mitarbeiters (denn er weiß, dass sich die Dinge für ihn und das Unternehmen schnell ändern können). Das Unternehmen hat vielmehr in ihn und seine Fähigkeit zu investieren, auf dem Arbeitsmarkt zu bestehen – auch über das konkrete Arbeitsverhältnis hinaus.

Hier findet ein Ausgleich der wirtschaftlichen Risiken statt. Im normalen Verhältnis von Arbeitgeber und Arbeitnehmer überträgt der Arbeitgeber das wirtschaftliche Risiko auf den Arbeitnehmer: Er kann ihn (innerhalb der gesetzlichen Grenzen) entlassen, versetzen oder seine Tätigkeiten verändern. Diesen faktischen Machtvorsprung, den ein Mitarbeiter in seinem psychologischen Arbeitsvertrag stillschweigend akzeptiert, soll der Arbeitgeber im Gegenzug durch ein fundiertes Angebot an qualitativen und zielführenden Weiterbildungen ausgleichen. Er muss in den Mitarbeiter investieren – auch auf die Gefahr hin, den gut ausgebildeten Ingenieur oder Pfleger irgendwann an den Arbeitsmarkt zu verlieren. So entsteht eine neue Balance des Wertaustausches – nicht mehr Loyalität gegen eine möglichst lange Anstellung, sondern persönliches Engagement gegen die Möglichkeit lebenslangen Lernens.

Diese Verschiebung der Vertragsbestandteile ist keine Kleinigkeit, markiert sie doch einen Epochenbruch: weg vom Lebensmodell der konsequenten Vollzeitbeschäftigung, hin zu flexibleren Modellen von Teilzeit, Mosaikkarrieren und Quereinstiegen. Aber dieser Epochenbruch wird in unserer Arbeitsgesellschaft weder offen kommuniziert noch konsequent ausgearbeitet. Während man für das Jahr 2040 global mit einer halben Milliarde Clickworkern weltweit rechnet und die Corona-Pandemie das Gefüge von Arbeitsort und -zeit durcheinanderrüttelt, spiegelt das deutsche Arbeitsrecht noch die Vergangenheit eines bereits stark in Schieflage geratenen Gesellschaftmodells wider.[25] Die Welt um uns herum verändert sich schnell und massiv. Bei den Beschäftigten ist das angekommen, weniger jedoch bei den Unternehmen (trotz aller Beteuerungen) und noch viel weniger in der Politik. Das ist eines der wichtigsten Spannungsfelder, vor denen wir als Arbeitsgesellschaft stehen. Und in diesem Spannungsfeld tritt der Konflikt um das Prinzip »Leistung gegen Geld« bzw. um das Gehalt als wichtigste Quelle der beruflichen Anerkennung offen zutage: Nicht nur die psychologischen, sondern auch die realen Arbeitsverträge müssen neu verhandelt werden, denn das Zeitalter innovativer Beschäftigungsformen naht mit Riesenschritten.

Die Welt um uns herum verändert sich schnell und massiv. Bei den Beschäftigten ist das angekommen, weniger jedoch bei den Unternehmen und noch viel weniger in der Politik.

Bisher wurden Phänomene wie Clickworking, Freiberuflichkeit, Minijobs oder Werkverträge bestenfalls als berufliche Randerscheinungen behandelt, trotz ihrer faktischen Bedeutung für den Arbeitsmarkt. So liegt die Zahl der Menschen, die ausschließlich oder im Nebenjob geringfügig beschäftigt sind, in Deutschland seit zehn Jahren bei durchschnittlich etwa 7,7 Millionen, mit einem pandemiebedingten Knick nach unten im Jahr 2020. Davon sind etwa fünf Millionen Menschen ausschließlich geringfügig beschäftigt.[26] Wir sprechen also von immerhin zwölf Prozent der erwerbstätigen Bevölkerung, die monatlich 450 Euro oder weniger verdienen. Natürlich sind hier auch Studenten oder andere Personen eingerechnet, für die diese Summe ein Zubrot darstellt. Das ändert aber nichts an der Sozialisation dieser Gruppe, die sich als faktisch einkommensschwach einstufen muss. Hinzu kommen die Selbstständigen, deren Zahl in Deutschland sich innerhalb von 20 Jahren auf über 1,4 Millionen mehr als verdoppelt hat: Tendenz steigend.[27] Eine Studie der Bank Morgan Stanley geht sogar davon aus, dass 2027 in den USA bereits die Hälfte aller Jobs von Freiberuflern besetzt sein wird.[28] Dort haben die Selbstständigen mittlerweile über ein Drittel aller Arbeitsplätze inne.

In Europa bzw. Deutschland mahlen die Mühlen langsamer, doch auch hierzulande dürfte der Trend zur Freiberuflichkeit zunehmen.

Denn nicht nur der Einzelne sucht mitunter seine Zukunft in der Freiberuflichkeit. Auch die Unternehmen selbst vergeben immer mehr Aufträge an Freie. Beispielsweise nehmen sie Agenturen in Anspruch, die ihnen vom Ingenieur über den Software-Entwickler bis zur Krankenschwester entsprechende Fachkräfte vermitteln. Das spart Sozialleistungen und erhöht die unternehmerische Flexibilität. Manchmal treibt die Unternehmen aber auch die schiere Not. Mitunter sind keine Fachkräfte auf Mitarbeiterbasis mehr zu finden, sondern lassen sich nur durch gut dotierte Freiberuflerverträge locken. Auch hier schlägt der Mechanismus der finanziellen Wertschätzung entscheidend zu. Ein Freiberufler fällt aus dem üblichen Raster von Loyalität und psychologischem Arbeitsvertrag heraus. Während sich so ein möglicher Konflikt bezüglich unterschiedlicher Erwartungen zwischen ihm und seinem Auftraggeber reduziert, konzentriert sich die gegenseitige Wertschätzung auf den realen Arbeitsvertrag und damit auf das gezahlte Honorar. Der klassische Freiberufler steht damit tendenziell auf der Sonnenseite des Arbeitsmarktes, solange es sich um gesuchte Spezialistentätigkeiten handelt und die Bezahlung entsprechend gut ist.

Ganz anders sieht es bei der rasch um sich greifenden Plattformökonomie aus. Zu dieser zählen sogenannte Clickworker, aber auch Fahrer für Taxi- und Lieferdienste wie Uber oder Online-Plattformen für Auktionen aller Arten beruflicher Tätigkeiten – vom Fliesenlegen bis zum Consulting. In dieser Welt regieren Mindestpreise, von denen die Öffentlichkeit höchstens Notiz nimmt, wenn die Fahrer eines Lieferdienstes streiken oder wenn ein Mitarbeiter eines Logistik-Dienstleisters schildert, wie er hastig in eine Flasche pinkelt, weil ihm sein Arbeitgeber nicht einmal eine Toilettenpause zugesteht. Das Loyalitätsprinzip des herkömmlichen psychologischen Arbeitsvertrages wird in der Plattformökonomie komplett pulverisiert. Der Arbeitnehmer ist genau wie der Arbeitgeber beliebig austauschbar: Es zählt lediglich die Dienstleistung zum günstigsten Preis.

Sind es beim klassischen Clickworking Arbeiten, die am Computer oder am Smartphone zu erledigen sind (wie Textarbeiten, Recherche oder Design-Dienstleistungen), geht es bei Lieferdiensten um die Beförderung von Nahrungsmitteln oder anderen Waren. Dort herrscht ein mörderischer Preiskampf. So plant der global tätige Lieferdienst Delivery Hero beispielsweise nicht, in absehbarer Zeit Gewinne zu machen. Zumindest für Deutschland wurde von Gründer und CEO Niklas Östberg das Ziel ausgegeben, in den nächsten Jahren durch aggressive Expansion und Mindestpreise zum Marktführer zu werden. Es sei sogar »sehr verantwortungslos«, zum jetzigen Zeitpunkt »vorschnell« auf Gewinne zu setzen.[29] Zur Erinnerung: Delivery Hero wurde 2011 gegründet. Wachstum um jeden Preis ist die Devise – ausgetragen auf dem Rücken der Beschäftigten und befeuert von der Ignoranz der Kunden, deren Bequemlichkeit ihr soziales Gewissen in der Regel aussticht. So ergab eine Umfrage des Verbands Bitkom im Juni 2020, dass die Essensbestellungen im Internet allein über Plattformen wie Lieferando im Vergleich zu Vor-Corona-Zeiten um 50 Prozent zugenommen haben. Noch 2019 betrug der Umsatz mit Essenslieferungen in Deutschland zwei Milliarden Euro, 2024 rechnet man mit 3,2 Milliarden Euro – eine Steigerung um mehr als 60 Prozent.[30]

Clickworking, Werkverträge und Plattformökonomie: Diese neuen Arbeitsverhältnisse zeigen, wohin die Reise auch in Deutschland geht. Wir müssen uns in Politik und Gesellschaft jetzt mit diesen Phänomenen beschäftigen, bevor uns eine innovationsgetriebene Wirtschaft vor vollendete Tatsachen stellt. Denn wir stehen vor einer Schwächung unserer Arbeitsgesellschaft und einer Abwertung menschlicher Arbeit: Erstens passt der ursprüngliche psychologische Arbeitsvertrag, der eine Loyalität des Mitarbeiters gegen möglichst lebenslange Beschäftigung vorsah, nicht mehr. Die Dynamik der Märkte und die Kurzatmigkeit der Unternehmen erlauben eine solche Zusage nicht mehr. Vielmehr müssen wir einen neuen psychologischen Vertrag aushandeln, der Engagement aufseiten des Mitarbeiters eintauscht gegen Employability, also das Bemühen des Arbeitgebers, die Kompetenzen des Mitarbeiters beständig zu erweitern – auch mit dem Risiko einer Abwanderung des Mitarbeiters. Hierzu brauchen wir auf allen Seiten ein besseres Wissen über das Wesen psychologischer Arbeitsverträge. Gefragt sind Schulungen von Personalmitarbeitern und Führungskräften und eine langfristig angelegte Kommunikation über den psychologischen Arbeitsvertrag in Unternehmen. Zweitens müssen wir uns mit neuen Arbeitsformen auseinandersetzen, deren psychologischer Arbeitsvertrag Dinge wie Loyalität oder Employability gar nicht vorsieht und der somit ins Leere läuft.

In einer neuen Arbeitswelt wird der Mensch zum Teil noch intensiver auf seine Funktion reduziert und für kleinste Tätigkeiten eingesetzt, die man noch nicht automatisieren kann (beim Clickworking) oder deren Qualifikationsniveau niedrig ist (bei Lieferdiensten). Diese neuen Arbeitsformen brauchen eine ehrliche Auseinandersetzung über die Frage: Was bedeutet hier Wertschätzung? Wieweit können und sollen Menschen Arbeitsformen akzeptieren, die jenseits der (manchmal sehr geringen) Entlohnung keinerlei psychologische Wertschätzung enthalten? Das sind nicht nur wirtschaftliche, sondern

Clickworking, Werkverträge und Plattform-Ökonomie: Diese neuen Arbeitsverhältnisse zeigen, wohin die Reise auch in Deutschland geht.

auch gesellschaftliche und politische Fragen, die einer Bearbeitung harren. Praktisch jede nichtmonetäre Wertschätzung – Respekt, Arbeitskultur, Führung – regelt der psychologische Arbeitsvertrag. Doch dieser ist, wie wir eben gesehen haben, in seiner Grundlogik erschüttert. Bei neuen Arbeitsverhältnissen fehlt er teilweise sogar völlig. Deshalb bleibt Geld die wichtigste Wertschätzung im beruflichen Kontext. Es ist die einzige Kommunikationsform, die den psychologischen Arbeitsvertrag mit dem realen Arbeitsvertrag verbindet bzw. dessen Fehlen ausgleicht. Die finanzielle Entlohnung ist somit einerseits entscheidend für die persönliche Motivation und damit für die Aktivierung von Engagement und Loyalität und andererseits für die eigene ökonomische Lebensgrundlage.

Natürlich wollen wir sinnvolle Tätigkeiten, Anerkennung und ein angenehmes Arbeitsumfeld. Doch ohne anständige Bezahlung ist das alles nichts. Ohne finanzielle Wertschätzung erfüllt sich weder der psychologische noch der reale Arbeitsvertrag. Somit wird die gesetzliche Regelung der Entlohnung neuer Arbeitsverhältnisse zum zentralen Thema der kommenden Dekade. Geld ist tatsächlich mehr als ein Zahlungsmittel: Es reguliert die individuelle Leistungserwartung und Leistungserbringung. Zudem ist Geld Träger der Anerkennung im ökonomischen Feld und zentrales Kommunikationsmittel. Wenn wir Phänomene wie den psychologischen Arbeitsvertrag weiter ignorieren oder das Gegenspiel von Leistung und Entgelt in den neuen Arbeitsverhältnissen nicht regulieren, riskieren wir eine neue Spaltung der Gesellschaft – in Employability-Gewinner und Menschen, deren ökonomische Existenz sich auf wenig mehr als auf den Ersatz für Computer und Roboter reduziert. Ein armseliges Szenario für eine entwickelte Gesellschaft wie Deutschland und seine sogenannte soziale Marktwirtschaft. Es muss Aufgabe des aufgeklärten Kapitalismus sein, auf dieses sich abzeichnende Spannungsfeld befriedigende Antworten zu finden – nicht nur zwischen den traditionellen Tarifparteien, sondern in einer breiten gesellschaftlichen Debatte.

Von Homeoffice bis Teilzeit:
Neue Arbeitstage braucht das Land

Können Sie sich an den Fidget Spinner erinnern? Die Eltern unter uns wissen vielleicht noch, was das war: kleine Geräte mit Flügeln, die man auf den Finger setzte und rotieren ließ. Angeblich ein Wundermittel für verbesserte Konzentration und Gedächtnisleistungen. Bunt und lustig obendrein. Urplötzlich waren Büchertaschen und Sportbeutel von Kindern voll mit diesen Dingern. Ein Hype aus dem Nichts, der mit der Zeit wieder abebbte. Ich glaube, Pokémon war dann das nächste große Ding. Aber meine Erinnerung ist nicht die beste. Ich hatte leider keinen Fidget Spinner.

Was sich wie eine Anekdote aus dem Fundus genervter Elternabende anhört, beschreibt ziemlich genau das Phänomen von Homeoffice und Remote Work in der Corona-Pandemie. Getrieben von Lockdowns und faktischen Büroschließungen, brachen bei Unternehmen notgedrungen plötzlich alle Dämme. Landauf, landab wurde in Windeseile virtuelle Meeting-Software auf die Rechner gespielt, wurden Video-Tutorials gesichtet und die ersten Gehversuche unternommen (»Rainer, du bist noch auf stumm!«). Was vor Corona undenkbar schien, ist mittlerweile Alltag: Homeoffice und mit ihm virtuelle Meetings sind vielerorts die Regel, nicht mehr die Ausnahme. Neben »googeln« und »whatsappen« hat es das Verb »zoomen« souverän in den Sprachgebrauch der Deutschen geschafft. Kollegen, die zwei Ortschaften auseinanderwohnen, sehen sich manchmal monatelang nicht persönlich – ihr Team arbeitet rein virtuell.

Deutschland hat sich über Nacht, so könnte man meinen, in eine

Heimstatt der professionellen Remote Worker verwandelt. Natürlich geht eine solche Disruption (und hier trifft dieser Begriff einmal ausnahmsweise zu) nicht ohne Geburtsschmerz vonstatten. Oft bleiben die Kameras in virtuellen Meetings aus. Sorry, zu wenig Bandbreite. Der Sohn recherchiert für ein Projekt gerade im heimischen Netz bei YouTube. Oder das Haus auf dem Dorf bietet zwar einen traumhaften Blick auf die Berge, aber leider nur eine Datenleitung in homöopathischer Dosis. Doch im Großen und Ganzen haben wir es als Arbeitsgesellschaft in bewundernswerter Geschwindigkeit geschafft, uns angesichts der Corona-Pandemie neuen Arbeitsweisen anzupassen. Nicht nur das: Manche Unternehmen springen so begeistert auf den Homeoffice-Zug auf, dass man sie mit gutem Grund etwas einbremsen sollte. Traditionelle Unternehmen wie Goldman Sachs, aber auch Internetgrößen wie der Streaming-Dienst Netflix haben das erkannt und warnen vor einer unkritischen Homeoffice-Welle. So hält Reid Hastings, der CEO von Netflix, Homeoffice für kreative Unternehmen für »völlig untauglich«, da sich wirkliche Ideen und Innovationen besser in einer Live-Zusammenarbeit erzeugen ließen. Er könne dem Homeoffice-Hype »überhaupt nichts abgewinnen« und plädiert für ein Modell von vier Tagen Büropräsenz und einem Tag Homeoffice – höchstens.[31]

Auch wenn man Hastings' strikte Ablehnung von Homeoffice bzw. Remote Work nicht teilt: Unternehmen sollten sich gut überlegen, zu welchem Zweck und in welchem Ausmaß sie Arbeit außerhalb ihrer Büro- oder Werksplätze zulassen. Denn im Kern geht es nicht um eine schlichte Verlagerung des Arbeitsortes. Was wir mit der massenhaften Einführung von Homeoffice und dem Ausbau von Remote Work erleben, ist die faktische Verbreitung einer neuen Zeitkultur. Diese ist primär nicht mehr anwesenheitsorientiert, sondern ergebnisorientiert. Viele Menschen erleben sich, verglichen mit ihrer Zeit im Büro, im Homeoffice als deutlich produktiver. Kein Wunder: Sie teilen sich die Arbeit selbst ein, leiden weniger unter Stress durch Pendeln, haben mehr Ruhe und die Vertrautheit der eigenen vier Wände. Eine Studie der Universität Konstanz kam sogar zu dem Schluss, dass Büro-Rückkehrer weniger produktiv und gleichzeitig gestresster waren als ihre Kollegen, die im Homeoffice verblieben. Über 45 Prozent der Studienteilnehmer berichteten, dass sie im Homeoffice besser und effektiver arbeiten würden als im Büro. 70 Prozent schätzten die einfachere Vereinbarkeit von Beruf und Familie, unabhängig davon, ob Kinder im Haushalt lebten oder nicht.[32] Diese Zahlen stehen stellvertretend für viele Untersuchungen zum Homeoffice. Einmal ernsthaft getestet, wollen viele Beschäftigte auch nach der Pandemie dort arbeiten. Das ergab eine Studie der Unternehmensberatung McKinsey, die über alle Kontinente hinweg einen konstanten Wunsch nach Homeoffice von durchschnittlich zwei bis drei Tagen in der Woche feststellte.[33]

Selbstverständlich ist nicht alles Gold, was glänzt. Nicht alle »Heimwerker« haben gute räumliche Bedingungen oder ausreichendes Breitband, um mit voller Kraft in eine schöne, neue Digital-Ära zu starten. Da wird schon mal mit dem Rücken zum Wohnzimmer in der kleinen Zweizimmerwohnung getippt, während im Hintergrund die Kinder durchs Bild springen. Auch die Anekdoten über schleppende Übertragungsraten gehören mittlerweile zum festen Repertoire gepflegten Business-Small-Talks. Darüber hinaus hat der Anteil an offiziellen Terminen in der Homeoffice-Welle fast explosionsartig zugenommen, eben weil der kurze Kaffee mit den Kollegen in der Küche fehlt und man nun jeden kleinen Austausch generalstabsmäßig planen muss. Das Schlagwort der *Zoom Fatigue*, der virtuellen Meeting-Müdigkeit, machte in der Pandemie schnell die Runde. Nicht selten verbringen Mitarbeiter nun mehrere Stunden täglich in kleinen oder großen Meetings vor dem Bildschirm und kämpfen sich durch ihr zweidimensionales Dasein als kleines Fenster in der Mittwoch-Morgen-Konferenz.

Wer also hat recht: die Effizienz-Begeisterten oder die Meeting-Müden? Wie oft in solchen Fällen lautet das Urteil: beide. Eine wichtige Unterscheidung wird nämlich in den meisten Untersuchungen zum Homeoffice nicht getroffen, ein Umstand, der zwischen Wohl und Wehe entscheiden kann. Man muss bei der Beurteilung virtueller Arbeit zwischen Eigenarbeit und Kommunikation differenzieren. Während die Eigenarbeit, zum Beispiel das ungestörte Anfertigen von Dokumenten, als produktiv und fast als entspannend erlebt wird, setzt jede Form digitaler Kommunikation den einzelnen »Heimwerker« unter Stress. Und genau das wird zum Problem. Wir haben den Menschen in sein heimisches Büro ausgelagert, ohne an ein neues Kommunikationsdesign, an eine neue Kultur der Zusammenarbeit zu denken. Das frisst den Produktivvorteil von Homeoffice teilweise auf. Während man beim Fußball mit dem Spruch »das Runde muss ins Eckige« richtigliegt, passen beim Homeoffice »runde«, das heißt neue, virtuelle Arbeitsformen nicht mehr mit den »eckigen« alten Prozessen und Kommunikationsgewohnheiten zusammen.

Bei Homeoffice und Remote Work erleben wir somit eine erste Neubewertung von Zeit im beruflichen Kontext. Wir werden in zwei psychologische Richtungen gedrängt. Einerseits verlangt Homeoffice eine selbst gesteuerte Erledigung von Aufgaben und damit eine stärkere Autonomie und Selbstdisziplin. Andererseits erleben wir Homeoffice und Remote Work als Entgrenzung und Überprozessierung unseres Arbeitsalltags. Manche arbeiten dort mehr als im Büro und virtuelle Meetings nehmen überproportional zu, da wir selbst kleinste Absprachen terminlich fixieren müssen. Die angebliche Freiheit des Homeoffice kann so schnell zum überregulierten Gefängnis werden, das uns ausbrennen lässt. Deshalb greift auch das traditionelle Problem des *Präsentismus* für die Homeoffice-Situation zu kurz. Bisher wurde von manchen Arbeitgebern beanstandet, ein Mitarbeiter sei vielleicht nur körperlich anwesend und vertändle seine Zeit. Oder, schlimmer noch, er ist krank, schleppt sich aber trotzdem zur Arbeit, weil er seine Kollegen nicht hängen lassen will oder eine schlechte Beurteilung fürchtet. Aber die Gefahr des Präsentismus gibt es auch im Homeoffice, zum Beispiel in der »anwesenden Abwesenheit« bei virtuellen Meetings, bei der man zwar als Videofenster präsent, aber anderweitig mit Mails, Dokumenten oder sonstigen Aufgaben beschäftigt ist. Präsentismus ist mithin keine Frage des Arbeitsortes, sondern eine Angelegenheit der eigenen Arbeitshaltung und der Führungskultur. Beides muss man thema-

Die angebliche Freiheit des Homeoffice kann schnell zum überregulierten Gefängnis werden, das uns ausbrennen lässt.

tisieren, wenn man von einer tatsächlich neuen Remote-Kultur sprechen will. Bislang allerdings haben dieses Problem zu wenige Unternehmen buchstäblich auf dem Schirm. Man will die Brücken in die neue Arbeitswelt ja nicht gleich wieder einreißen.

Virtueller Präsentismus als neuer Aspekt der Arbeitssoziologie muss erst noch erforscht werden und entsprechende Lösungen in die Führungskräfte-Entwicklung einfließen. Sonst verpuffen die faktischen Vorteile von Homeoffice wie die Chance zu höherer Selbstverantwortung, Freiheit und reduziertem Pendlerstress. Bei Homeoffice und Remote Work verändert sich Zeit also zunächst nicht *quantitativ*. Wer vorher 40 Stunden gearbeitet hat, arbeitet nun auch 40 Stunden, aber davon vielleicht 20 vor Ort und 20 im Homeoffice. Langfristig interessanter wird gesellschaftlich die *qualitative* Veränderung der Zeit im Arbeitsprozess. Mit anderen Worten: Wie gut oder schlecht wollen wir unsere Arbeitszeit eigentlich verbringen? Und möglicherweise daran anschließend: Will ich wirklich so viel arbeiten? Wird Teilzeit die neue Vollzeit?

Mit der Corona-Pandemie schließt sich der Kreis einer radikalen Neuinterpretation von Arbeitszeit, die vor 40 Jahren erdacht wurde. Frithjof Bergmann, der Begründer der New-Work-Bewegung, dachte Arbeit und das Arbeitssystem radikal neu und plädierte für eine Neubewertung der persönlichen Arbeit. Er wollte Menschen aus dem, wie er sagte, »kranken« Lohnarbeitssystem befreien, hin zu einer Arbeit, die der Einzelne »wirklich, wirklich will«. Traditionelle Arbeitszeit sollte reduziert werden zugunsten einer freien Beschäftigung, die den Menschen stärkt und ihm Sinn schenkt. Nicht der Mensch sollte für die Arbeit da sein, sondern die Arbeit für den Menschen.[34]

In der Post-Pandemie-Epoche werden nun die Rufe lauter nach einer Neugestaltung von Arbeitszeit. Viele Menschen sind im Lockdown auf den Geschmack der eigenen Zeit gekommen, haben die Monate genutzt, um über ihr Leben zu reflektieren, und kalkuliert, ob sie auch mit weniger Arbeit finanziell über die Runden kommen würden. Die Ergebnisse dieser persönlichen Kalkulation erleben immer mehr Arbeitgeber hautnah. Mitarbeiter denken laut über eine Reduzierung ihrer Arbeitszeit nach, das neue Schlagwort einer »kurzen Vollzeit« im Rahmen einer *30-Stunden-Woche* macht die Runde. So ergab eine Umfrage aus Österreich, dass die Hälfte der Arbeitnehmer die 30-Stunden-Woche als ihr Zukunftsmodell favorisiert – und überraschenderweise sogar 60 Prozent der Unternehmensvertreter. Auch diese hielten die kurze Vollzeit für ein lohnendes Modell – für sich persönlich und für ihr Unternehmen insgesamt.[35] Zumindest in dieser Studie war man sich auf beiden Seiten einig, dass eine verringerte Arbeitszeit mehr Chancen als Risiken birgt. Zu den erhofften Vorteilen zählten unter anderem eine höhere Produktivität, eine stärkere Gleichberechtigung (da sich der Anteil der Männer an Teilzeitkräften erhöhen dürfte) und natürlich mehr Zeit für Freizeit und Familie. Mögliche negative Auswirkungen seien laut den Studienteilnehmern eine geringere gesellschaftliche Kaufkraft und höhere Personalkosten. Wie auch immer man diese und andere Umfragen bewertet: Es ist etwas ins Rutschen geraten in der individuellen und öffentlichen Wahrnehmung von Arbeitszeit. Es wird nicht mehr nur nach dem *Wieviel* gefragt, sondern auch nach dem *Wie*. Das ergab auch eine Studie der Unternehmensberatung EY: Nur noch 20 Prozent der Befragten wollen laut dieser Umfrage Vollzeit arbeiten, 40 Prozent favorisieren auch hier die 30-Stunden-Woche. Hohe Erwartungen gibt es hingegen an die Qualität der Arbeit: Über 90 Prozent erwarten eine finanzielle Beteiligung des Arbeitgebers an der Homeoffice-Ausstattung und über 80 Prozent legen Wert auf flexible, hochwertige und digitale Weiterbildungsmöglichkeiten.[36]

Nicht dass Teilzeitmodelle etwas Neues wären – natürlich nicht. Fast die Hälfte aller berufstätigen Frauen in Deutschland arbeitet in Teilzeit (im Gegensatz zu elf Prozent der berufstätigen Männer). Es gibt institutionalisierte Modelle wie Jobsharing, die Teilzeit als normales Zeitmodell in Unternehmen verankern wollen. Neu ist die gesellschaftliche Stoßrichtung. Während bislang vor allem der gewerkschaftlich organisierte Kampf für mehr (weibliche) Arbeitszeit dominierte, plädieren nun Mitarbeiter und Unternehmen oft gemeinsam für eine Reduzierung von Arbeitszeit. Der scheinbare Widerspruch dieser entgegengesetzten Richtung lässt sich leicht auflösen: Die Gewerkschaften sehen einen Großteil ihrer Klientel im Arbeitermilieu und bei der Gleichstellung der Frauen. Dagegen stammen die Studien zur Favorisierung von Teilzeit als Zukunftsmodell vor allem von Unternehmensberatungen und arbeitgebernahen Instituten, die sich mit (gut verdienenden) Akademikern und qualifizierten Fachkräften beschäftigen. So belegt beispielsweise eine Studie des Deutschen Instituts für Wirtschaftsforschung einen weit verbreiteten »Female Part-Time Wage Gap«, also eine Entlohnungsdifferenz zwischen Vollzeit und Teilzeit bei Frauen. Frauen, die in Teilzeit arbeiten, erhalten einen durchschnittlich um 17 Prozent geringeren Stundenlohn als »Vollzeit-Frauen«.[37] Das hat mit mehreren Faktoren zu tun: Erfahrung, Branchenwahl, aber auch mit fehlendem Ehrgeiz oder einer steuerlichen Benachteiligung durch das Ehegatten-Splitting.

Interessanterweise betrifft der »Part-Time Wage Gap« Frauen aller Bildungsstufen. Egal ob Putzfrau oder Professorin: Der Nachteil im Stundenlohn zeigt sich überall deutlich – wohlgemerkt im Unterschied zu den Vollzeit-*Frauen* und nicht nur zu Vollzeit-Beschäftigten allgemein. Das Geschlechter-Klischee des männlichen Besserverdieners trifft in diesem Fall also nicht automatisch zu. Frauen in Teilzeit sind auch gegenüber Frauen in Vollzeit finanziell benachteiligt. Das dürfte neben gesellschaftspolitischen Erwägungen mit ein Hauptgrund sein, warum Gewerkschaften für mehr Frauen-Vollzeit plädieren. Bessere finanzielle Entlohnung ist einer von mehreren Aspekten, die im weitesten Sinne für eine qualitative Aufwertung von Arbeitszeit sprechen. Entlohnung sollte nicht nur den realen, sondern auch den psychologischen Arbeitsvertrag erfüllen. Eine Grundbedingung wäre hier das Prinzip »gleicher Lohn für gleiche Arbeit« – und zwar nicht nur in der oft propagierten Gegenüberstellung von Männern und Frauen, sondern auch in der Annäherung der Löhne für Frauen in Teilzeit und Vollzeit – vergleichbare Tätigkeiten natürlich vorausgesetzt.

Aber nicht nur die Quantität von Arbeitszeit und deren qualitative Ausgestaltung steht heute auf dem Prüfstand. Es droht eine gesellschaftliche Spaltung. Einerseits gibt es besser gestellte Akademiker, Angestellte und (hoch)qualifizierte Fachkräfte (»*white collars*«), die Dinge wie Homeoffice und mobiles Arbeiten nutzen können. Andererseits Handwerker, Kellner, Ärzte oder Polizisten, die von der schönen neuen Arbeitswelt erst einmal nicht profitieren können. Diese »blue collars« machen immerhin 60 Prozent der Arbeitskräfte in Deutschland aus.

Wenn wir über Homeoffice oder die 30-Stunden-Woche sprechen, dürfen wir nicht in eine Eliten-Diskussion für Besserverdiener abgleiten. Auch wer unsere Straßen fegt und uns an der Supermarktkasse bedient, hat ein Recht auf die Verbesserung seiner Arbeitsbedingungen. Deshalb sollten wir die blue collars selbstverständlich einbeziehen. Denn gerade sie sind die berühmten systemrelevanten Beschäftigten, die unsere Gesellschaft am Laufen halten. Und haben nicht gerade sie eine Verbesserung ihrer Arbeitssituation verdient? Auf den ersten Blick erscheint das schwer möglich. Homeoffice in der Produktion? Schwierig. Teilzeit in der Fabrik mit ihrem festen Schichtensystem? Schwer vorstellbar. Das Problem der blue collars offenbart die Grenzen moderner Arbeitsdebatten. Bislang sind es immer die Mitarbeiter, die flexibel sein sollen, deren individuelle Wünsche sich einpassen lassen müssen in das System Unternehmen. Bei den white collars ist das leichter möglich. Homeoffice lässt sich eher realisieren als die Umstellung von Schichtsystemen, ein individueller Wunsch nach Reduzierung der Arbeitszeit funktioniert besser im Büro als in der Feuerwache. In der Gestaltung individueller Arbeitszeit gibt es bislang bei den blue collars eine »Brandmauer«, die nicht fallen darf: die betrieblichen Erfordernisse. Wenn es beispielsweise in der Produktion oder der Logistik erforderlich ist, bestimmte Zeiten zu besetzen und einzuhalten, muss der Wunsch des Mitarbeiters dahinter zurückstehen. Das ist recht und billig, sollte doch auch der Mitarbeiter ein Interesse am Erfüllen des Kundenauftrags und damit am ökonomischen Bestehen seines Unternehmens haben. In einer Organisation hat der organisatorische Zweck die höchste Priorität. Ist das nicht der Fall, kann man den Laden auch gleich zumachen. Dennoch täten wir gut daran, diese Brandmauer neu zu bewerten.

Tatsächlich wird es auch für traditionelle Unternehmen und Branchen Zeit, sich zu bewegen. Denn Revolutionen sind möglich. So befindet sich beispielsweise die Berliner Stadtreinigung in einem Transformationsprozess, in dem sie ihrem Reinigungspersonal größere Freiheiten bei der Durchführung der Schichten zubilligt. Die Reinigungsteams organisieren sich und ihre Touren selbstverantwortlich, übernehmen eigenhändig die Urlaubs- und Dienstplanung und reduzieren so unter anderem die Leerfahrten zwischen Arbeitsort und Zentrale. Auch wurde ein späterer Schichtbeginn für Eltern vereinbart.[38] Die Folge: Die Berliner Stadtreinigung wird extern als Arbeitgeber attraktiver. Intern verbessern sich die Umfrageergebnisse erheblich und die Krankheitstage verringern sich. Natürlich liest sich das auf dem Papier leichter, als es in Wirklichkeit ist. Eine solche Transformation ist nur unter Bearbeitung der ganzen Organisation, des Führungsverständnisses sowie mit viel Zeit und gutem Willen machbar. Aber sie ist machbar – auch für blue collars. Entscheidend sind die gleichen Aspekte wie in der Förderung der white collars: Ausweitung der Autonomie, Bereitschaft zum Dialog und zum Hinterfragen auch umfangreicher Prozesse, Vertrauenskultur und eine Neubewertung von Führung. Nicht zu vergessen das finanzielle Investment. Es ist für blue collars schwer verständlich, wenn im Bürobereich schicke Lounges gebaut werden, während gleichzeitig in der Produktion die kaputte Lüftungsanlage einer Reparatur harrt. Augenmaß und Fairness sind auch bei diesem Interessenausgleich zwingend.

Homeoffice, Teilzeit, blue collars: Was bedeutet es, neue Arbeitstage für das Land zu schaffen? Wir brauchen eine dreifache Auseinandersetzung – erstens mit der Quantität unserer Arbeitszeit und der Vision einer 30-Stunden-Woche; zweitens mit der Qualität der Arbeitszeit und der berechtigten Forderung der Arbeitnehmer nach exzellenter Weiterbildung, digitaler Infrastruktur und einem neuen hybriden Miteinander; drittens mit der Einbindung der blue collars in die momentane Diskussion um die Zukunft der Arbeit, damit wir nicht in ein neues Spannungsfeld unserer Wirtschaft hineinlaufen. »Zeit ist Geld«, lautet ein altbekanntes Sprichwort. Im herkömmlichen Sinn meint das: »Nutze die Zeit, um Geld zu verdienen.« Für die Zukunft der Arbeit lautet die Interpretation: »Zeit ist *ebenso wichtig wie* Geld« – und zwar für den psychologischen Arbeitsvertrag und die wahrgenommene Wertschätzung der eigenen Arbeit.

Mehr als leere Worte: Wie wir Wertschätzung mit Wertschöpfung verbinden

Die Betriebswirtschaftslehre hat ein Problem. Na gut, vielleicht nicht nur eins, aber meiner Meinung nach ein besonders großes: eine verkürzte Definition von Wertschöpfung. Diese ergibt sich in der klassischen Betriebswirtschaftslehre »aus der Gesamtleistung abzüglich der Vorleistungen. Wertschöpfung ist – in einer Geldwirtschaft – das Ziel produktiver Tätigkeit. Diese transformiert vorhandene Güter in Güter mit höherem Geldwert.«[39] Sehr komprimiert stellt diese Definition das Wesen betrieblicher Wertschöpfung dar: Ich produziere Waren oder biete Dienstleistungen an. Dafür muss ich Zeit und Ressourcen in Form von Vorleistungen investieren. Die Entwicklung der Wertschöpfung kann ich im betrieblichen Produktionskonto in Form von Aufwendungen (Vorleistungen, Abschreibungen und Nettowertschöpfung) und Erträgen (Verkäufe, Vergrößern eigener Bestände und selbst erstellte Produktionsmittel) verfolgen. Mit dem Verkauf meiner Produkte und Dienstleistungen mache ich dann hoffentlich Gewinn, sonst habe ich langfristig ein Problem und kann am Markt nicht bestehen. Diese in Jahrzehnten auf der ganzen Welt gelehrte Auffassung von Wertschöpfung ist nicht falsch – aber verkürzt, irreführend und damit für moderne Unternehmen nur bedingt brauchbar. Warum ist das so?

Im Kern der bisherigen Definition geht es um *finanzielle* Wertschöpfung. Das ist in einer Geldwirtschaft selbstverständlich wichtig und das letztendliche Kriterium des wirtschaftlichen Erfolgs. Die Finanzindustrie hat ein ganzes Universum an sinnvollen und sinnlosen Kriterien und Instrumenten geschaffen, um die finanzielle

Wertschöpfung von Unternehmen und Staaten zu messen: Aktienkurs, Staatsquote, Return on Investment, Collateral Debt Obligations (mitverantwortlich für den Finanzcrash von 2008), Bruttoinlandsprodukt. Die Liste ist endlos und ließe sich beliebig verlängern. Das Problem dabei ist: Wir haben es überdreht. Wir messen finanzielle Wertschöpfung nicht nur. Wir übersteigern ihren Stellenwert und verlieren dabei den Blick auf andere wesentliche Wertschöpfungen, die in Unternehmen stattfinden. Gesunde finanzielle Verhältnisse sind das *Ziel* eines Unternehmens, aber nicht sein *Sinn*. Viele klassischfinanzideologisch geprägte Manager haben das

> **Gesunde finanzielle Verhältnisse sind das *Ziel* eines Unternehmens, aber nicht sein *Sinn*.**

entweder vergessen oder noch nie verstanden. Das bedeutet nicht, dass die finanzielle Gesundheit eines Unternehmens unwichtig ist oder wir dieses Kriterium wie eine morsche Mauer einreißen sollten. Es bedeutet, dass wir in einer Überbewertung des Finanziellen das oben angesprochene große Definitionsproblem von Wertschöpfung vor uns sehen. Wenn die Maximierung der finanziellen Wertschöpfung der alleinige Zweck der Unternehmensexistenz und der betrieblichen Entscheidungen ist und der Zweck bekanntlich die Mittel heiligt, werden andere Dinge irrelevant: Mitarbeiter, Traditionen, Beziehungen, sogar bislang erfolgreiche Produkte, wenn sie nicht mehr ins Portfolio passen. Das Starren auf die kurzfristige finanzielle Wertschöpfung macht Unternehmen blind für den entscheidenden Faktor der betrieblichen Wertschöpfung: die Mitarbeiter. Die unterschwellige Verachtung des Menschlichen für die betriebliche Wertschöpfung, die in vielen Unternehmen herrscht, ist moralisch fragwürdig und ökonomisch kurzsichtig. Daher sollten wir sie schnellstens abstellen. Aber wie?

Vielleicht kennen Sie den Unternehmensspruch: »Wir stellen den Menschen in den Mittelpunkt.« Dieses Motto finde ich persönlich schwer erträglich. In welchen Mittelpunkt denn? Und weiß die Produktion, welchen Spruch sich das Marketing wieder mal ausgedacht hat? Viel ehrlicher finde ich folgende Version: »Wir stellen den Menschen in den Mittelpunkt – deswegen steht er auch überall im Weg.« Diese augenzwinkernde Variante verdeutlicht die Hilflosigkeit, wenn es um die menschliche Dimension in Unternehmen geht. Alles, was mit Führung, Kultur oder Zusammenarbeit zu tun hat, gerät schnell in den Verdacht des »Soften«. Wir sprechen von »Soft Skills« oder von »emotionaler Kompetenz«. Und die normale Ausbildung von Führungskräften macht eine Abwertung dieses Menschlichen leicht. Gefüttert mit den eindimensionalen Definitionen der klassischen Betriebswirtschaftslehre und dem Mythos des faktenorientierten Entscheidens, reduzieren sie ihre betriebliche Wirklichkeit möglicherweise auf das, was sie berechnen können. Auch in der Führung von Menschen und Unternehmen sind wir angeblich auf der Suche nach Fakten und würden darauf basierend Entscheidungen treffen. Nichts könnte falscher sein. Meiner Beobachtung nach denken und handeln wir in Unternehmen genau entgegengesetzt: Wir *sehen* bestimmte Dinge, weil wir daran *glauben*.

Zuerst das Weltbild, dann die »Erkenntnis«. Im Alltag, in der Politik, aber auch in Führung und Management hat das gefährliche Verkürzungen und falsche Entscheidungen zur Folge. Wenn ich Dinge, Situationen, Zukünfte nicht wahrnehme, weil sie außerhalb meiner festgelegten Vorstellungswelt liegen, reduziere ich meinen Realitätsraum und damit meine Handlungsoptionen. Wenn ich beispielsweise das Menschenbild vertrete, dass Mitarbeiter immer von außen angetrieben werden müssen und nicht von sich aus motiviert sind, hat das Einfluss auf die Gestaltung meiner Anreizsysteme. In der Folge entwickle ich ein sich selbst verstärkendes System: Aufgrund meines Weltbildes installiere ich meine Wirklichkeit, die wiederum mein Weltbild verstärkt – wenn beispielsweise die Mitarbeiter trotz externer Anreize nicht die angestrebten Leistungen bringen. Statt das Weltbild um die Möglichkeit interner Motivation zu erweitern, denke ich vielleicht über eine Ausdifferenzierung des Belohnungssystems und eventuell über die Installierung eines Bestrafungssystems nach. Einfach, damit mein Weltbild nicht ins Wanken gerät.

Führungskräfte müssen »sehen lernen«, unabhängig davon, was sie glauben. Das ist eine der wichtigsten Fähigkeiten in einer komplexen Welt. Wenn etwas im Unternehmen passiert, was ihrem Weltbild zuwiderläuft, dürfen sie nicht nach dem Motto handeln: »Was nicht passt, wird passend gemacht!« Sie müssen nicht nur die Realität, sondern auch ihre Wahrnehmung prüfen: Hat die Wirklichkeit ein Problem oder meine Wahrnehmung? All die modernen Ansätze von Achtsamkeit, Selbstreflexion, Purpose, New Work und so weiter sind gut gemeint, werden jedoch ohne diese Umkehr der rationalen Beweislast nicht zu machen sein. Wir dürfen in Unternehmen nicht mehr nur sehen, was wir glauben. Sondern wir sollten glauben, weil wir sehen. Ob Wirtschaft oder Politik: Nur so erhalten wir belastbare Erkenntnisse für eine im Sinne der Aufklärung selbst-bewusste Gesellschaft.

Eine solche tatsächlich rationale Sichtweise würde uns auch bei der Diskussion der finanziellen Wertschöpfung und dem darunter liegenden Zahlenwerk helfen. Zahlen sind nämlich von ihrem Wesen her einfach, eindeutig, aber leider auch unterkomplex. Unterkomplex? Aber sicher. Zahlen lassen immer Interpretationsspielraum für Entscheidungen offen. Sich nur auf Zahlen für Entscheidungen zu verlassen heißt, sich hinter diesen Zahlen zu verstecken. Und Unternehmen verstecken sich hinter diesen Zahlen – jeden Tag. Daraus besteht der zweite Teil des definitorischen Problems von Wertschöpfung. Deshalb wird in der Corona-Krise für Pflegekräfte geklatscht, aber nichts bezahlt. Deshalb werden Sachzwänge vorgeschoben, um dringend notwendige Investitionen in Weiterbildung oder Personal hinauszuzögern. Deshalb werden in Krisen als Erstes die Budgets von Marketing und Personal gekürzt, weil es sich dort ja nur um Kommunikation und Menschen (sprich: Gelaber und Frauengedöns) handelt. Glauben Sie nicht? Marketing und Personal sind die einzigen Unternehmensbereiche, die traditionell fest in Frauenhand sind. Weil kein Mann in diesen soften Themen stranden will.

Unternehmen starren auf die finanzielle Wertschöpfung wie das Kaninchen auf die Schlange. Selbstverständlich sollte ein Unternehmen finanziell gesund dastehen. Und ich verstehe Entscheider, deren erster Blick am Morgen auf Umsatzzahlen und Einkaufslisten fällt. Zahlen sind gut zu einem. Sie widersprechen niemals. Sich aber nur auf schweigende Zahlen zu verlassen, ist für gute Unternehmensführung nicht genug. Eine Fixierung auf finanzielle Kennzahlen fördert vielleicht die *Wertschöpfung* im engeren betriebswirtschaftlichen Sinn. Sie ist aber eine Gefahr für die *Wertschätzung* im Unternehmen. Und Wertschöpfung gibt es nur mit Wertschätzung. Beides hängt untrennbar zusammen. Wie ich mit Menschen umgehe, wie ich sie bezahle, wie ich sie führe, wie ich sie anerkenne und kritisiere: All das hat Auswirkungen auf die gegenseitige Wertschätzung im Unternehmen, auf Kultur und Zusammenarbeit.

> **Unternehmen starren auf die finanzielle Wertschöpfung wie das Kaninchen auf die Schlange.**

»Soft« oder nicht: Wer das »Menscheln« in Unternehmen ignoriert oder lächerlich findet, handelt fahrlässig, vergrault Mitarbeiter und gefährdet langfristig den ökonomischen Erfolg und damit auch den Fortbestand des Unternehmens. Daher plädiere ich für eine Erweiterung des Begriffs Wertschöpfung über den betriebswirtschaftlichen Aspekt hinaus. Es geht nicht nur um finanzielle Wertschöpfung, sondern um *unternehmerische* Wertschöpfung und um *kulturelle* Wertschöpfung. Finanzielle Wertschöpfung ist das Ergebnis der beiden anderen, die gleichberechtigt nebeneinanderstehen.

Unternehmerische und kulturelle Wertschöpfung sind in unserer Wissens- und Innovationsgesellschaft nicht mehr voneinander zu trennen. Der Mensch ist nicht länger nur ein Produktionsfaktor wie in der klassischen Wertschöpfungsdefinition, sondern das Fundament des Unternehmenserfolgs. Das war er bislang theoretisch auch, nur war die Zeit noch nicht reif für einen Musterwechsel in der Wertschöpfungstheorie. Fachkräftemangel und der immer größere Zwang zu Innovationen auf allen Gebieten machen einen solchen Musterwechsel nun jedoch notwendig. Denn ohne diesen Musterwechsel höhlen wir unsere Unternehmen intellektuell und kulturell aus. Dann bleiben sie vielerorts die freudlosen Produktionsmaschinen, aus denen jeder so schnell wie möglich raus und in den Feierabend will. Das kann nicht die schöne neue Arbeitswelt sein.

Unternehmerische Wertschöpfung in einem neuen Sinn hat selbstverständlich Überschneidungen mit der klassischen Definition von

Wertschöpfung. Gleichzeitig geht sie darüber hinaus. Moderne unternehmerische Wertschöpfung umfasst alle hergestellten Produkte, angebotenen Dienstleistungen, erzeugten Innovationen und Patente. Dazu kommen, im Sinne einer negativen Wirksamkeit, Kosten der Unternehmensexistenz zum Beispiel in Form von Umwelt- oder sozialen Ausgaben. Grundlage der unternehmerischen Wertschöpfung ist die Annahme, dass Unternehmen auch jenseits ihrer Grenzen Wirksamkeit erzeugen. Sie liefern Produkte und Dienstleistungen an Kunden, zahlen Steuern, profitieren von kommunaler Infrastruktur, erzeugen Abfall und beeinflussen mitunter die politische Agenda.

Die Wirksamkeit von Unternehmen beinhaltet also viel mehr, als es die klassische finanzielle Wertschöpfungstheorie darstellt. Und selbst wenn sich einige Elemente der unternehmerischen Wertschöpfung in der klassischen Theorie finden, besteht ein Unterschied in der anzustrebenden *Gleichrangigkeit* der Interessen von Unternehmen und dessen Stakeholdern. Mit anderen Worten: Der finanzielle Erfolg eines Unternehmens darf nicht zulasten seiner Umgebung bzw. seiner Stakeholder gehen. Echter finanzieller Gewinn ist somit eine Win-win-Situation auf mehreren Ebenen: auf Produkt- und Dienstleistungsebene, auf der Ebene der sozialen und ökologischen Nachhaltigkeit und auf der Mitarbeiterebene. Mit dieser Definition muss man auch die Dynamik der Wertschöpfungssteigerung umschreiben. Mehr Umsatz und Gewinn sind nur dann zu befürworten, wenn ebenfalls ein Mehrwert für die Stakeholder entsteht, auch jenseits der klassischen Kundenperspektive. Wenn ein Unternehmen eine größere Produktmenge absetzen kann, dies aber nur durch Einsatz einer schädlichen Chemikalie im Produktionsprozess möglich ist, dann wäre dies keine Wertschöpfungssteigerung. Man würde zwar mehr Produkte verkaufen, doch die ökologischen Kosten sprächen dagegen. Andererseits sollte ein Unternehmen Investitionen in soziale und ökologische Produktionsbedingungen höher gewichten, als dies momentan der Fall ist. Große Konzerne sind durch die schärfer werdenden ESG-Regeln (Environment, Social, Governance) bereits dazu gezwungen. Ob es sich in allen Fällen um einen echten Sinneswandel handelt oder um notgedrungenes Greenwashing, muss der Einzelfall zeigen. Wenn es um die gesellschaftliche Ausrichtung von Wirtschaft geht, zeigt diese Neudefinition von Wertschöpfungssteigerung jedoch, dass das konservative Dogma des unhinterfragten Wachstums der Vergangenheit angehört. Unternehmen sind heute in viel höherem Maß nicht nur verantwortlich für ihren Erfolg, sondern auch für die Kosten, die sie produzieren – intern wie extern.

Bleibt die *kulturelle* Wertschöpfung. Um die kulturelle Wertschöpfung zu verstehen, muss man sich den Quantensprung vergegenwärtigen, den Unternehmen in den letzten Jahren getan haben. Großflächig wurden Konzepte zu agiler Arbeit oder neuer Führung angegangen. Konzerne wie Airbus, Bayer, aber auch Mittelständler wie die Hamburger Hanseatic Bank oder Heidelberger Druck bauen ganze Etagen nach den Maßgaben moderner Büroarbeit, um Kreativität und Zusammenarbeit zu fördern. New Work ist nicht länger ein Synonym für Bällebad und Kickertisch, sondern wird von vielen Unternehmen ernsthaft aufgegriffen und untersucht. Homeoffice und Teilzeitmodelle wirbeln das Selbstverständnis der Zusammenarbeit durcheinander. Alle diese Entwicklungen dienen im Grunde nur einem Zweck: die Zusammenarbeit der Menschen untereinander zu verbessern und damit für mehr Innovationen, eine höhere Dynamik und eine größere Flexibilität im unternehmerischen Handeln zu sorgen.

Diese Optimierung der Zusammenarbeit ist der momentane Endpunkt einer Welle, die in den 1980ern begann und noch nicht abgeschlossen ist. Nahm man damals noch organisationale Prozesse in den Blick und verbesserte sie durch Konzepte wie Lean Management, Kaizen oder Total Quality Management, konzentrierte man sich in den 1990ern und 2000ern vornehmlich auf die Verbesserung des Einzelnen im Wertschöpfungsprozess. Es war die Blütezeit der Trainings, Coachings und der Weiterbildungsakademien. Mittlerweile sind wir in der Organisationsentwicklung bei der Optimierung von Gruppen, Teams und Zusammenarbeit ganz allgemein angelangt, auch befeuert durch die Entstehung neuer Werkzeuge zur Zusammenarbeit wie zum Beispiel agile Prinzipien oder Liberating Structures.

Die Verbesserung der Zusammenarbeit ist der letzte Bereich organisationaler Wertschöpfung, in der noch echte Produktivitätssprünge möglich sind. Entsprechend sinnvoll und intensiv sind hier die Investitionen der Unternehmen. Entscheidend ist jedoch, dass sich mit diesem Bereich das Menschliche endgültig aus dem Bereich des Nice-to-have emanzipiert und zum festen Bestandteil des unternehmerischen Erfolgs wird. Die Dynamik kultureller Wertschöpfung, das unsichtbare Netz aus positiver Führung, gelungener Zusammenarbeit und modernen Arbeitsrollen entscheidet immer stärker über Wohl und Wehe eines Unternehmens. So wie in der unternehmerischen Wertschöpfung ein Ausgleich herrschen muss zwischen den Wertschöpfungsansprüchen des Unternehmens und den Interessen der Stakeholder, muss im gesamten Modell

> **Entscheidend ist, dass sich das Menschliche endgültig aus dem Bereich des »nice to have« emanzipiert und zum festen Bestandteil des unternehmerischen Erfolgs wird.**

der dreiteiligen Wertschöpfung eine Gleichrangigkeit von unternehmerischer, kultureller und finanzieller Wertschöpfung herrschen. Ein Unternehmen sollte sich allen drei Wertschöpfungen gleich intensiv widmen. Nicht nur bilanziell und organisatorisch, sondern auch kulturell mit einer neuen Politik der Wertschätzung.

Wertschöpfung braucht Wertschätzung: Diesen Satz könnten wohl viele Führungskräfte und Mitarbeiter in Unternehmen unterschreiben. Und es gibt seit Jahrzehnten Regalmeter an Literatur, die sich mit den Themen Kultur, Führung und Zusammenarbeit beschäftigen. Von daher wäre es an dieser Stelle wenig inspirierend, einzelne Ansätze herauszugreifen und nochmals zu betonen. Jeder, der einmal ein Führungskräfteseminar besucht hat, jeder Personaler, jeder Mitarbeiter, der einmal ein Buch über Gesprächsführung gelesen hat, weiß im Grunde um die Wahrheit der Gleichung »Wertschöpfung braucht Wertschätzung«. Und jeder kennt zumindest einige Möglichkeiten, wie man Wertschätzung praktisch umsetzen kann. Dennoch erleben wir in sehr vielen Unternehmen nicht nur ein subjektives, sondern tatsächlich ein objektives Wertschätzungsdefizit. Warum ist das so? Ich glaube, das liegt daran, dass man die beiden Grundbestandteile von Wertschätzung nicht bewusst thematisiert – entweder weil man sie nicht kennt oder weil man sie für selbstverständlich bzw. unveränderlich hält. Ich spreche von den beiden Bestandteilen *Gegenseitigkeit* und *Menschenbild*.

Den Begriff der Gegenseitigkeit beschreibt ein Sprichwort: »Was du nicht willst, das man dir tu, das füg auch keinem anderen zu.« Die Pfadfinder verlangen noch heute von jedem Neuling das Lernen dieser goldenen Regel. Behandle andere so, wie du auch behandelt werden willst – im Grunde simpel und einleuchtend. Dennoch scheitern wir im Alltag sehr oft an dieser goldenen Regel. Meiner Beobachtung nach schaffen es manche Menschen nicht, *andere* gut zu behandeln, weil sie *sich selbst* nicht gut behandeln. Nach außen sieht es so aus, als legten sie unterschiedliche Maßstäbe an, einmal gegen andere und einmal gegen sich selbst. Aber das ist ein Irrtum. Viele Menschen können sich erstaunlich wenig selbst leiden: Sie beuten sich aus, bestrafen sich für nichtige Dinge, denken schlecht über sich. Bekommen diese Menschen durch negatives Verhalten entsprechende Reaktionen ihrer Umwelt, formt sich ein Teufelskreis aus negativem Verhalten, Bestätigung der eigenen Glaubenssätze, entsprechendem Verhalten und erneutem negativem Feedback.

Der Einzelne steckt in einer Reiz-Reaktions-Falle, die er oft selbst gar nicht mehr wahrnimmt. Dann sind die anderen doof, inkompetent oder die Umstände sind schuld. Das Tragische dabei ist: Wer sich nicht selbst kennt, kann auch für seine Erfolge keine Verantwortung übernehmen. Dann war es Glück oder (im Gegenteil) eine übersteigerte, irreale Einschätzung der eigenen Kompetenz, die so lange anhält, bis man doch einmal abstürzt. Wertschätzung anderer bedeutet also zunächst Wertschätzung gegenüber sich selbst. Wertschätzung bedeutet Selbstliebe im positiven Sinn. Das kann man lernen, aber man braucht dafür Zeit und Gelegenheit. Und die gibt es im Business selten. Deshalb verunglücken so viele Programme zur Führungskompetenz oder zum Konfliktmanagement. Kern dieser Workshops müsste eine Reflexion der eigenen Glaubenssätze sein, der Selbstwahrnehmung, des »inneren Gerichtshofes«, bei dem ich unglücklicherweise Richter, Staatsanwalt, Verteidiger und Angeklagter bin«, wie es ein Coaching-Klient einmal ausdrückte. Allein das Bild des Gerichtshofs spricht Bände, denn vor einem Gerichtshof kann man im besten Fall begnadigt oder freigesprochen werden. Positives Feedback ist hier nicht vorgesehen.

Wertschöpfung braucht Wertschätzung. Wertschätzung wiederum braucht in erster Linie Klarheit und Selbstreflexion. Sonst bleibt man ein Gefangener seiner eigenen Einstellungen und Verhaltensmuster. Denn aus dieser mentalen Einschränkung heraus kann man den anderen nicht fair und entwicklungsorientiert beurteilen. Diese Gegenseitigkeit, dieses Geben und Nehmen auf Grundlage eines produktiven Menschenbilds, ist die erste Bedingung für das Leben von Wertschätzung auch im Unternehmenskontext. Grundlage hierfür kann das humanistische Menschenbild sein, das seine Wurzeln in der Aufklärung hat und in den letzten Jahrzehnten immer größere Teile auch der Wirtschaft durchdringt: »Ein humanistisches Menschenbild besagt, dass jeder Mensch das gleiche Recht auf Freiheit hat, das Leben und alle Entscheidungen, die dieses Leben beeinflussen, selbst bestimmen zu können. Es geht weiter davon aus, dass der Mensch einzigartig ist und dass ihm keine A-priori-Wertung gerecht wird […]. Der Mensch ist befähigt und bestrebt, Entscheidungen in seinem Leben selbst zu treffen und sein Leben auf moralischer und ethischer Ebene selbst zu bestimmen. Auch auf finanzieller, sozialer, körperlicher, geistiger und seelischer Ebene sollten Entscheidungen selbst getroffen werden können. […] Ein humanistisches Menschenbild geht davon aus, dass jeder Mensch grundsätzlich auf Selbstaktualisierung und Weiterentwicklung angelegt und zu Veränderung und Problemlösung fähig ist.«[40] Betrachtet man unterschiedliche Schriften zum humanistischen Menschenbild, kann man sechs konkrete Merkmale des modernen Menschen identifizieren: Integrität, Gestalt, Sozialität, Autopoiese, Originalität und Souveränität. Was bedeuten diese Merkmale und wie hängen sie mit Wertschöpfung und Wertschätzung zusammen?

Erstens steht das Menschsein im Zeichen von *Integrität*. Das bedeutet, dass ein Mensch aus der Einheit von Geist, Körper und Seele besteht. Das ist nicht so selbstverständlich, wie es sich anhört.

Die abendländische Kultur propagierte über Jahrhunderte eine Trennung dieser Elemente. In der Schulmedizin stritt man lange die Bedeutung von Geist oder Seele ab. Erst die neuere medizinische Forschung widmete sich im 19. und 20. Jahrhundert Feldern wie der Psychosomatik. Sigmund Freud revolutionierte die damalige Medizin (und die Psychologie), als er die strikte Trennung von Geist, Seele und Körper mit der Ausarbeitung seiner Psychoanalyse widerlegte. Integrität bedeutet in heutigen Unternehmen, zum Beispiel bei Programmen zur betrieblichen Gesundheitsförderung nicht nur auf Ausfalltage, sondern auch auf die tiefere Dynamik von Krankheit und Arbeit zu schauen.

Zweitens versuchen Menschen, Ereignissen, Beziehungen und Objekten eine sogenannte *Gestalt* zu geben. Wenn ich »Tisch« sage, wissen Sie ungefähr, was ich meine. Der Tisch kann klein oder groß sein, weiß oder braun, aber im Grunde erkennen wir, was ein Tisch ist, wo er endet und wo der Fußboden beginnt. Dieses einfache Beispiel soll zeigen, dass wir Menschen überall nach Zusammenhängen und Abgrenzungen suchen. Ein Unternehmen hat eine Gestalt, genauso wie ein Projekt oder ein Buch. Aber wenn es nicht gerade um eindeutige Dinge wie Tische oder Bücher geht, über die man sich einig ist, können schnell Konflikte entstehen. So kann sich unter dem Begriff Respekt jeder etwas vorstellen – aber jeder wahrscheinlich etwas anderes. Jeder hat eine andere Gestalt von Respekt im Kopf. Deshalb muss man über diese unterschiedlichen Gestalten auch im Unternehmenskontext sprechen, gerade bei strittigen Themen oder wenn es um große Veränderungen geht.

Drittens sind wir Menschen von Kindesbeinen an auf *Sozialität* angelegt. Wir lieben, kämpfen, feiern und arbeiten zusammen. Wir schließen uns zusammen und grenzen uns als Gruppe von anderen Gruppen ab. Wir bilden Gruppenidentitäten und organisieren uns wiederum innerhalb dieser Gruppen. Gerade in den Corona-Lockdowns hat sich gezeigt, wie schmerzlich der Verlust von Sozialität sein kann. Diese Sozialität zeigt sich in den Varianten Kooperation und Konkurrenz. Beide Dynamiken sind in uns angelegt. Nur zu kooperieren würde Innovationen verkümmern lassen. Nur zu konkurrieren würde den Fortbestand der Gruppe gefährden. Was wir als Menschen brauchen, ist ein Gleichgewicht dieser beiden Dynamiken und vor allem einen bewussten Umgang mit ihnen.

Viertens wollen Menschen sich entwickeln, wollen lernen, sind neugierig. Das steckt in dem Begriff *Autopoiese*. Wir stehen niemals still, sind süchtig nach neuen Erfahrungen, wollen immer weiter, auf einen noch nie bestiegenen Berg, über das Meer, in den Weltraum. Wir wollen unsere Fähigkeiten verbessern und wirksam sein in der Welt. Wir wollen Spuren hinterlassen – bis hin zum Wunsch, in den eigenen Kindern wenigstens symbolisch unsterblich zu werden. Autopoiese ist vielleicht das Merkmal, das in Unternehmen bislang am stärksten durch bürokratische und organisatorische Beschränkungen unterdrückt wird. Dass diese Beschränkungen nun Schritt für Schritt aufgebrochen werden, ist ein großes Verdienst der neuen Ansätze moderner Unternehmensführung, Agilität und New Work.

> Wir stehen niemals still, sind süchtig nach neuen Erfahrungen, wollen immer weiter, auf einen noch nie bestiegenen Berg, über das Meer, in den Weltraum.

Fünftens ist jeder Mensch wertvoll und einzigartig. Er ist ein *Original*. Oft vergessen wir das im Unternehmenskontext, wo Funktionalität und Arbeitsrolle des Einzelnen im Vordergrund stehen. Behandeln wir den anderen aber nur als Funktionsträger, dringen wir vielleicht nie zu seinen Kernkompetenzen, zu seinem originalen Wesen mit all seiner Freude und Energie vor. Auch hier muss man der New-Work-Bewegung zugutehalten, dass sie die Originalität des Einzelnen nicht nur anerkennt, sondern gezielt fördern will – übrigens auch zum Wohle des Unternehmens. Denn genauso wie eine Optimierung der Zusammenarbeit eine Wertschöpfungssteigerung beinhaltet, kann auch die Entdeckung originaler Qualitäten des Einzelnen im Sinne des Unternehmens sein, sofern man sie vorher nicht gekannt und daher auch nicht genutzt hat.

Sechstens streben Menschen nach *Souveränität*, indem sie eigene Entscheidungen treffen und ihre Freiheit nutzen wollen. Souveränität ist eine gefährliche Eigenschaft: Einmal davon gekostet, wollen die Menschen in der Regel nicht mehr davon lassen. Daher arbeiten autoritäre Regime beispielsweise hart daran, Menschen in Unsouveränität zu halten. Auch viele Unternehmen wollen keine souveränen Mitarbeiter. Diese werden leicht anstrengend, fordern Mitsprache und Entscheidungsgewalt. Ohne souveräne Mitarbeiter bleiben jedoch die Innovationskraft und das Entwicklungspotenzial eines Unternehmens begrenzt. »No risk, no fun!« ist ein Spruch, den man daher durchaus auf das Entwickeln von souveränen Mitarbeitern übertragen kann.

Dies ist in aller Kürze die Grundstruktur eines modernen Menschenbildes, das die Basis legt für gegenseitige Wertschätzung. Wenn man andere Menschen als ebenso souverän, sozial und vernunftbegabt anerkennt wie sich selbst, kann man vom viel zitierten Austausch auf Augenhöhe überhaupt erst sprechen. Voraussetzung dafür ist aber, dass man dieses Menschenbild auch sich selbst gegenüber anwendet und sich Zeit und Gelegenheit gibt, über die eigenen Einstellungen zu reflektieren und vielleicht darüber auch mit Vertrauten zu sprechen. Ich bin davon überzeugt, dass eine unternehmensweite Beschäftigung mit diesem Menschenbild und die Förderung von persönlichen Reflexionsprozessen eine Vielzahl von Problemen der Wertschätzung erledigt. Natürlich bleiben organisatorische und finanzielle Fragen der Wertschätzung wichtig, zum Beispiel faire Bezahlung. Genau für diese Fragen sollte sich ein Unternehmen an der dreiteiligen Wertschöpfung orientieren – für echte Wirksamkeit, konstante Produktivität, kulturelle Qualität und finanzielle Nachhaltigkeit.

DIGITALISIERUNG:
Die Vermessung des Neulands

Online-Shopping als digitaler Goldstandard: Die zweifelhafte Rolle der Politik

Ich bin Filmfan; war ich immer schon. Ich kann mich noch erinnern, wie ich als Kind nachts aufblieb, damit ich um 23.45 Uhr im Wohnzimmersessel »Kampfstern Galactica« schauen konnte. Vorher kämpfte ich gegen die Müdigkeit, aber wenn es losging, war ich hellwach. Weiß der Himmel, wie ich meine Eltern überredet habe, mich nachts vor den Fernseher zu lassen (keine Sorge, ansonsten haben sie ihren Erziehungsauftrag ganz gut erfüllt). Genauso wie sie mir erlaubten, im örtlichen Kino die »Star Trek«-Nacht zu besuchen, von acht Uhr abends bis acht Uhr morgens. Es war unglaublich anstrengend, ermüdend – und wunderbar. Ich konnte zwar nicht bei der hübschen Klingonin zwei Reihen vor mir landen, aber um vier Uhr morgens war mein Esprit zugegebenermaßen auch nicht mehr taufrisch.

Das einzige Filmgenre, das mich nie sonderlich interessiert hat, sind Filme über Katastrophen oder die Apokalypse. Vielleicht, weil man vorher schon weiß, wie es ausgeht. Es gibt einen ziemlich lustigen Apokalypse-Film, ich glaube mit Seth Rogen, aber das war's dann auch. Katastrophen- und Apokalypsen-Filme deprimieren mich einfach. Aber immerhin kann man sich als Zuschauer mit der Tatsache trösten, dass diese Filme Fiktion sind. Ein Stoff, den sich ein Drehbuchschreiber ausgedacht und ein Regisseur auf die Leinwand gebracht hat – immerhin, um die Zuschauer zu unterhalten. Es geht um das Extreme, das negativ Außergewöhnliche, die drohende Zukunft.

Katastrophenfilme brauchen in der Sprache der Organisationsentwicklung einen stark überzeichneten »sense for urgency«, einen drängend kommunizierten Handlungsbedarf. Als Apple 2007 das erste iPhone auf den Markt brachte, ließ Nokia verlauten, dass es Apples Vorstoß nicht als Bedrohung seines Geschäftsmodells ansehe. Später versuchte Nokia-CEO Stephen Elop dann doch in seiner legendären Rede von Nokia als »brennender Öl-Plattform« vergeblich, die Mitarbeiter aufzurütteln und das Ruder herumzureißen. Das Ende ist bekannt: Apple wurde zu einem der erfolgreichsten Unternehmen des Planeten, und Nokia schmort heute in einer Retro-Nische. Auch bei Nokia sah man die Katastrophe in Form eines zusammenstürzenden Geschäftsmodells nicht kommen. Ein Bewusstsein für den notwendigen Wandel wurde nicht erzeugt. Handlungsbedarf hatten dann nur die Mitarbeiter, die sich einen neuen Job suchen mussten. Womit wir beim Thema neue Technologien und der zugrunde liegenden Digitalisierung aller Lebensbereiche wären. Man könnte glauben, dass eine Gesellschaft gerade bei einem so dominanten Thema wie der Digitalisierung, wenn schon nicht in eine Katastrophenstimmung, so doch in eine Art erhöhter Wachsamkeit verfällt – schon aus ökonomischem Eigeninteresse. Eine Gesellschaft sollte überall den Druck, den dringenden Handlungsbedarf spüren, wenn es um Digitalisierung geht. Doch keine Annahme könnte falscher sein – jedenfalls, wenn es um Deutschland und seinen Umgang mit der Digitalisierung geht. Spätestens seit Angela Merkels legendärem Ausspruch, das Internet sei ja für so viele Menschen »Neuland«, ist der Ton für den Umgang mit Zukunftstechnologien allgemein und der Digitalisierung im Besonderen gelegt. Neuland ist ein Territorium, das ich nur höchst vorsichtig betrete – wenn überhaupt. Ich bringe vielleicht noch ein paar Murmeln für die Ureinwohner mit, aber wichtiger sind die geladenen Musketen. Denn der Feind oder hungrige Bären könnten an jeder Ecke lauern.

Sind Deutschlands Politiker also mit Musketen bewaffnete, von Misstrauen erfüllte Siedler, die an Neulands Küste anlegen, um sich durch feindliches Territorium zu kämpfen? Natürlich nicht. Die Situation ist viel schlimmer. Die deutsche Politik verweigert sich dem Neuland praktisch komplett. Deutschland wirkt wie narkotisiert, während Rivalen in West und Ost, vor allem die USA und China, das Rennen um die Gestaltung der digitalen Zukunft unter sich ausmachen. Dieser Befund gilt für praktisch jedes digital relevante Thema, von Blockchain über Kryptografie, Satellitennavigation, Infrastruktur, Polizeifunk, Verwaltung bis zur löchrigen Finanzierung von Start-ups. Die Liste ließe sich verlängern und wurde in den letzten Jahren bereits ausgiebig beleuchtet, analysiert und erweitert. Daher will ich hier nur die augenfälligsten Fehlleistungen der Politik kurz in Erinnerung rufen.

> **Deutschland wirkt wie narkotisiert, während Rivalen in West und Ost, vor allem die USA und China, das Rennen um die Gestaltung der digitalen Zukunft unter sich ausmachen.**

Der Index für die digitale Wirtschaft und Gesellschaft (DESI) im Jahr 2020 deckt den umfassenden Nachholbedarf von Deutschland im digitalen Bereich auf. Obwohl wir insgesamt auf einem moderaten zwölften Platz (von 28) landen, zeigen sich sowohl in der »Netzabdeckung mit sehr hoher Kapazität« und bei den »digitalen öffentlichen Diensten« große Defizite. In beiden Kategorien landet Deutschland auf einem enttäuschenden 21. Platz. Hier schmiert man deutlich gegen kleinere Länder wie Irland, die Niederlande oder Malta ab. Bei der Inanspruchnahme von E-Government-Diensten belegt Deutschland sogar nur Platz 26. Insgesamt sieht der DESI-Index in der digitalen Ausgestaltung der Verwaltung auf allen Ebenen die größte Herausforderung für Deutschland.[41]

Die Digitalisierung der öffentlichen Verwaltung hat nicht nur eine technologische, sondern auch eine symbolische Dimension. Eine digital schlagkräftige Verwaltung wäre ein Symbol des Fortschritts, ein Leuchtturm, der signalisiert: Wir nehmen das Thema ernst. Wir investieren und erzielen Ergebnisse. Dass man nicht immer klug investiert und erwünschte Ergebnisse ausbleiben, zeigen symbolisch aufgeladene Projekte wie die staatlich gewollte Entwicklung der Corona-App. Von Beginn an war die App umstritten. Mal ging es um zu wenig Datenschutz, dann um zu viel Datenschutz, die Freiwilligkeit lasse eine wirksame Nachverfolgung nicht zu etc. Zudem kam eine Analyse der Universität Würzburg Anfang 2021 zu dem Schluss, dass »eine breite Akzeptanz der App ausbleibe«. Außerdem sei »entgegen den Erwartungen […] eine Erleichterung für die Gesundheitsämter […] nicht in Sicht«[42]. Ganz zu schweigen von den horrenden Entwicklungskosten, die sich schließlich auf über 67 Millionen Euro summierten – ohne Marketing-Kosten. Sehr viel Geld für ein digitales Instrument, dessen Wirkung mindestens fragwürdig ist.

Aber es geht auch andersherum: Als der Europäische Gerichtshof urteilte, die Arbeitszeit von Beschäftigten müsse lückenlos nachvollziehbar sein, handelte das Bundesministerium für Arbeit und Soziales (BMAS) schnell und konsequent. Es entwickelte eine einfache und kostenlose App, mit der viele Arbeitnehmer ihre Arbeitszeit digital eintragen konnten. Wunderbar, man könnte sich freuen – wenn es die App noch gäbe. Das BMAS hat den Support wegen zu hoher Kosten eingestellt, wie es lapidar auf dessen Website heißt. Dabei ging es hier im Gegensatz zur Corona-App nicht um zig Millionen Euro, sondern um lächerliche 30 000 Euro – nach nur 74 000 Euro Entwicklungs- und Supportkosten. Mittlerweile verweist man seitens des Ministeriums auf Apps privater Anbieter wie Microsoft. Dabei hätte man hier ein kleines, glaubwürdiges, kostenfreies Tool weiterführen können, offiziell freigegeben von einem Ministerium. Ein nicht zu unterschätzender Vertrauensbeleg, wenn es um sensible Daten wie Arbeitszeiten geht. Aber den gab man, zugunsten einer unangebrachten Budget-Bürokratie, bereitwillig auf.

Natürlich sind diese beiden App-Beispiele nur Schlaglichter. Sie stehen aber für einen generell fragwürdigen Umgang der Politik mit dem Thema Digitalisierung. Mal verbrennt man kritiklos enorm viel Geld und redet den fehlenden Nutzen schön wie bei der Corona-App; mal zerstört man leichten Fußes billige, dabei funktionierende Lösungen wie bei der Arbeitszeit-App. In den seltensten Fällen erkennt man eine echte Digitalstrategie im politischen Handeln. Man folgt lieber Impulsen und einem angeblichen Wählerwillen, der sich nach zwei Monaten allerdings schon wieder geändert haben kann. Das ist die Kehrseite der deutschen Digital-Lethargie: ein Aktionismus, der sich auf irgendwelche Trends stürzt, die das nächste angesagte Buzzword wie Bitcoin, Internet of Things (IoT), 5G oder Kryptografie enthalten.

Deutscher Politik fehlt, das muss man leider so festhalten, der Blick für die digitalen Realitäten. Man verkündet großspurig die »Gigabit-Gesellschaft«, während eine eigens angefertigte »Digitale Strategie 2025« des Bundesministeriums für Wirtschaft und Energie die einfache Tatsache festhält: »Deutschland hat kein schnelles Internet. [...] Lediglich für 7 Prozent der Haushalte steht ein Glasfaseranschluss zur Verfügung und nur gut 1 Prozent der Breitbandkunden nutzt in Deutschland einen solchen Anschluss. Adäquate Angebote für gewerbliche Nutzer, insbesondere erschwingliche Gigabitanschlüsse für kleine und mittlere Unternehmen, sind oftmals gar nicht vorhanden. Nur große Unternehmen können sich eigene Glasfaseranbindungen leisten. Andere Staaten sind uns hier deutlich voraus.«[43]

Auch der Markt für digitale Consumer-Plattformen ist praktisch unter Ausschluss europäischer Beteiligung schon vor Jahren aufgeteilt worden. Europa und Deutschland haben hier die letzten 15 Jahre schlichtweg verschlafen. Während die USA und China den Consumer-Markt mit Social-Media-Portalen, Musikangeboten, Apps zum Bezahlen via Handy, Kartendiensten und globalen Online-Shops unter sich aufteilen, genießen wir in Deutschland unser »Kännchen nur draußen«. So wickelt Amazon mittlerweile mehr als die Hälfte des gesamten deutschen Internethandels ab. Sein Umsatz lag 2020 allein in Deutschland bei über 29 Milliarden Euro. Zum Vergleich: Otto.de und Zalando kamen hierzulande zusammen auf etwas über acht Milliarden Euro.[44] Das ist für die Unternehmen ein hübsches Sümmchen. Solche Zahlen rechtfertigen aber nicht die oft großspurigen Töne deutscher Politiker, die von einer großartigen digitalen Zukunft Deutschlands fabulieren. Da müssen erst noch einige Hausaufgaben gemacht werden.

Als Ersatz für tragfähige digitale Strategien und Lösungen gehen wir lieber den deutschen Weg, und der heißt: Wenn du nicht mehr weiterweißt, gründe einen Arbeitskreis. So lässt sich immer noch sehr gut verschleiern, dass man im Grunde vor einem Problem kapituliert oder wenigstens ratlos mit dem Kopf wiegt. Ein Arbeitskreis, der heutzutage natürlich anders heißt, simuliert Handlungskraft durch fast schon rührenden Aktionismus. 2019 wurde daher die Bundesagentur für Sprunginnovationen gegründet, die disruptive Technologien fördern soll. Das muss ja gut gehen, da deutsche Beamte seit alters her für ihre Innovationsfreude, ihr kreatives Denken und ihre Improvisationsfähigkeit bekannt sind. So wurde die Agentur zwar mit einem Startgeld von einer Milliarde Euro ausgestattet, bekam dafür aber vom Bundesrechnungshof gleich Fesseln angelegt. Der kassierte mit dem Besserstellungsverbot flugs die Vorstellung der Agentur, man könnte brillante Leute auch außergewöhnlich gut bezahlen, bevor sie in die Wirtschaft oder in andere Länder abwandern. Das war mit dem Bundesrechnungshof nicht zu machen. Innovation gut und schön, aber deutsches Tarifrecht muss sein.

Der Leiter der Agentur, Rafael Laguna de la Vera, bringt ein weiteres Dilemma der Sprungagentur auf den Punkt: »Der Reflex der Verwaltung ist […], ein Scheitern schon im Vorfeld zu vermeiden. Wir hingegen planen das Scheitern ein: Wir wollen mehreren Teams Geld geben, sie laufen lassen und später schauen, wer am weitesten gekommen ist.«[45] Leider stünde die übliche deutsche Angst- und Fehlerkultur diesem Entwicklungsprozess diametral entgegen: »Wir [Deutschen] versuchen, nicht zu scheitern – und dann scheitern wir stattdessen in kleinen Schritten. Wir brauchen zu viel Zeit und zu viel Geld, um einen Flughafen oder eine U-Bahn zu bauen. Das geht anders besser.«[46] Man wird sehen, ob die Agentur etwas bewirken kann oder ob sie wie vergleichbare Initiativen, wie beispielsweise das von Politik und Bundeswehr gemeinsam kreierte *Center for Intelligence and Security Studies* (CISS), in lähmender Bedeutungslosigkeit vor sich hin taumelt.

Politische Wirkungslosigkeit in Digitalfragen ist beileibe nicht neu. Bereits 2018 berief die damalige Bundesregierung einen zehnköpfigen Digitalrat, der als eine Art Think-Tank Deutschland mit Ideen zur digitalen Zukunft beglücken sollte. Außer einem dürren Intro-Text und den Kurzbiografien der Ratsmitglieder jedoch findet sich auf der entsprechenden Website der Bundesregierung keine einzige Pressemitteilung zu irgendwelchen Arbeitsergebnissen, keine gemeinsame Publikation oder wenigstens ein Statement zu einem konkreten Digitalthema. Nur ein Blog ist zu finden, mit drei (!) Artikeln, der letzte aus dem Jahr 2020. Dass der Quell der Innovationskraft nicht publikumswirksam sprudelt, erklärt die Vorsitzende des Rates, Katrin Suder, damit, dass man nicht in der Öffentlichkeit agiere und hinter verschlossenen Türen mehr erreichen könne. So hätte man etwa »Seminare für Staatssekretäre und Abteilungsleiter zu innovativen Arbeitsmethoden«[47] angeboten. Warum man dafür international renommierte Juristen und Professoren abstellen muss, bleibt das Geheimnis des Rates.

Darüber hinaus erscheint die Wahl des Personals insgesamt zweifelhaft. Wieso ausgerechnet Katrin Suder, Ex-McKinsey-Beraterin und ehemalige Staatssekretärin im Verteidigungsministerium, als Leitung des Rates berufen wurde, bleibt dem staunenden Betrachter ein Rätsel. Man erinnere sich: Suder war die Schlüsselfigur in der sogenannten »Berateraffäre« des Verteidigungsministeriums, bei der externe Berater äußerst lukrative Verträge unter Nichtachtung geltender Vergabekriterien erhielten. Suders Karriere hat dieser veritable Skandal nicht geschadet. Bei ihrer Verabschiedung erhielt sie von der damaligen Bundesverteidigungsministerin Ursula von der Leyen das Ehrenkreuz der Bundeswehr in Gold und trat nahtlos den Vorsitz des Digitalrats an. In ein derart desolates Bild fügt sich, dass mittlerweile ein prominentes Mitglied den Rat wieder verlassen hat. Andreas Weigend, ehemaliger Chief Scientist von Amazon, schied 2019 schon nach der zweiten Sitzung wieder aus. Man habe unterschiedliche Vorstellungen von der Arbeit im Digitalrat gehabt, hieß es damals aus Regierungskreisen. Weigend hingegen beklagte, die von ihm geforderten Ideen eines Mindsets für den digitalen Wandel habe keiner hören wollen.[48]

Egal ob es um Apps geht, um das Erkennen von Trends oder um die Erarbeitung nationaler Strategien: Das politische Deutschland dilettiert durch eines der wichtigsten Themen unserer Zeit. Zwischen hochfahrenden, aber unkonkreten Plänen und unwichtigem Klein-Klein verliert der gesunde Menschverstand zunehmend an Bedeutung. Ja, Flugtaxis oder autonomes Fahren sind in der Zukunft vielleicht von Bedeutung, aber ohne solide Dateninfrastruktur und eine Politik der ambitionierten Machbarkeit bleiben die digitalen Hausaufgaben unerledigt. In einer seltsamen Mischung aus Ignoranz und Großspurigkeit verspielt Deutschland seine noch verbleibenden digitalen Anschlussmöglichkeiten. Vielleicht dachte man, die zweifellos vorhandenen historischen Leistungen in der Ingenieurskunst würden uns irgendwo auch eine Rendite im Digitalen einbringen. Aber Einspritzdüsen funktionieren nun mal anders als digitale Bezahlsysteme.

In einer seltsamen Mischung aus Ignoranz und Großspurigkeit verspielt Deutschland seine noch verbleibenden digitalen Anschlussmöglichkeiten.

Wer gestern noch analoger Weltmarktführer war, kann morgen schon im digitalen Abseits stehen. Unternehmen wie Bosch oder Siemens haben das (spät) begriffen. Auch kleine und mittlere Unternehmen sind mitunter vornedran, wenn es um das Verstehen und Umsetzen von digitalen Lösungen geht. Nur die Politik in Land und Bund lässt vieles an Problembewusstsein und Handlungskompetenz vermissen. Was wir in Angriff nehmen, wie etwa eine europäische Cloud oder ein eigenes europäisches Navigationssystem, kommt halbherzig oder zu spät. Die Leidtragenden werden wir alle sein: die Unternehmen ohne belastbare digitale Infrastruktur, die Bürger ohne tragfähige digitale Services der Verwaltung und nicht zuletzt unsere Kinder, die den Wettbewerbsnachteil und einen Rückgang an Wohlstand durch eine verkorkste Digitalpolitik ausbaden müssen.

Trotz aller gravierenden Versäumnisse können wir die schleppende Digitalisierung in Deutschland jedoch nicht allein der Politik anlasten. Der Ausspruch des französischen Philosophen Joseph de Maistre: »Jedes Volk hat die Regierung, die es verdient«, hat auch hier einen wahren Kern. Denn in unserer Gesellschaft gibt es Dynamiken, Überzeugungen und Fakten, die einen positiven Umgang mit der Digitalisierung verhindern. Um diese Faktoren, um die Digitalisierungsbereitschaft und -fähigkeit der Deutschen, geht es im nächsten Abschnitt.

Digitalisierte Arbeitswelt: Zwischen Heilsversprechen und Überforderung

Die Diagnose einer digitalisierten Arbeitswelt, die sich in veränderten Geschäftsmodellen, neuen Technologien und hybriden Arbeitsmodellen ausdrückt, ist wahrlich nicht neu. Doch obwohl Forscher sich seit Jahrzehnten mit dem Zusammenspiel von digitaler Sphäre und Arbeit beschäftigen, brauchte es in Deutschland erst den Schock der Corona-Pandemie, um ein neues Bewusstsein für die Dringlichkeit der Digitalisierung zu erzeugen und beispielsweise flächendeckend Homeoffice einzuführen. Wie Unternehmen langfristig mit dieser Maßnahme umgehen, ist natürlich offen. Doch Adam und Eva, beide Vollzeitkraft im Garten des Herrn und kinderlos, haben nun vom verbotenen Apfel genascht und werden die Vorteile des Homeoffice wahrscheinlich nicht so schnell wieder aufgeben wollen.

Selbstverständlich bedeutet Digitalisierung mehr als Homeoffice – viel mehr. Es bedeutet mehr als eine Umformung der Geschäftsmodelle, mehr als globale Echtzeitkommunikation, sogar mehr als die totale Überwachung und das Social-Scoring-System Chinas, das den Einzelnen 24 Stunden am Tag im Griff hat, 7 Tage die Woche, 365 Tage im Jahr. Um auszuloten, wie tiefgreifend und umfassend die Digitalisierung der Arbeitswelt ist, sollten wir zunächst den schwammigen Begriff »Digitalisierung« aufschlüsseln. Digitalisierung lässt sich in vier Kategorien einteilen: die Selbststeuerungsfähigkeit technischer Systeme (z. B. beim autonomen Fahren), die Vernetzung technischer Systeme, Informationsbestände und Akteure (Mensch-Maschine-Interaktion), die technischen

Assistenzsysteme (z. B. Datenbrillen) und Simulationen auf Basis virtueller Realitäten.

In der öffentlichen Wahrnehmung dominiert leider fast ausschließlich die Vernetzungsvariante, unter die auch das Homeoffice fällt. Weitere Stichworte einer energischen, aber leider oft unterkomplexen Diskussion über Digitalisierung sind beispielsweise Crowdworking, virtuelle Führung, Big Data etc. Es ist verständlich, gerade die Vernetzungsvariante in den gesellschaftlichen Fokus zu rücken. Schließlich beinhaltet sie den größten Schnittpunkt zwischen technischer Innovation, psychologischer Dynamik und kultureller Aneignung. Mit anderen Worten: Im Homeoffice (um bei diesem Beispiel zu bleiben) verschmelzen digitale Möglichkeiten mit der sozialen und psychologischen Alltagserfahrung des Menschen, formen eine neue Wirklichkeit und kreieren eine alternative Arbeitsform: hybrides Arbeiten. »Digitalisierung« meint somit niemals nur die Durchdringung und Erweiterung von Technologie. Streng genommen sollte man sogar nur von Digitalisierung sprechen, wenn die digitale Neuerung im technologischen Bereich das Denken, Fühlen und Handeln einer Gesellschaft spürbar verändert. In diesem strengen Sinn würde die Online-Community Facebook sehr wohl unter »Digitalisierung« fallen, die Online-Community Second Life eher nicht – weil die gesellschaftliche Breitenwirkung fehlt. Während sich 2021 allein in Deutschland rund 32 Millionen Nutzer bei Facebook tummelten, waren zum 15-jährigen Jubiläum von Second Life 2018 gerade mal 57 Millionen dort registriert – weltweit.[49] Dieses Beispiel zeigt, dass sich gravierende technologische Sprünge, sogenannte *Game Changer*, mitunter nur in der historischen Rückschau beurteilen lassen. Man muss schon einen großen Bogen schlagen, um die Dimension und die globale Herausforderung zu erkennen, vor die uns die Digitalisierung stellt. Lassen Sie mich diesen Bogen zum besseren Verständnis kurz skizzieren.

Geht man in der Menschheitsgeschichte zurück, dominierte über Jahrtausende eine Kultur des Mündlichen. Man schrieb nicht, sondern erzählte. Wissen wurde in mündlicher Form weitergegeben. Vergaß jemand etwas oder starb der Wissensträger, verschwanden mit ihm auch seine Kenntnisse aus der Welt. Dennoch vertrat im alten Griechenland der Philosoph Sokrates die Auffassung, Schrift sei schädlich für die Kraft des Denkens und darum zu vermeiden. Denn »diese Erfindung wird in den Seelen derer, die sie erlernen, Vergesslichkeit bewirken, weil sie ihr Gedächtnis nicht mehr üben; denn im Vertrauen auf Geschriebenes lassen sie sich von außen erinnern durch fremde Zeichen, nicht von innen heraus durch sich selbst. Also hast du ein Mittel nicht für das Gedächtnis, sondern eines für die Erinnerung gefunden. Was aber das Wissen angeht, so verschaffst du den Schülern nur den Schein davon, nicht wirkliches Wissen.«[50]

Die Kulturskeptiker der Digitalisierung sind also nicht die ersten, die vor einer Zeitenwende warnen; vielmehr gibt es dafür bedeutende historische Beispiele. Auch Jesus von Nazareth sagte nicht zu seinen Jüngern: »Gehet hin und schreibt nieder, was ich gesagt habe!« Er sagte: »Geht hinaus in die ganze Welt und verkündet das Evangelium der ganzen Schöpfung!«[51] Der historische Jesus lebte noch in einer Alltagswelt des Mündlichen; die ältesten Evangelien wurden erst etwa 70 Jahre nach seinem Tod aufgezeichnet. Im ersten Jahrtausend nach Christus setzte sich dann im europäischen Raum eine Schriftkultur durch, die jedoch auf die adlige und klerikale Elite beschränkt blieb. Erst mit der Erfindung des Buchdrucks durch Johannes Gutenberg im 15. Jahrhundert explodierte die Schriftkultur. Bücher und andere Texte wurden praktisch jedem zugänglich. Gemeinsam mit der später einsetzenden Aufklärung und dem damit verbundenen humanistischen Bildungsideal setzte sich eine Kette des Lesens, Schreibens und der Wissensbildung in Gang, die Europa auf den Gebieten der Philosophie, Wissenschaft, Technologie und Literatur zum intellektuell führenden Kulturraum machte.

Heute schließlich stehen wir erneut vor einer Zeitenwende. So wie es in der Geschichte einen Übergang von der mündlichen zur schriftlichen Kultur gab, erkennen wir heute einen Übergang von der schriftlichen Papierkultur zu einer digitalen Kultur. Hinter dem scheinbar harmlosen Begriff der Digitalisierung versteckt sich somit eine Revolution atemberaubenden Ausmaßes. Wir sind wie eine Ameise, die vor einem Berg steht. Wir erkennen nicht einmal, dass es ein Berg ist. Weil er so groß ist und wir so klein. Wir identifizieren erst in Ansätzen, wie sich unser berufliches und privates Leben durch die Digitalisierung verändern wird. Manches davon begrüßen wir, manches ängstigt uns. Wir hoffen auf Durchbrüche in der Medizin mittels künstlicher Intelligenz und Supercomputing, um bislang tödliche Krankheiten effektiv behandeln zu können. Gleichzeitig fürchten wir die Etablierung einer Kriegsführung, bei der automatisierte Drohnen und ebensolche künstliche Intelligenzen Entscheidungen über Leben und Tod treffen. Wir verurteilen genmanipulierte Lebensmittel. Gleichzeitig begrüßen wir gentechnisch veränderte Impfstoffe. Wir schätzen das Internet als Zugang zu praktisch unbegrenztem Wissen und Information. Gleichzeitig sorgen wir uns um unsere Kinder und befürchten eine Zukunft, die für sie von Smartphone-Sucht und einer »Digitalisierung des Denkens« geprägt ist.

Hinter dem scheinbar harmlosen Begriff der Digitalisierung versteckt sich eine Revolution atemberaubenden Ausmaßes.

Das Zwiespältige, das Unbehagen an einer umfassenden Digitalisierung unserer Welt drückt sich nicht zuletzt in der Arbeitswelt aus. Und wir Deutschen sind sehr geübt darin, bei allem Möglichen Unbehagen zu empfinden. Man kann ohne Übertreibung sagen: Was die Beurteilung technologischer und digitaler Innovationen angeht, sind wir eine Nation, die ihr Glas eher als halb leer denn als halb voll betrachtet. Dieses grundsätzliche Misstrauen, dem auch die Politik in Sachen Digitalisierung aufsitzt, indem sie ängstlich ihre Musketen spannt, sorgt mitunter für irrationale Denkweisen, Paradoxien und grundlos emotionalisierte Debatten bei Themen wie genmanipulierte Lebensmittel, Cyber-Überwachung oder künstliche Intelligenz.

Natürlich geht es bei der Digitalisierung der Arbeitswelt nicht um Gentherapie oder Impfung. Die Analogie soll verdeutlichen, dass Menschen in irrationale Ängste und widerstreitende Positionen abgleiten können, bis hin zu gesellschaftlicher Lähmung und sozialer Spaltung. Das war beim Thema Corona so und kann uns auch in der Arbeitswelt passieren, wenn es um die Digitalisierung und unser aller Zukunft geht. Erinnern Sie sich an das Narrativ des bösen

Kapitalismus? Auch bei der Digitalisierung der Arbeitswelt gibt es mächtige Narrative, die uns eine dystopische Zukunft vorhersagen und in manchen schon wieder den Wunsch wecken, im übertragenen Sinn Felder mit Genmais niederzubrennen oder Impfzentren zu attackieren.

Eines der mächtigsten Narrative einer digitalisierten Arbeitswelt lautet: Computer nehmen uns die Arbeit weg. Laut dieser Erzählung steuern wir auf eine erheblich automatisierte Arbeitswelt zu, in der viele Menschen keine Jobs mehr finden. Die Handlung dieses Narrativs geht (sehr verkürzt) ungefähr so: Lasst erst mal Google noch zehn Jahre den Quantencomputer entwickeln und selbstlernende Algorithmen verbessern – und die Arbeitskraft des Menschen gehört auf den Müllhaufen der Geschichte. Computer und Roboter werden schlauer und stärker sein als Menschen. Sie werden uns lästige Arbeiten abnehmen und vielleicht in ferner Zukunft auch Raumschiffbesatzungen bilden, die für uns auf gefährliche Missionen jenseits der Grenze des Sonnensystems gehen (womit wir bei Science-Fiction-Szenarien à la »Blade Runner« wären). Extreme Befürworter solcher Szenarien scharen sich beispielsweise um Ray Kurzweil, Chief Engineer von Google. Kurzweil vertritt die These der »Singularität«, die besagt, dass in nicht allzu ferner Zukunft Maschinen klüger sein werden als Menschen und damit eine neue Phase der Evolution beginnt.[52]

Die Erzählung der schlauen Computer und starken Roboter wird in Presse und Social Media mit einer Mischung aus Faszination und Schauder präsentiert. Garniert wird sie wahlweise mit Videos von malenden Maschinen, tanzenden Robotern oder einzelnen, durchaus realen und beeindruckenden Fortschritten in der Informationstechnologie – zum Beispiel bei besagtem Quantencomputer von Google. Mag die Vision einer Singularität fern und unrealistisch erscheinen, erleben wir die Umbrüche in der Arbeitswelt durch Automatisierung und Digitalisierung jeden Tag und ganz real. Und selbstverständlich werden in einigen Branchen manche Jobs stark zurückgefahren bzw. ganz verschwinden. Bereits jetzt generieren Computer Zeitungstexte, die ebenso gut sind wie die von Menschen. Auch die algorithmengestützte Bewerberauswahl setzt sich immer mehr durch: Vor dem Bewerbungsgespräch testen Computer plausible (und manchmal weniger plausible) Faktoren im Zusammenhang mit einer Eignung des Bewerbers. Und Callcenter werden künftig durch künstliche Intelligenz unterstützt, mit dem Ziel, menschliche Mitarbeiter komplett zu ersetzen. All das geschieht und wird sich verstärken.

Sollten wir vor einer digitalisierten Arbeitswelt Angst haben? Ja, das sollten wir – wenn wir so weitermachen wie bisher. Die nächsten 20 Jahre werden geprägt sein von einer Spaltung der Arbeitsgesellschaft: in hoch bezahlte und stark nachgefragte Spezialistentätigkeiten, wie das beispielsweise in der IT-Branche bereits heute der Fall ist, und in einfache, schlecht bezahlte Tätigkeiten wie Clickworking oder Lieferdienste. Eine große Zahl an Mittelschichtjobs wird erodieren oder ganz wegbrechen, darunter ehemals krisensichere Arbeitsplätze in Banken, Steuerberatungen oder Anwaltskanzleien. Zudem wird unsere momentane Hyperakademisierung in Ausbildung

> **Sollten wir vor einer digitalisierten Arbeitswelt Angst haben? Ja, das sollten wir – wenn wir so weitermachen wie bisher.**

und Jobdesign implodieren – zugunsten von handwerklichen Tätigkeiten, die ein Computer oder Roboter nicht oder nur schwer erledigen kann. Das Handwerk wird eine neue Blüte erleben. Wer heutzutage Schreiner oder Elektriker lernt, blickt in eine goldene berufliche Zukunft. Deshalb sind die momentanen Diskussionen über eine digitalisierte Arbeitswelt so fatal: Sie sind Nebelkerzen, Schattenboxen, um von den wirklich wichtigen Themen abzulenken. Hier verhalten sich Politik, Medien und Bürger nahezu gleich: Man begeht Selbstmord aus Angst vor dem Tod und zwingt sich nicht, dem realen Szenario einer radikal neuen Arbeitswelt ins Auge zu sehen.

Man betrachtet Digitalisierung immer noch als technologische Angelegenheit und verkennt ihren sozialen und gesellschaftsrevolutionären Aspekt. Es ist ein bisschen so wie in der Parabel vom Schachspiel und den Reiskörnern: Angeblich wurde das Schachspiel vor langer Zeit in Indien unter Kaiser Sheram erfunden. Sheram gefiel das Spiel so gut, dass er dessen Erfinder Zeta belohnen wollte. Zeta sollte einen unbescheidenen Wunsch äußern. Er, Sheram, wolle ihn ohne Zögern erfüllen. Zeta überlegte und sprach:»Gib mir so viele Reiskörner, wie ein Schachbrett Felder hat. Aber du musst die Anzahl der Reiskörner auf jedem Feld verdoppeln!« Sheram lächelte über diesen vermeintlich geringen Wunsch, stellte dann aber fest, dass er Zeta über 64 Trillionen Reiskörner hätte aushändigen müssen. Tief beschämt und unfähig, Zetas Bitte zu erfüllen, überließ Sheram Zeta die Herrschaft über sein Reich.[53]

Diese kleine Geschichte kann man auf unsere heutige Digitalisierungsdebatte übertragen. Wir Menschen sind nicht geübt darin, exponentiell zu denken. Wir denken linear und haben daher Mühe, Phänomene wie Quantencomputer oder maschinelles Lernen zu begreifen. Deshalb überschätzen wir die kurzfristigen, eher unspektakulären Effekte der Digitalisierung (zum Beispiel die vermehrte Anwendung von Homeoffice) und unterschätzen deren langfristige Auswirkungen (zum Beispiel die Lernfähigkeit echter künstlicher Intelligenz).

Was bedeutet das für unsere Arbeitsgesellschaft? Dazu macht der New-Work-Begründer Frithjof Bergmann eine interessante Beobachtung:»Die Arbeit hat keine Grenzen; sie ist unendlich. Und dennoch sind Arbeitsplätze knapp. Aus welchem Grund ist das so? Was Arbeit in einen Arbeitsplatz verwandelt, ist im Wesentlichen, dass die Arbeit nicht von mir selbst bestimmt wird und ihren Ursprung nicht in mir hat. Ich werde von jemandem an- oder eingestellt. Das bedeutet, dass ich etwas leisten muss, was für diese andere Person einen Wert hat.«[54] Ein Arbeitsplatz stellt insofern eine Unterart der Arbeit dar. Man produziert, muss einen Wert produzieren, den jemand anderes bezahlt. Doch was geschieht, wenn jemand den Wert günstiger produziert: ein Subunternehmer, ein indisches Callcenter oder eben eine Maschine?»Wenn ein Satz von Maschinen dasselbe Produkt billiger herstellen oder dieselbe Dienstleistung billiger bereitstellen könnte, dann kann und wird mein Arbeitgeber auf mich verzichten. Dann würde ich ihn mehr Geld kosten, als er ausgeben kann, und ich bringe ihm keinen Wert, sondern einen Verlust. Das ganze Bild wird noch sehr viel deutlicher, wenn man unterstreicht, dass dies alle Ebenen trifft, vom Topmanager bis hinab zur Putzhilfe.«[55]

Für eine digitalisierte Zukunft unserer Arbeitswelt müssen wir demnach neu definieren: Welche Arbeit wird bezahlt? Und wie wird sie bezahlt? In welchem Maß wird die bezahlte Arbeit zurückgehen (siehe die Diskussion um die »kurze Vollzeit« in Gestalt der 30-Stunden-Woche)? Diese Fragen sind wichtig, denn die Digitalisierung wird nicht nur Jobs hinwegfegen und die Arbeitslandschaft neu ordnen. Sie wird auch die Produktivität erhöhen – allerdings nicht zugunsten besserer Löhne für menschliche Arbeitskräfte, sondern als Folge einer durchdringenden Automatisierung. In den letzten 15, 20 Jahren stellen Ökonomen eine deutliche Tendenz der Weltwirtschaft fest: Die Produktivität und der Umfang der menschlichen Arbeitsleistung laufen auseinander. Die Produktivität nimmt zu, die dazu notwendige Arbeitskraft nimmt ab. Die Kombination von steigendem Wohlstand und sinkendem Anteil menschlicher Arbeitsleistung »stellt zwei gängige, doch gegensätzliche Weltanschauungen infrage. Eine verbreitete Sichtweise ist, dass technischer Fortschritt stets steigende Einkommen zur Folge hat. Die andere besagt, dass die Automatisierung durch den Ersatz von Menschen durch Maschinen die Löhne der Arbeitnehmer drückt. […] Die rasche Weiterentwicklung unserer digitalen Werkzeuge schafft beispiellosen Reichtum. Es gibt aber kein wirtschaftliches Gesetz, das besagt, dass Arbeitnehmer ausnahmslos oder auch nur mehrheitlich von diesem Fortschritt profitieren.«[56] Das Gegenteil scheint der Fall: Manche heutigen Arbeitsverhältnisse wirken wie moderne Sklavenarbeit – mit verschwindend geringem Verdienst, verbunden mit ausgeprägter Rechtlosigkeit. Die globale Wirtschaft setzt immer mehr auf diesen »menschlichen Ausschuss«, der für uns die Drecksarbeit erledigt, indem er seltene Erden aus den Böden kratzt, für Cent-Beträge tumbe Mikrojobs am Computer erledigt oder auf Feldern unser Gemüse erntet.

Aber auch Gutverdiener und soziale Gewinner sind nicht vor den Folgen der Digitalisierung gefeit. Im Gesamtschnitt der Bevölkerung arbeiten wir immer weniger und werden immer schlechter bezahlt: »Produktivität und Beschäftigung […] entwickelten sich seit dem Zweiten Weltkrieg die meiste Zeit über parallel, bis sie sich Ende der 1990er-Jahre voneinander lösten. Die Produktivität setzte ihren Aufwärtstrend fort, während die Beschäftigung zurückging. Die Beschäftigungsquote ist heute auf dem geringsten Stand seit 20 Jahren oder länger, und das Realeinkommen […] liegt unter dem Niveau der 1990er-Jahre. Gleichzeitig verzeichneten Produktivität, BIP, Unternehmensinvestitionen und Nachsteuergewinne Rekordstände.«[57] Diese Diagnose hat für die Arbeitswelt dramatische Folgen: Es spricht alles dafür und nichts dagegen, dass wir für das Aufrechterhalten und das Wachstum unserer Produktivität immer weniger menschliche Arbeitskräfte benötigen. Die Corona-Krise hat dieses Phänomen sogar noch verstärkt: Nach Berechnungen der Weltarbeitsorganisation (ILO) brachen allein 2020 die weltweit geleisteten Arbeitsstunden um fast neun Prozent ein. Global gingen 126 Millionen Vollzeit-Arbeitsplätze verloren – eine Tragödie vor allem für die finanzschwachen Länder in Mittel- und Südamerika sowie auf dem afrikanischen Kontinent.[58]

> **Es spricht alles dafür und nichts dagegen, dass wir für das Aufrechterhalten und das Wachstum unserer Produktivität immer weniger menschliche Arbeitskräfte benötigen.**

Insgesamt gerät unsere Arbeitsgesellschaft also von drei Seiten unter Druck: Digitalisierung und Automation führen erstens zu einer Neuordnung der Berufslandschaft, zweitens zu einer Reduzierung der Arbeitszeit und dadurch sinkenden Löhnen sowie drittens zu einer Spaltung der Arbeitsgesellschaft in Gewinner und Verlierer. Deshalb brauchen wir möglichst schnell gute Ideen für eine digitalisierte Arbeitswelt. Ideen für Arbeitsmodelle, die den neuen digitalen Zeiten gerecht werden und gleichzeitig die Würde des Einzelnen wahren sowie dessen Arbeitsleistung respektieren. Für digitale Innovationen, die für möglichst viele Menschen einen Mehrwert erzeugen und die Gesellschaft voranbringen. Für politische Rahmenbedingungen, welche die weitere Digitalisierung unserer (Arbeits-)Gesellschaft fördern. Und wir brauchen endlich den Mut, die wirklich wichtigen Debatten einer digitalisierten Zukunft zu führen. Wie wir all das tun können, erläutere ich im nächsten Abschnitt.

Bleibt alles anders: Wie wir eine Kultur des Digitalen schaffen

In irgendeiner amerikanischen Talkshow zum Thema Waffenrecht hörte ich einmal den Satz: »Waffen bringen keine Menschen um. Menschen bringen Menschen um.« Das mag etwas spitzfindig klingen, doch im Grunde trifft diese Aussage zu – ganz besonders, was potenziell tödliche Technologien betrifft. Mit dem Wissen beispielsweise um die Kernspaltung kann man Atomkraftwerke bauen oder Hiroshima in die Luft jagen. Das damalige moralische Dilemma der Wissenschaftler um Robert Oppenheimer, die in den 1940ern die Atombombe erfanden, ist gut dokumentiert. Oppenheimer selbst beschrieb seine Rolle innerhalb dieser als »Manhattan-Projekt« berühmt gewordenen Forschung, indem er 1965 in einem Fernseh-Interview eine Stelle aus einer heiligen Schrift des Hinduismus zitierte: »Jetzt bin ich zum Tod geworden, zum Zerstörer der Welten.«[59] Waffen, Atomenergie, aber auch Dinge wie Navigationstechnik oder künstliche Intelligenz: Man kann praktisch jede technologische Erfindung konstruktiv oder destruktiv nutzen. Anders formuliert: Technik bringt keine Menschen um. Menschen bringen Menschen um.

Mit dieser zugegeben etwas dramatischen Eröffnung möchte ich Sie zu zwei Gedanken einladen. Erstens: Die Digitalisierung ist weder gut noch schlecht, sondern ein schlichter Fakt. Zweitens: Wir sollten als Gesellschaft diskutieren, wie wir die unterschiedlichen Formen der Digitalisierung nicht destruktiv, sondern konstruktiv nutzen. Der erste Gedanke soll die Debatte um Digitalisierung, so gut es geht, »emotional entladen«. Computer sind nicht moralisch, nur die Zwecke, für die wir sie einsetzen. Und der zweite Gedanke führt zum Versuch, Digitalisierung größer zu denken, als nur die Veränderung und Erweiterung von Technologie zu sehen. Die Digitalisierung einer ganzen Gesellschaft sollte in eine Kultur des Digitalen münden. Wenn wir eine digital mündige Gesellschaft werden wollen, brauchen wir unemotionale Diskurse, eine höhere politische Digitalkompetenz, aber auch eine vernünftige Risikofolgenabschätzung, bessere und vielfältigere Bildung im IT-Bereich und eine neue Kultur des Digitalen. Digitalisierung und Automation sind keine Bedrohung, sondern vielmehr unsere Angst davor. Wir müssen uns unserer Angst vor Überforderung, Kontrollverlust und Jobwandel stellen und gleichzeitig unsere menschlich-schöpferischen Qualitäten in der Arbeit herauskristallisieren und persönlich sowie institutionell stärken.

Für diese grundlegende Umformung der Gesellschaft auf Basis der Digitalisierung brauchen wir den Begriff der *Digitalität*. Ich möchte mich hier an den Informatiker und Bildungswissenschaftler Lars Mecklenburg anlehnen, der vorschlägt, bei Digitalität »weder in Geräten, Tools oder Apps noch in Medien zu denken, sondern stattdessen performativ: Digitalität bedeutet, dass Menschen kommunikative Handlungen in digitaler Form ausführen. Sie benutzen zu diesem Zweck die genannten Dinge, aber eben zur Erfüllung des jeweiligen kommunikativen Bedürfnisses. Digitalität ist immer ausgehend von den kommunikativen Handlungen zu verstehen und nachrangig von den technischen Mitteln, welche zur Erfüllung gewählt werden.«[60] Genau hier liegt der Schlüssel zum Verstehen allen Gelingens und Scheiterns in Wirtschaft, Bildung und Politik, wenn es um das Digitale geht. Wir wollen Geschäftsmodelle, Verwaltungen und Schulen digitalisieren, aber denken nur in technischen Dimensionen. Doch Digitalisierung erfolgt im Wechselspiel mit bewusster Digitalität. Sie ist nicht deren Vorläufer. Wenn wir uns nur auf Software, Geräte und technische Vernetzung konzentrieren, werden wir blind für die kulturelle Veränderung, die in der Digitalität liegt.

In der Tat sind wir noch weit davon entfernt, eine digitale oder wenigstens digitalfreundliche Gesellschaft zu werden. Bezogen auf unsere Arbeitswelt können wir ein Wort von Erich Nölte abwandeln: Digitales Arbeiten heißt Arbeiten in einer digitalisierten Welt – und nicht die Digitalisierung analoger Arbeit. In diesem Zitat zeigt sich die neue Epoche der Digitalität. Wir alle kennen den Begriff des »Medienbruchs«, der entsteht, wenn wir beispielsweise ein Dokument aus Papier einscannen müssen, um damit am Computer weiterzuarbeiten. Bei diesem winzigen Beispiel digitalisieren wir die analoge Welt – aber Arbeiten in einer digitalisierten Welt ist das noch nicht. Bei Medien wie Büchern werden die Brüche zwischen analoger und digitaler Welt offensichtlich. Eher versteckt sind die »mentalen Brüche«, die wir noch nicht bewältigt haben, die sich aber überall in Wirtschaft und Gesellschaft zeigen. Einige wenige Vordenker haben das zu ihrer Zeit erkannt. So ist von Microsoft-Gründer Bill Gates das Zitat überliefert, die Welt »brauche Banking, aber keine

In der Tat sind wir noch weit davon entfernt, eine digitale oder wenigstens digitalfreundliche Gesellschaft zu werden.

Banken«[61]. Denn Banking wird komplett digital transformiert, wird Bestandteil der Digitalität, während Banken als Institutionen Überreste der analogen Gesellschaft darstellen und ihren Daseinszweck neu rechtfertigen müssen.

Selbst die New-Work-Bewegung, die sich auf die soziale Transformation der Gesellschaft konzentriert, entwarf ein Modell der Digitalität. Frithjof Bergmann sprach immer wieder von einem »Fabricator«, einer Maschine, die mittels 3-D-Druck und ähnlicher Produktionstechniken einmal einen Großteil unserer Alltagsgegenstände herstellen sollte. Dabei ging er über eine reine Vorstellung von Digitalisierung und digitalen Produktionstechniken hinaus, indem er vorschlug, in jedem Dorf und jedem Stadtteil einen solchen Fabricator aufzustellen, auch um mithilfe dieser digitalen Produktionstechnik das *Bewusstsein* der Menschen zu verändern. Bill Gates und Frithjof Bergmann kommen, wenn man so will, aus völlig unterschiedlichen Ecken des philosophischen Universums – beide aber haben das Wesen der Digitalität und der digitalen Kultur schon sehr früh begriffen.

Wie erzeugen wir eine solche Kultur des Digitalen? Eine Kultur, die uns Mut macht und die Fähigkeiten verleiht, in der Arbeitswelt der Zukunft (aber auch in der ganzen Gesellschaft) zu bestehen? Meiner Meinung nach sollten wir an drei unterschiedlichen Säulen bauen, die ich im Folgenden mit konkreten Ideen skizzieren werde: Politik, Infrastruktur und Arbeitsverständnis. Werden wir diese Ideen schnell umsetzen? Nein. Wird es leicht werden? Ebenfalls nein. Aber wir haben gar keine andere Wahl. Deutschland lebt in vielen Bereichen bereits von der Substanz: bei der Energieversorgung, bei der Rentenpolitik, bei den Fachkräften und nicht zuletzt bei den politischen Ideen. Da der ehemalige Bundespräsident Roman Herzog mit seiner legendären »Ruck«-Rede offenbar nicht durchgedrungen ist, sollten wir uns jetzt schleunigst auf den Weg machen. Sonst verspielen wir Deutschlands Zukunft und seinen Wohlstand.

Beginnen wir bei der Gestaltung einer echten digitalen (Arbeits-) Welt mit Ideen für die Politik. Obwohl ich kein Freund von Bürokratie bin, sollten wir so schnell wie möglich ein eigenes, vollwertiges Digitalministerium schaffen. Ja, das bedeutet eine prominente Vergrößerung der Verwaltung. Dafür sollten wir untaugliche Gremien wie den Digitalrat oder die Agentur für Sprunginnovationen ersatzlos streichen. Weder Hinterzimmer-Einflüsterungen noch verwaltungsmüde Simulationen von Start-up-Kultur werden unsere großflächigen Defizite in der Digitalisierung beheben. Auch eine Digitalstaatsministerin, egal ob sie Dorothee Bär heißt oder anders, brauchen wir dann nicht mehr. Das neue Digitalministerium könnte dieses Kernthema der Zukunft auf Augenhöhe am Kabinettstisch vertreten; am besten ziehen wir auch gleich die Kompetenz für die digitale Infrastruktur aus dem (sowieso traditionell schwachen) Verkehrsministerium herüber. Andere Länder wie beispielsweise Estland, dessen Digitalisierung man als vorbildlich bezeichnen kann, haben bereits seit Längerem ein Digitalministerium. Denkt man intensiver darüber nach, erscheint es einem immer unverständlicher, dass eine der größten Volkswirtschaften der Welt diesen zentralen Bestandteil unserer Lebenswirklichkeit nicht in einem eigenen Ministerium abbildet.

Fast noch wichtiger als die Schaffung eines eigenen Ministeriums ist ein neues Selbstverständnis der politischen Arbeit. Wir müssen grundlegend überdenken, wie die Arbeit in Politik, Ministerien und Verwaltung allgemein funktionieren sollte. Der Politikwissenschaftler Stefan Heumann bringt es auf den Punkt: »Seit Jahren meinen politische Entscheidungsträger, dem Land die Digitalisierung erklären zu müssen. Viel sinnvoller wäre es, überhaupt erstmal die Veränderungen zu verstehen. Wir werden die Digitalisierung nur mit einem grundlegenden Kulturwandel in Politik und Verwaltung erfolgreich meistern. Im Zentrum dieses Wandels muss ein Selbstverständnis des Staates als lernende Organisation stehen.«[62] Und als lernende Organisation versteht sich der politische Apparat bislang beileibe nicht. Im Gegenteil: »Während gesellschaftliche und wirtschaftliche Akteure Wissenssilos aufbrechen und sich für Kollaboration öffnen, wirken Ministerien und Regierungsapparate oft wie Trutzburgen, die sich von der Außenwelt einigeln. Abschottung und Informationskontrolle verhindern, dass staatliche Institutionen wichtige Impulse von außen aufnehmen und produktiv mit ihnen umgehen können.«[63] Man arbeitet statisch, langsam, ohne Feedback-Mechanismen, die Lernen erlauben würden. Es herrschen Rivalitäten und Budget-Neid; von außen wirkt der politische Apparat daher oft zu Recht lernunfähig, monolithisch, bürgerfern. Wir brauchen eine kulturelle Revolution in unseren Amtsstuben; die Verwaltung sollte der digitalen Wirklichkeit nicht hinterherhinken, sondern sie im Gegenteil von vorne denken und lenken.

Lernfähigkeit, Kooperation und Flexibilität benötigen eine Grundkompetenz und fachliche Expertise, um zu funktionieren. Aber genau das ist die nächste Schwachstelle in Regierung und Verwaltung, die sich besonders drastisch im Digitalbereich niederschlägt. Was Digitalisierung angeht, stellt sich die öffentliche Verwaltung als nahezu kompetenzlos dar. Es grassiert das Berater-Unwesen: Externe Berater, meist von großen Consulting-Firmen, übernehmen Denken und Handeln des Regierungsapparats. Sie schreiben Gesetzesvorlagen zu Datenschutz und Internet-Wirtschaft, die nicht selten wortgleich übernommen werden. Verwaltungsinterne Angestellte können oft nicht einmal anderer Meinung sein, weil sie zu wenig von der speziellen Materie verstehen. Auch deswegen versucht man, sich mit intellektuellen Heftpflastern wie dem Digitalrat zu behelfen – eher erfolglos, denn wie sollten sich Einflüsterungen ins Kanzlerohr ohne eine institutionelle Prozessmacht eines Ministeriums oder auch nur eine fachliche, langfristig gedachte Ausarbeitung in den Referaten durchsetzen?

Wir brauchen eine massive Recruiting-Offensive für den öffentlichen Dienst. Wir benötigen die besten Digitalkräfte für die Gestaltung unseres Landes und müssen ihnen natürlich ein entsprechend attraktives Umfeld und gute Bezahlung bieten. Was digitale Kompetenz betrifft, ist unser Staatsapparat fast schon intellektuell ausgeblutet und hält sich nur noch mit externer, aber interessengeleiteter Expertise am Leben. Wie lange das gut geht, ist offen. Die Bündelung von digitaler Verantwortung in Form eines Digitalministeriums, eine kulturelle Revolution der Verwaltung hin zu »lernenden Organisationen« und der konsequente Aufbau interner digitaler Kompetenz – das müssen unsere Kernziele für den politischen Apparat und die öffentliche Verwaltung sein. Denn wir haben nichts davon, wenn sich Politik entweder in großspurigen Ankündigungen ergeht, die nie Wirklichkeit werden (»Big Data«, »künstliche Intelligenz«, »Bitcoin« und ähnliche Buzzwords), oder sich auf der anderen Seite in Kleinigkeiten der digitalen Realität verliert (zum Beispiel in der Unsinnsdebatte einer Steuer auf digitale Einkäufe während des Corona-Lockdowns). Aber die beste, schlüssigste und wirksamste Politik bringt wenig, wenn es am grundlegenden, handfesten Mittel der Digitalisierung landauf, landab fehlt: einer funktionierenden und leistungsfähigen IT-Infrastruktur.

Die Minderleistung vieler Datennetze in Deutschland ist seit Jahren ein zuverlässiger Aufreger in der öffentlichen Debatte und ein verlässlicher Party-Gag. Nur ist vielen im Pandemie-Homeoffice und beim Homeschooling das Lachen vergangen. Wenn die eigene Leistung im Job spürbar leidet (und das war bei vielen Arbeitskräften und Schülern der Fall), hört der Spaß auf. Das gilt erst recht, wenn das eigene Gehalt auf dem Spiel steht, weil die individuellen Ziele nicht erreicht werden. Fast reflexhaft erfolgt in solchen Situationen der Ruf nach dem Staat, er solle mehr investieren. Zudem sollen Unternehmen wie die Telekom gefälligst mehr bauen. Also sind mehr Geld und schnelles Bauen die Lösung? Ganz so einfach ist es nicht. Überraschenderweise scheint Geld nicht das Problem zu sein, wenn es um den Netzausbau in Deutschland geht. So stellte Finanzminister Scholz für digitale Infrastruktur und den »Digitalpakt Schule« allein 6,5 Milliarden Euro bereit – aber von dieser enormen Summe wurden bis September 2021 nur verhältnismäßig bescheidene 852 Millionen Euro abgerufen.[64] Wie kommt das? Wer sagt schon Nein zu geschenktem Geld?

Hört man sich bei deutschen Kommunen um, klagen viele über unzumutbare Förderbedingungen. Es gebe zwar viele Förderprogramme, diese seien aber zu kompliziert und vor allem zu speziell, betont Reinhard Sager, Präsident des Deutschen Landkreistages. Jedes Programm sei anders als das vorherige, für jedes brauche man deshalb unterschiedliche Fachleute. Man könne aber nicht für jedes Förderprogramm immer neue Spezialisten anstellen, so Sager.[65] Zu den spezifischen Bedingungen der Programme kommen verwaltungstechnische Albträume. So haben sich die Bauvorschriften in Deutschland in den letzten Jahren von 5000 auf 20 000 vervierfacht. Bauen an sich ist nicht nur teuer, sondern langwieriger und komplexer geworden. Im Zweifelsfall verzichten Kommunen daher eher auf eine Förderung. Für den Großteil der Förderungen, auch für IT-Infrastruktur, gilt deshalb: Gut gedacht ist noch nicht gut gemacht.

Ein weiterer Grund für den fehlenden digitalen Ausbau liegt in der Streitlust und der Klagefreudigkeit der Deutschen. Egal ob es um Windräder, Straßen oder Handymasten geht: Die Deutschen sind Weltmeister darin, Infrastrukturplanungen durch Einsprüche zu verzögern oder ganz zu verhindern. Allein 2018 verhandelten deutsche Gerichte 18 000 Klagen von Bürgern gegen Infrastrukturprojekte, nach Expertenschätzungen sollen noch Zehntausende Klagen anhängig sein.[66] Dass darunter der Ausbau der IT-Infrastruktur leidet, ist nur folgerichtig. Wir müssen uns daher auch an die eigene Nase fassen, wenn unsere Verbindung im Zoom-Meeting mal wieder zusammenbricht. Was also können wir tun?

Zunächst muss die öffentliche Verwaltung ihre Projektausschreibungen radikal vereinfachen und standardisieren. Ziel muss es sein, dass ein normaler Verwaltungsangestellter sich kompetent mit einem Förderantrag befassen kann. Dafür brauchen wir ein neues kulturelles Selbstverständnis der Verwaltung als lernende Organisation und einen gewissen Willen zu »Projekt-Unschärfen«. Wir Deutschen neigen dazu, noch den letzten Einzelfall juristisch regeln zu wollen. Mit dieser vorauseilenden Detailverliebtheit erwürgen wir aber Infrastrukturprojekte, bevor sie richtig beginnen. Im Gegenzug sollten wir Planfeststellungsverfahren verbessern, indem wir Einspruchsfristen verkürzen und die Hürden für Einspruchsmöglichkeiten höher legen. Auch eine Deadline für die Informationen, die in solchen Verfahren verwendet werden, sollten wir festlegen, sonst ziehen sich diese Verfahren endlos hin. In Berlin wurde kürzlich mit dem Bau von 16 Kilometern Bahnschiene begonnen – nach satten 22 Jahren Planungszeit. Das alles muss flankiert sein von einer konsequenten Digitalisierung der Verwaltungsarbeit. Es kann nicht sein, dass für ein Planfeststellungsverfahren inklusive gerichtlicher Auseinandersetzung kistenweise Aktenordner quer durch Deutschland hin- und hergeschoben werden.

Politische Reformen plus eine leistungsfähige Infrastruktur: Ist damit unsere digitale Zukunft schon gesichert? Leider nicht. Neben der öffentlichen Verwaltung und der Infrastruktur sollten wir das Bewusstsein für die Digitalisierung unserer Arbeitswelt stärken und dieses in neue Richtlinien und Vorschläge gießen. Beispielsweise könnte man ein »Recht auf digitales Arbeiten« diskutieren. Damit meine ich nicht das von Ex-Arbeitsminister Hubertus Heil angestrebte Recht auf Homeoffice. Das Recht auf digitales Arbeiten geht weiter. Die ehemalige HP-Chefin Carly Fiorina konstatierte einst: »Alles, was digitalisiert werden kann, wird digitalisiert werden.«[67] Sie meinte damit einen natürlichen Übergang vom Analogen zum Digitalen, bei Produkten, Dienstleistungen, Prozessen und so weiter – die Eroberung einer digitalen Kultur im analogen Raum. Das funktioniert vielleicht in den experimentierfreudigen USA, bei uns in Deutschland allerdings nicht. Darum sollten wir überlegen, ob ein Mitarbeiter das Recht auf digitales Arbeiten einfordern kann, egal ob er eine Kasse bedient, Rechnungen schreibt oder Akten durcharbeitet. Natürlich wäre ein solches Recht im strengen Sinne

»unerfüllbar«, da es schwer wird, den praktikablen Grad digitaler Arbeit festzulegen: Welches Diensthandy ist neu genug? Wo liegt die Grenze zwischen analogem und digitalem Vorteil? Aber ein solches Recht würde ein Bewusstsein schaffen für die Dringlichkeit digitalen Arbeitens. Dann würde beim Bäcker kein Schild mehr hängen: »Sie können auch bargeldlos bezahlen«, sondern vielleicht »Bargeld nur noch in begründeten Ausnahmefällen«. Wir sollten auf einen solchen Musterwechsel hinarbeiten, auf allen Ebenen.

Weiterhin sollten Arbeitnehmer ein »Recht auf Updates« einfordern können. In unzähligen Unternehmen und Verwaltungen wird mit teilweise grotesk veralteter Software gearbeitet. Das ist nicht nur aus Produktivitätsgründen schwer zu verstehen, sondern im Licht häufiger und schwerer Hacker-Attacken auf Wirtschaft und Politik geradezu fahrlässig. Organisationen sollten in gewissem Umfang verpflichtet werden, Software-Updates auf eigene Kosten einzuspielen. Man kann nicht auf Digitalisierungskongresse rennen, dort bedeutungsschwer mit dem Kopf nicken, während zur gleichen Zeit die Unternehmensserver mit einem Uralt-Betriebssystem laufen und sehenden Auges auf wichtige Software-Updates verzichtet wird. Eine Update-Kultur muss Bestandteil jeder digitalen Philosophie in Organisationen werden. Kommt es ohne eine solche Update-Kultur dann zur Datenhavarie oder zu einem vermeidbaren Hacker-Angriff, gilt das alte Informatik-Motto: »Kein Back-up, kein Mitleid!« Offenbar widerspricht diese Update-Kultur mit ihrer kontinuierlichen Verbesserungslogik den Ansprüchen deutscher Entscheider an Ausgereiftheit und Perfektion. Eine solche Haltung verkennt allerdings, dass Software niemals fertig ist. »Die Zukunft ist in Beta«, wie es so schön heißt (»Beta-Versionen« sind Testversionen von Software, die noch nicht für die Abgabe an den Kunden freigegeben wurden). Umso wichtiger ist es, eine Update-Kultur in allen gesellschaftlichen Bereichen zu pflegen – auch in der Arbeitswelt.

Schließlich brauchen wir eine massive Bildungsinitiative bei unseren Führungskräften, was IT und Digitalisierung angeht. Die IT-Schulung sollte heute das sein, was das Seminar zur Gesprächsführung vor zehn Jahren war. Musste man damals einigen Führungskräften noch die Grundregeln gepflegter und konstruktiver

Kommunikation erklären, gehört eine gute Gesprächsführung heute zu den Selbstverständlichkeiten gelungener Führung. (Dass diese Kompetenz der Gesprächsführung nun durch die massive Zunahme von Homeoffice herausgefordert wird, ist übrigens eine schöne Ironie der Geschichte.) Führungskräfte haben heute nicht die digitale Kompetenz, die sie bräuchten. Schlimmer noch: Sie nehmen dieses Defizit oft gar nicht wahr. So schätzten in einer Umfrage des Verbands Bitkom die Hälfte aller befragten Führungskräfte ihre eigene Digitalkompetenz als »gut« oder »sehr gut« ein. In Kontrast dazu gaben fast drei Viertel der Befragten zu, dass ihnen häufig die Zeit fehlt, sich mit neuen Technologien zu beschäftigen. 28 Prozent fühlen sich zum Teil gar von neuen Technologien überfordert.[68] Aber wie soll in Unternehmen eine digitale Kultur entstehen, wenn bereits die Führungskräfte zu wenig Zeit oder zu viel Angst haben, sich mit der digitalen Zukunft zu beschäftigen? Deshalb brauchen wir vermehrt digitale Pflichtschulungen, zum Beispiel in den Bereichen digitale Innovation, Datenschutz, Datensicherheit, Internet und Wissensgesellschaft.

Selbstverständlich gibt es weitere, bereits in der Öffentlichkeit diskutierte Vorschläge zur Digitalisierung der Arbeitswelt und zum Aufbau digitaler Kompetenzen. Das Recht auf digitales Arbeiten, das Recht auf Updates und eine IT-Bildungsoffensive bei den Führungskräften stellen zugegebenermaßen drei eher ungewöhnliche Ideen dar. Egal ob wir auf die Politik schauen, auf die öffentliche Verwaltung, auf den Aufbau einer digitalen Infrastruktur oder auf die Arbeitswelt: Wir werden die digitale Zukunft nicht meistern ohne eine umfassende Kultur des Digitalen. Diese formen wir nicht, indem wir Digitalisierung als rein technische Angelegenheit begreifen. Vielmehr müssen wir das Digitale als die gesellschaftsverändernde Kraft verstehen, die es nun mal ist. Kein Surfer sollte sich einer Monsterwelle mit einem Teelöffel in der Hand entgegenstellen; er braucht ein Surfbrett und muss wissen, wie er damit umgeht. Am dringendsten aber benötigt er den Willen, die Welle überhaupt zu reiten – bevor sie über ihm zusammenstürzt. Hoffen wir, dass wir gemeinsam diesen Willen entwickeln.

SINNVOLLE ARBEIT:
Die Kraft des Wozu

Liebe deine Arbeit:
Wirtschaft als Purpose-Maschine

In den letzten Jahren hat eine seltsame Welle die Wirtschaft erfasst – nicht nur in Deutschland, sondern in fast allen westlichen Industriestaaten. Vom kleinen Mittelständler bis zum DAX-Konzern, vom Schraubenproduzenten bis zur Personalberatung macht immer öfter ein Schlagwort die Runde: *Purpose,* auf Deutsch etwas unzulänglich mit »Sinn« übersetzt. Anfang 2020 kam es, nach einigen Jahren der »Purpisierung« der deutschen Wirtschaft, zu ersten kritischen Bestandsaufnahmen: »Der Versuch, einen Sinn im eigenen Tun zu finden, der jenseits des wirtschaftlichen Erfolgs liegt, mag ehrenvoll sein. Doch allzu oft verkommt dieser Purpose zur hohlen Phrase. […] Vielleicht wäre einfach ein bisschen mehr Ehrlichkeit und Realismus bei der Verwendung des Purpose-Begriffs von Vorteil. Ein Konzern ist schließlich kein Wohlfahrtsunternehmen, sondern existiert in erster Linie, um Profit zu erwirtschaften.«[69] Ein korrektes Statement, das aber nur den gesunden Menschenverstand widerspiegelt. Schon lange vor der Purpose-Welle, die etwa 2015 einsetzte, gab es vor allem in größeren Unternehmen Mission-Statements, Visionen und Werte-Workshops. So sollte die wirtschaftliche Stoßrichtung einer Organisation ethisch aufgeladen und intern ein Glutkern des ideellen Zusammenhalts erzeugt werden. Ganz zu schweigen von den erhofften Effekten auf Kundenbindung und Umsatzerhöhung. In der Regel sind solche Versuche wenig von Erfolg gekrönt – zu krass driften formulierter Anspruch und gelebte Wirklichkeit auseinander. Es ist ein bisschen wie mit den Zehn Geboten: durchaus sinnvoll in ihrer Formulierung (»Du sollst nicht lügen!« würden sicherlich die allermeisten Menschen unterschreiben), doch lebenspraktisch zur Gänze unerreichbar. Kein Mensch kann immer nur hilfreich, edel und gut sein.

Viel interessanter sind die Fragen: Was unterscheidet die jetzige Purpose-Welle von der bisherigen Werte-Arbeit in Unternehmen? Hat diese Purpose-Welle überhaupt eine Berechtigung? Oder kann sie für Unternehmen und Mitarbeiter sogar gefährlich werden? Diese Fragen sind auch deshalb interessant, weil eine Kritik an der Purpose-Bewegung erst einmal kontraintuitiv erscheint. Man kann ein gestörtes Verhältnis der Menschen zum Kapitalismus kritisieren; man kann unfaire Löhne und unmenschliche Arbeitsverhältnisse kritisieren; man kann auch die digitale Unfähigkeit der deutschen Politik kritisieren. All das erscheint zumindest augenscheinlich angemessen. Aber sinnvolle Arbeit und ihre Formulierung im Purpose kritisieren? Ist es nicht das, was Menschen wollen: sinnvolle Arbeit – und keine »Bullshit-Jobs«, wie es der Soziologe David Graeber vor einigen Jahren formulierte? Ist es nicht zu begrüßen, wenn Unternehmen diesen unterschwelligen Auftrag ihrer Mitarbeiter aufnehmen und an ihrem Purpose arbeiten?

Um sich die Tragweite des Purpose-Phänomens klarzumachen, muss man in die Funktionsweise unseres gesellschaftlichen Systems blicken. Vor rund 100 Jahren identifizierte der Soziologe Max Weber unterschiedliche »Wertsphären« der Gesellschaft, die nach ihrer jeweils eigenen Logik funktionieren. Für Weber stellten vor allem Politik, Wirtschaft, Wissenschaft, Kunst und Religion die dominanten Sphären der Gesellschaft dar. Die Logik der unterschiedlichen Sphären richtet sich nach Weber jeweils an einem zentralen Element aus: In der Politik streben die Akteure nach Macht; in der Wissenschaft strebt man nach Wahrheit; in der Kunst nach Ästhetik; in der Jurisprudenz nach Recht; in der Religion nach Transzendenz und in der Wirtschaft nach Ge-

> Was unterscheidet die jetzige Purpose-Welle von der bisherigen Werte-Arbeit in Unternehmen? Hat diese Purpose-Welle überhaupt eine Berechtigung? Oder kann sie für Unternehmen und Mitarbeiter sogar gefährlich werden?

winn. Weber analysiert diese zentralen Elemente durchaus neutral. Kein Teilsystem der Gesellschaft ist besser oder schlechter als das andere. Im Gegenteil: Die Systeme brauchen sich gegenseitig als Spiegel. Denn so können sie sich im Anderssein der anderen Teilsysteme ihrer eigenen Regeln versichern. Es herrscht ein Gleichgewicht der *Checks and Balances*. Kein Teilsystem darf zu mächtig werden. Während sich Akteure innerhalb eines Teilsystems im Lauf der Zeit ausdifferenzieren und auch Konflikte miteinander haben (man denke nur an die unterschiedlichen Corona-Standpunkte in der Wissenschaft), streben alle innerhalb einer Wertsphäre letztlich nach dem gleichen Element, zum Beispiel nach wissenschaftlicher Wahrheit.[70]

Diese grundlegende Differenzierung der gesellschaftlichen Sphären gilt immer noch, auch wenn sich die Gesellschaft in den letzten 100 Jahren zunehmend ausdifferenziert hat. So gibt es beispielsweise nicht nur mehr Parteien als vor 100 Jahren; darüber hinaus existieren auch Nichtregierungsorganisationen, Bürgerinitiativen oder Volksbegehren. Sie alle streben als politische Akteure nach Macht – nur vielleicht nicht mehr im großen Rahmen klassischer Parteien, sondern innerhalb ihrer kleineren Partikularinteressen. Dennoch bleibt die Grundrichtung der politischen Aktion, das Erringen von Macht, gleich.

Dasselbe gilt für die Wirtschaft. Wir haben eine viel ausdifferenziertere Wirtschaftsgesellschaft als noch vor 100 Jahren – mit unzähligen Klein- und Kleinstunternehmen. Auch die Arbeitsverhältnisse sind vielfältiger als früher – mit Angestellten, Arbeitern, Minijobbern, Clickworkern, Zeitarbeitern etc. Aber das zentrale Element der wirtschaftlichen Sphäre ist immer noch Geld beziehungsweise das Erzielen von Gewinn. Um noch einmal mit Max Weber zu sprechen: Die entscheidende Frage im Rahmen einer wirtschaftlichen Handlung ist: Findet eine Zahlung statt? Die Bezahlung konstituiert eine Handlung im wirtschaftlichen Raum – wenn eine Gegenleistung stattfindet. Daher fällt eine Spende eher in den religiösen oder kulturellen Raum. Es findet streng genommen keine Gegenleistung statt. Außer einem guten Gewissen erhält der Spender kein »Produkt«. Im Grunde gibt es fast keine Handlung im öffentlichen

Raum, die nicht irgendeiner Wertsphäre wie Politik, Wissenschaft, Kunst und so weiter zugeordnet werden kann.

Sobald jedoch in der Gesellschaft der Verdacht entsteht, ein Teilsystem desintegriere und folge nicht mehr seinem zentralen Element (Macht oder Wahrheit oder Gewinn etc.), wird die Gesellschaft nachhaltig verstört. Sie gerät in eine schädliche Schwingung. Genau diese Verstörung ist der Grundmechanismus der Verschwörungstheorie. Verschwörungstheoretiker glauben, dass Teilsysteme unserer Gesellschaft und deren Akteure nicht mehr richtig ticken. Dann geht es der Wissenschaft angeblich nicht mehr um wissenschaftliche Wahrheit, sondern um Macht, indem sie Corona-Studien unterdrückt, lügt oder von Bill Gates designte Nano-Chips verimpft. Oder der Politik geht es angeblich nicht mehr um Macht, sondern um eine Auslöschung der Menschen durch die Corona-Impfung oder die »Umvolkung« der Bürger durch die Flüchtlingspolitik.

Selbstverständlich ist eine solche Desintegrierung mitunter real. Vor der Machtergreifung Hitlers beispielsweise desintegrierten Wirtschaft *und* Politik. Deren Systeme gerieten dermaßen in zerstörerische Schwingung, dass die Turbulenzen Hitler quasi an die Spitze spülten. Auch systemische Exzesse in der Wirtschaft sind real und wollen korrigiert werden. Nicht umsonst waren die Reagonomics und der Thatcherismus in den 1980ern wegen ihrer Erbarmungslosigkeit und ihrer sozialen Kälte gefürchtet. Selbstverständlich gab und gibt es korrupte und maßlose Auswüchse des Kapitalismus, welche die Gesellschaft begrenzen und korrigieren muss, idealerweise durch das Eingreifen der anderen Wertsphären wie Recht oder Politik. Das System der *Checks and Balances* muss erhalten bleiben. Echte Verstörungen eines gesellschaftlichen Teilsystems sind jedoch selten und haben in der Regel historische Ausmaße. Sie werden daher von allen Menschen bemerkt – und nicht nur von einigen Verschwörungstheoretikern. Verschwörungstheorien sind daher in der Regel das, was die Mehrheit der Menschen vermutet: verzerrte Wahrnehmungen angeblich systemweiter Verstörungen.

Wie passt nun die Purpose-Bewegung in diese Überlegungen zu gesellschaftlichen Wertsphären und deren gegenseitiger Korrektur? Die Purpose-Befürworter in der Wirtschaft verknüpfen das Streben nach Gewinn mit moralischem Anspruch. Ein Unternehmen mit Purpose möchte nicht nur Geld verdienen, sondern dies auch noch auf eine moralisch gute Art und Weise tun. Um mit Max Weber zu sprechen, werden die Wertsphären der Wirtschaft und der Religion verknüpft. Das ist zunächst ein hehres Ziel. Im Sinne eines Sowohl-als-auch propagieren die Purpose-Befürworter die Möglichkeit einer zweifachen Zielerreichung. Ein Unternehmen kann Gewinn machen und gleichzeitig ökologische und soziale Nachhaltigkeit fördern. Ein Paradebeispiel für die Verfolgung dieser doppelten Dynamik ist das Outdoor-Unternehmen Patagonia, das den Besucher auf seiner deutschen Homepage mit einem bunten Banner und dem Spruch begrüßt: »Das gute Gefühl, Gutes zu tun«, gefolgt von der Einladung, sich als Freiwilliger in einer Umweltschutz-Gruppe zu engagieren.[71] Da ist nichts zu sehen von einem plumpen Kaufappell. Im Gegenteil: In einer vergangenen Aktion rief das Unternehmen Kunden sogar dazu auf, keine neuen Produkte zu kaufen, sondern alte Kleidung von Patagonia einzuschicken, damit man sie reparieren könne. Das Unternehmen ist ein Paradebeispiel für einen neuen sozialen Kapitalismus: Gewinnerzielung ja, aber in ökologischen und sozial nachhaltigen Grenzen. Alle sollen in diesem Stakeholder-Kapitalismus profitieren: das Unternehmen, die Kunden und die Umwelt.

> **Ein Unternehmen mit Purpose möchte nicht nur Geld verdienen, sondern dies auch noch auf eine moralisch gute Art und Weise tun.**

Der Autor John Elkington hat für diese neue Form des Stakeholder-Kapitalismus eine Methode der Bilanzierung mit drei Zielgrößen vorgeschlagen. Unternehmen sollten nicht nur ökonomisch bilanzieren, sondern auch ökologisch und sozial. Sie sollten ihr Geschäft mit dem Bewusstsein ihrer gesellschaftlichen Verantwortung betreiben: »Der Weg zu relativer wirtschaftlicher, sozialer und ökologischer Nachhaltigkeit ist garantiert mit Fehlern jeder Art und Größenordnung übersät. Wenn wir sie erkennen und aus ihnen lernen, wird der Übergang schneller und ressourceneffizienter verlaufen. Wenn wir hingegen den kurzfristigen Komfort bevorzugen, unsere Fehler begraben oder Sündenböcke beschuldigen, wird der Übergang erheblich verlangsamt oder könnte sogar vollständig schiefgehen.«[72] Für Elkington ist der Übergang zu einem sozial und ökologisch verantwortlichen Stakeholder-Kapitalismus zwingend. Damit ist er bei Weitem nicht allein; die Purpose-Bewegung wird in den letzten Jahren immer lauter und fordert auch in der traditionellen Deutschland AG aus alteingesessenen Konzernen und global tätigen Mittelständlern ihren Tribut. Elkington ist nur einer der streitbaren Vertreter dieser Purpose-Bewegung, die daran arbeitet, die Welt der Wirtschaft zu einem besseren Ort zu machen.

Kann das überhaupt schlecht sein? Ist das Streben nach Purpose in der Wirtschaft nicht die endgültige Emanzipation vom einseitigen Shareholder-Kapitalismus angloamerikanischer Prägung? Ist es nicht die Erfüllung eines lange gehegten Traums: dass Unternehmen ihre gesellschaftliche Verantwortung wahrnehmen und ethisch produzieren? Nicht umsonst sind ökologische und soziale Nachhaltigkeit die dominanten Aussagen vieler Purpose-Statements. Gesellschaftliche Verantwortung, Wertgemeinschaft, Nachhaltigkeit: Fast alle DAX-Schwergewichte bedienen sich dieser drei Schlagworte. Beobachter beklagen bereits eine gewisse Beliebigkeit in der Formulierung von Purpose, der im Grunde immer auf die drei eben genannten Schlagworte hinausläuft.

Obwohl ein wie auch immer formulierter Unternehmens-Purpose sinnvoll sein kann, sollten wir gewisse Probleme beim Purpose-Phänomen durchaus diskutieren. Der Soziologe Stefan Kühl stellt beispielsweise eine problematische Fehleinschätzung der Unternehmen fest: »Was ich im Moment beobachte, ist, dass [sich] viele Unternehmen und Verwaltungen in Bezug auf die Sinnhaftigkeit ihrer Zwecke und die Attraktivität ihrer Handlungen in einem fast skurrilen Maße überschätzen. Die Männer und Frauen, die tagtäglich unseren Müll von den Straßen und aus den Büros kehren, sollte man anständig bezahlen, anstatt ihnen einreden zu wollen, wie sinnhaft ihr Beitrag zum Umweltschutz ist.«[73]

Zunächst einmal jedoch stürzt die ernsthafte Verfolgung eines Purpose Unternehmen *immer* in einen Grundkonflikt zwischen dem wirtschaftlichen Streben nach Gewinn und dem religiösen Streben nach Transzendenz. Warum Transzendenz? Im Grunde geht es bei diesem Begriff darum, Teil eines großen Ganzen zu sein und dieses große Ganze zu bewahren: Wir müssen den Planeten schützen, denn wir haben keinen Plan(eten) B. Wir brauchen ein Lieferkettengesetz, denn Unternehmen sollen auch bis ins fünfte Glied für die Arbeitsbedingungen ihrer Zulieferer verantwortlich sein. Wir sollen Kinder gegen Corona impfen lassen, damit die Gemeinschaft geschützt wird.

Klimawandel, globaler Handel, Gesundheitspolitik: Wir erleben in den unterschiedlichsten Bereichen einen Musterwechsel weg von singulären Einheiten wie Person oder Unternehmen hin zum Kollektiv, zur »Community«, zum Gruppendenken. Dass manche Unternehmen zu diesem Transzendenz-Denken keinen Zugang finden, ist normal. Wozu braucht ein Schraubenproduzent einen Purpose? Wozu eine Bäckerei? Die einen fertigen Schrauben an, die anderen Brötchen. Natürlich kann man bei der Schraubenproduktion die Arbeitsbedingungen der Zulieferer kontrollieren oder als Bäckerei die überzähligen Brötchen der örtlichen Tafel spenden. In der Regel bleibt aber das Streben nach Gewinn als Kernelement der wirtschaftlichen Gesellschaftssphäre unangetastet.

Die Aufladung des wirtschaftlichen Geschehens mit Transzendenz hat noch einen weiteren Nachteil: Wo es ein ethisch »gutes« Verhalten von Unternehmen gibt, gibt es auch ein ethisch »böses« Verhalten. Und spätestens hier tauchen wir tief in das schlammige Wasser moralischer Beurteilung ein. Wer legt fest, was ein moralisch gutes Unternehmen ist? Wer entscheidet, welche Handlungen moralisch akzeptabel sind und den Anforderungen eines Purpose genügen? Man denke an die umstrittene Aktion von Greenpeace im Emdener Hafen, bei der die Aktivisten die Zündschlüssel von 1500 Autos stahlen, die auf ihre Verschiffung warteten. Erst einen Monat später stellte Volkswagen Strafanzeige – vorher machte man das quasireligiöse Spiel um »gute« und »böse« Unternehmen mit und stotterte, man sei »offen für einen kritischen Dialog«.[74] Die Dynamik dieses Vorfalls zeigt die moralische Gratwanderung von Purpose. Folgen wir der Purpose-Argumentation der sozialen und ökologischen Nachhaltigkeit, war Greenpeace hier das gute Unternehmen – der David, der Goliath die Autoschlüssel klaut und dem bösen kapitalistischen Konzern medienwirksam eins auswischt. Aber so einfach ist es eben nicht.

Die Purpose-Bewegung teilt die (Wirtschafts-)Welt in Gut und Böse und legt selbst noch fest, wer zu welcher Seite gehört: »Faire« Kaffee- oder Lokalproduzenten und »grüne« Investment-Fonds auf der einen Seite und »dreckige« Energieerzeuger, Fluggesellschaften und globale Konzerne auf der anderen Seite. Wie weit der Einfluss der Purpose-Bewegung bereits gediehen ist, sieht man daran, wie viele Unternehmen der »falschen« Seite versuchen, sich »von ihrer Schuld reinzuwaschen« – durch wohlfeile Statements, den Start von Initiativen, die von der Purpose-Bewegung gutgeheißen werden (zum Beispiel Diversity und Gender), oder gleich durch einen Wechsel des gesamten Geschäftsmodells.

Die Purpose-Bewegung teilt die (Wirtschafts-)Welt in Gut und Böse und legt selbst noch fest, wer zu welcher Seite gehört.

Purpose bedeutet nicht nur die Überhöhung des eigenen Geschäftsmodells, indem man es mit einer transzendenten Bedeutung von Ökologie und sozialer Nachhaltigkeit verknüpft (was im Sinne eines gesellschaftlichen Fortschritts durchaus begrüßenswert erscheint). Ebenso bedeutet Purpose das gefährliche Verquicken von Gewinnstreben und dem Streben nach Transzendenz. Gefährlich deshalb, weil diese Dynamik den Unternehmen häufig nicht bewusst ist, deren Konsequenz sich aber überall zeigt: in der gesellschaftlichen Einteilung von »guten« und »bösen« Unternehmen, in der »Läuterung« und »Bekehrung« dieser schädlichen Unternehmen und in einem fragwürdigen Paradigmenwechsel weg von individueller zu kollektiver Verantwortung. Aber viele Unternehmen machen das Spiel mit, weil sie Angst haben, an den Pranger gestellt zu werden oder weil sie dem Zeitgeist folgen wollen.

Gibt es auch positive Seiten von Purpose? Selbstverständlich. Purpose bietet Unternehmen die Möglichkeit, Mitarbeiter emotional an sich zu binden, ihnen einen gewissen beruflichen Sinn zu geben – allerdings weit weniger als es die Purpose-Bewegung wahrhaben will. Kaum ein Unternehmen der Welt kann einem Menschen Lebenssinn vermitteln. Was Purpose leisten kann, ist eine Erhöhung der individuellen Identifikation mit dem Unternehmen durch die gezielte Ansprache menschlicher Emotion.

Genauso wie Unternehmen sich immer mehr verpflichtet fühlen, das »große Ganze« zu schützen und zu berücksichtigen, suchen immer mehr Menschen ihre transzendente Identifikation in ihrem beruflichen Tun. Was früher der religiös eindeutige Tendenzbetrieb der katholischen Kirche war, ist heute das Start-up mit seinem Selbstbild einer Familie, die »gemeinsam mit dir die Welt verbessern will«. Auch die agile Bewegung spielt mit Begriffen wie *Tribe* (»Stamm«) oder *Squad* (»Rotte«, »Mannschaft«), um Assoziationen eines kollegialen, familiären Zusammenhalts zu wecken. Mitunter löst das gerade in eher kopflastigen Belegschaften Verwunderung aus. Familie hat man daheim und nicht in der Projektgruppe. Auch zu diesem Phänomen der emotionalen Bindung hat der Soziologe Stefan Kühl eine pointierte Meinung: »Wenn wir über eine Purpose-driven-Organisation in Reinform reden wollen, dann sollten wir über die TAZ, die Bhagwan-Sekte oder die Rote-Armee-Fraktion reden. Das sind politische und religiöse Sekten, die mit einem sinnhaft empfunden Zweck in der Lage waren, ihre Mitglieder mit all ihren Rollenbezügen zu binden.«[75]

Die Purpose-Bewegung fordert in letzter Konsequenz den ganzen Menschen für die Arbeitswelt. Nur in der Identifikation mit dem Purpose und seiner dafür eingesetzten Arbeitskraft erhält er nicht nur Geld, sondern das warme Gefühl der Zugehörigkeit. Um noch einmal mit Patagonia zu sprechen: Jeder sucht »das gute Gefühl, Gutes zu tun«. Und genau das verspricht die Purpose-Bewegung – nichts weniger als die säkulare Erlösung von einer Schuld, die man als privilegierter Mensch einer reichen, westlichen Nation gegenüber dem Planeten oder den armen Menschen in Afrika oder Asien im Grunde nie abtragen kann. Im Positiven kann eine Purpose-Initiative durchaus Menschen im Unternehmen hinter sich versammeln und kraftvoll in eine Richtung marschieren lassen. Im ungünstigen Fall aber bleibt ein Purpose kraftlos und nichtssagend oder verstört die Belegschaft, weil sie den transzendentalen Anteil des Projekts unterschwellig wahrnimmt, aber nicht einordnen kann.

Das Purpose-Konzept ist auch innerhalb der populären New-Work-Bewegung durchaus kein Selbstläufer. Die ursprünglichen New Worker gingen noch von einer relativen Unreformierbarkeit des Arbeits- und Lohnsystems aus. Unternehmen mit Purpose zu garnieren wäre demnach wie einem Schwein Lippenstift zu verpassen. Kann man machen, löst aber das Grundproblem nicht. Von daher sollte das Lohnsystem in den Augen der New Worker als Ganzes möglichst eingedämmt werden durch Reduzierung der Arbeitszeit, eine Wirtschaft des minimalen Kaufens und einen hohen Digitalisierungsgrad. Der Einzelne sollte sein »Calling«, seine Berufung, möglichst außerhalb des schädlichen Arbeitssystems entfalten können – in einer »Arbeit, die er wirklich, wirklich will«.[76]

> **Unternehmen mit Purpose zu garnieren wäre wie einem Schwein Lippenstift zu verpassen. Kann man machen, löst aber das Grundproblem nicht.**

Mit etwas gutem Willen erscheint die Purpose-Bewegung daher wie eine Übertragung des Calling-Konzepts auf Unternehmen: Auch Bäckereien und Schraubenproduzenten sollen nun »sinnvolle Arbeit« entwickeln und einen Zweck, den sie »wirklich, wirklich wollen«. Ob das als Kollektiv geschehen kann, muss sich erst noch zeigen. Jedenfalls braucht die Purpose-Bewegung eine differenziertere Debatte über ihre transzendentale Mechanik, über die unkritische Erzeugung von »guten« und »bösen« Unternehmen und übrigens auch einen enormen Kompetenzzuwachs in der angewandten Methodik. So könnten irgendwann vielleicht wirklich kraftvolle, Purpose-getriebene Unternehmen entstehen – und eben nicht nur das diffuse Gefühl, Gutes zu tun.

Vergebliche Arbeit: Warum sinnvolle Arbeit Wirksamkeit braucht

Vor einer gefühlten Ewigkeit, als ich noch angestellt war, verbrachte ich einen Gutteil meiner Arbeitszeit damit, Konzepte zu erarbeiten, zum Beispiel Back-up-Pläne für unsere europäischen Niederlassungen oder Marktanalysen für bestimmte Produkte, für die sich das Unternehmen interessierte. Nicht selten musste ich meine Konzepte nach einigen Wochen wieder in die Tonne treten. Manchmal hatten sich die unternehmerischen Prioritäten verschoben; manchmal wechselte auch der Vorstand und stampfte ein Projekt seines Vorgängers ein. Immer aber war es ein frustrierendes Erlebnis, hatte ich doch viel Zeit und Herzblut in das Konzept gesteckt. Diese Phase meines Arbeitslebens hat mich eine wichtige Lektion gelehrt: Sinnvolle Arbeit darf nicht nur für mich sinnvoll sein. Sie ist es vor allem dann, wenn sie auch *für andere* sinnvoll ist. Sinnvolle Arbeit ist somit immer auch *wirksame* Arbeit. Sie erzeugt Wirkung, ein Resultat, eine Resonanz: »Wo uns das, was wir durch Arbeit zuwege gebracht haben, gefällt und Freude macht, wo wir uns in dem, was wir tun, in unserer Identität wiedererkennen und wo wir für das von uns Geleistete die Anerkennung und Wertschätzung anderer gewinnen, dort wird Arbeit zu einer Resonanzerfahrung. […] Resonanzerfahrungen sind sinnstiftend, sie bedeuten das Erleben von Erfüllung und Glück. […] Wo Resonanzerfahrungen ausbleiben, wird die Arbeit zur Qual.«[77] Es waren nicht nur, aber auch diese fehlenden Resonanzerfahrungen, die mich schließlich zur Kündigung bewogen hatten. Ich war nicht mehr wirksam. Die Arbeit wurde, wenn nicht zur Qual, so doch zu einem ständigen Quell des Verdrusses.

Nun könnte man einwenden, dass nicht nur die Resonanz durch andere für die eigene Arbeit wichtig ist. Auch das obige Zitat verdeutlicht, dass das Resultat meiner Arbeit auch mir selbst gefallen muss. Und in der Tat sprechen Regalmeter von Karriereratgebern, Coaching-Literatur und Motivationsbüchern davon, Arbeit müsse Spaß machen, solle den eigenen Flow fördern und zur Selbstentfaltung beitragen. Diese Selbstbezogenheit ist sicher ein wichtiger Faktor, reicht aber nicht, damit Arbeit für ein Unternehmen oder für die Gesellschaft sinnvoll wird.

Der arbeitende Mensch belügt sich, wenn er sagt, dass es ihm egal wäre, wie andere seine Arbeit beurteilen. Sogar Künstler, denen mitunter eine gewisse Ichbezogenheit und Weltverachtung nachgesagt wird, versuchen, durch ihre Werke zu sprechen und vom Publikum verstanden zu werden. Der weltberühmte Sänger und Schauspieler Charles Aznavour meinte einmal: »Vom Applaus lebt jeder Künstler. Wer das verneint, lügt.«[78] Auch in der Kunst strebt man nach Wirksamkeit, nach der Verwandlung der Welt durch die Botschaft des Kunstwerks. Um wie viel größer ist die Bedeutung der eigenen Wirksamkeit in der Wirtschaft, in unserer Leistungsgesellschaft, die Wertschätzung, Geld und Status zuvorderst nach der Wirksamkeit der Arbeit vergibt? Ganz abgesehen davon, dass ichbezogene Sinndefinitionen zu Recht von der Wirtschaft misstrauisch beäugt werden.

»Was haben wir davon, wenn unsere Mitarbeiter zufrieden sind?«, ist die klassische Frage von Unternehmen, wenn es um »softe« Projekte wie Führungskräfte-Entwicklung, Kulturwandel oder betriebliches Gesundheitsmanagement geht. Dabei haben Arbeitgeber und Arbeitnehmer in der Regel beide eine falsche, da verkürzte Vorstellung von sinnvoller Arbeit. Sinnvolle Arbeit bedeutet eben nicht, sich immer gut zu fühlen oder immer Spaß zu haben. Deshalb führen Initiativen wie die Etablierung von sogenannten Feelgood-Managern in eine falsche Richtung. Es geht nicht darum, dass Mitarbeiter und Führungskräfte sich immer gut fühlen. Das ist schlicht nicht möglich. Arbeit bedeutet manchmal auch nervige und lästige Tätigkeiten. So ist das Leben. Aber solange in der Wirtschaft sinnvolle Arbeit mit Feelgood und Zufriedenheit gleichgesetzt wird, bringen wir sinnvolle Arbeit für möglichst alle Menschen nicht voran. Sinnvolle Arbeit ist wirksame Arbeit. Wir wollen wirksam für andere sein, wir wollen gebraucht werden.

Was passiert, wenn Menschen gar nicht mehr gebraucht werden, zeigen Studien zur Arbeitslosigkeit. Viele Arbeitslose verlieren mit der Zeit ihren Antrieb. Das geht mitunter bis hin zur völligen Selbstaufgabe. Arbeitslose haben nicht wirklich eine gesellschaftliche Lobby und werden in der gesellschaftlichen Debatte weniger gehört. Stattdessen leiden sie oft unter tendenziöser und negativer Berichterstattung in den Medien. Interessant am Phänomen Arbeitslosigkeit ist, dass sowohl die Gesellschaft als auch die Betroffenen ihr Selbstbild an ihrer *Wirksamkeit* festmachen – und nicht an ihrer Selbstentfaltung. Arbeitslose sind sozusagen wirkungslos in der Arbeitsgesellschaft. Schlimmer noch: Ihre Wirkung besteht in einer Belastung der Sozialsysteme. Der Unterschied zwischen einem arbeitslosen Schlosser und einem Schlosser in Beschäftigung ist nicht der Spaß an der Arbeit oder der »Flow«, sondern die negative oder die positive Wirksamkeit.

> **Sinnvolle Arbeit ist wirksame Arbeit. Wir wollen wirksam für andere sein, wir wollen gebraucht werden.**

Wo positive Wirksamkeit ausbleibt, verkümmert der Mensch, weil eine Grundquelle seines Menschseins, seine Wirksamkeit in der Welt, versiegt. Man kann sich in dieser Wirkungslosigkeit verlieren bis hin zur langfristigen »Unbrauchbarkeit« für den Arbeitsmarkt. Dann schlägt das Pendel der gesellschaftlichen Wahrnehmung vollends in die andere Richtung aus: Arbeitslose sind nicht mehr Lieferanten von Arbeitskraft und produktive Mitglieder der Gesellschaft, sondern deren »Kunden«, indem sie Sozialleistungen beziehen und »dem Staat auf der Tasche liegen«. Eine Rückkehr in die Wirksamkeit, in das fühlbare Gebrauchtwerden wird dann immer schwerer.

Der österreichische Neurologe und Psychiater Viktor Frankl schreibt zur Sinnerfüllung des Menschen: »Ich würde sagen, was der Mensch wirklich will, ist letzten Endes nicht das Glücklichsein an sich, sondern ein Grund zum Glücklichsein. Sobald nämlich ein

Grund zum Glücklichsein gegeben ist, stellt sich das Glück […] von selber ein. […] Was aber die gängige Rede von Selbstverwirklichung anlangt, wage ich zu behaupten, dass sich der Mensch nur in dem Maße zu verwirklichen imstande ist, in dem er Sinn erfüllt.«[79] Ohne Lebenssinn, von dem der berufliche Sinn ein wichtiger Teil ist, erliegt der Mensch laut Frankl einer lähmenden existenziellen Frustration: »Der Mensch von heute leidet nicht so sehr am Gefühl, dass er weniger Wert hat als irgendwer anderer, wie vielmehr unter dem Gefühl, dass sein Sein keinen Sinn hat. […] Der existenziell frustrierte Mensch kennt nichts, womit er sein existenzielles Vakuum […] auffüllen könnte.«[80]

Diese »existenzielle Frustration« entsteht in der Arbeit vor allem, wenn meine wahrgenommene Wirksamkeit rapide sinkt. Deshalb kündigen manche Menschen ihre Jobs. Einige üben ihren Beruf eher nebenbei aus und investieren viel Zeit und Energie in ihre Hobbys. Andere wiederum kündigen innerlich oder stumpfen ab. Manche suchen ihr Heil in den unzähligen Karriereratgebern, die Allerweltsweisheiten wie »Du musst nur an dich glauben!« feilbieten. All diese Ersatzstrategien sollten nicht darüber hinwegtäuschen, dass wir in unserer Arbeitswelt die Wirksamkeit unserer Jobs erhöhen sollten. Das – und nicht Motivationsprogramme, mehr Geld oder Feelgood-Manager – ist die beste Möglichkeit, unsere Arbeitswelt für die Menschen zu einem besseren Ort zu machen und Bullshit-Jobs zu verhindern. Und das ist machbar, denn das Problem sinnloser Arbeit ist gar nicht so groß, wie uns Management-Moden oder die Gallup-Umfrage weismachen wollen. So war 2019 im »Index Gute Arbeit« des Deutschen Gewerkschaftsbundes der Faktor »Sinngehalt der Arbeit« der am höchsten bewertete, gefolgt von der »Arbeitszeitlage« und der »Führungsqualität und Betriebskultur«. Die über 6000 Befragten bescheinigten zum überwiegenden Teil, dass ihre Arbeit durchaus sinnvoll sei.

Auch Arbeitszeitmodelle und Führungsverhalten scheinen besser als ihr Ruf zu sein. Der Schlüssel zu mehr sinnvoller Arbeit und zu weniger Bullshit-Jobs liegt in der Überprüfung ihrer Wirksamkeit. Wir sollten fragen: »Ist das wirksame Arbeit oder kann das weg?« Dabei meine ich nicht blindes Wegrationalisieren von ganzen Belegschaften, wie es manche Strategieprogramme von Konzernen ausrufen und Managementberatungen dann durchexerzieren. Wir brauchen keine Kettensäge, keine groß angelegte Datenbank-Analyse mit vorher festgelegten Rechenmodellen, sondern liebevolle Kleinarbeit. Denn wir haben es nicht mit »Vollzeitkräften« oder »Personal« zu tun, sondern mit Menschen. Was wir brauchen, ist eine Analyse der Wirksamkeit: »Wann sind Menschen wirksam in ihrer Arbeit? Wie kann man deren Wirksamkeit und damit auch den Sinngehalt ihrer Jobs erhöhen?«

In der modernen Psychologie misst man die Wirksamkeit des eigenen Arbeitens mit dem Konzept des *Empowerment*. Man unterscheidet zwei Arten von Empowerment: *strukturelles* und *psychologisches* Empowerment. Beim strukturellen Empowerment geht es um die Gestaltung von Hierarchien, Machtverteilung, Ressourcenzuteilung etc. Hier wird »das Herrschafts- und das Verteilungsproblem demokratischer gelöst [...]. Organisationsstrukturen werden verflacht und Entscheidungsbefugnisse und Ressourcen an untere Hierarchieebenen abgegeben. Viele New-Work-Maßnahmen werden auf der Grundlage des strukturellen Empowerment-Ansatzes durchgeführt.«[81]

Die meisten Unternehmen suchen ihr Heil bei Veränderungsprojekten in der Bearbeitung von Prozessen und Strukturen. Sie schieben die Kästchen ihres Organigramms hin und her, ohne dadurch große Verbesserungen herbeizuführen. Ein schönes Beispiel für ein solches strukturelles Empowerment stellt die Homeoffice-Welle während der Corona-Pandemie dar. Faktisch kam es zu einer enormen Strukturverschiebung: Millionen Menschen saßen plötzlich vor heimischen Bildschirmen und versuchten, in ihren herkömmlichen Arbeitsprozessen zu denken und zu handeln. In der Folge nahmen virtuelle Meetings explosionsartig zu, weil man selbst die kleinste Absprache terminlich planen musste. Man sah sich ja nicht mehr in der Kaffeeküche oder konnte schnell im Büro des Kollegen vorbeischauen. Die eigene Wirksamkeit nahm – zumindest was die Kommunikation betraf – dramatisch ab, der Begriff der *Zoom Fatigue*, der »virtuellen Müdigkeit«, machte schnell die Runde. Der Einbruch des Homeoffice in den Arbeitsalltag ist ein Beispiel für eine dramatische Veränderung von Arbeitsstrukturen und -prozessen, an die wir uns anpassen müssen, die manchmal aber auch willentlich zur Verbesserung von Arbeit eingesetzt werden.

Es muss ja nicht immer gleich eine Pandemie sein, wegen der ein Unternehmen strukturelle Veränderungen vornimmt. Allerdings sind strukturelle Umformungen wie Homeoffice, die Verflachung von Hierarchien, die Einführung agiler Teams oder Jobrotation allein nicht das entscheidende Moment, um eine Arbeit als sinnvoll für den einzelnen Menschen aufzuwerten. Ein Flötist in einem Symphonieorchester, ein Straßenkehrer oder ein Imbissbudenbesitzer können ihre Arbeit sehr wohl als sinnvoll erleben, ohne je einem agilen Coach begegnet zu sein. Vielmehr ist es die schon angesprochene Wirksamkeit, die sinnvolle Arbeit von den Bullshit-Jobs trennt. Um eben diese Wirksamkeit zu erhöhen, brauchen wir die zweite Komponente: das psychologische Empowerment. Dieses widmet sich dem einzelnen Menschen und definiert vier Kriterien, die sinnvolle und damit wirksame Arbeit für ihn charakterisieren: Kompetenzerleben, Selbstbestimmung, Bedeutsamkeit und Einfluss.

Ein Flötist in einem Symphonieorchester, ein Straßenkehrer oder ein Imbissbudenbesitzer kann seine Arbeit sehr wohl als sinnvoll erleben, ohne je einem agilen Coach begegnet zu sein.

So möchte sich jeder Mensch in seinem Job, und im Grunde in jeder ausgeübten Tätigkeit, als *kompetent* erleben. Wenn man schon am Anfang keine tolle Leistung abliefert, möchte man sich doch im Lauf der Zeit verbessern, seine Fähigkeiten verfeinern und sich und anderen beweisen, dass es eine Lernkurve gibt. Auch wenn momentan Fuck-up-Nights und die mediale Darstellung individuellen Scheiterns hoch im Kurs stehen: Scheitern ist wahrlich nicht erstrebenswert. »Etwas an die Wand zu fahren ist keine Kunst und nicht cool. Scheitern als etwas Tolles präsentiert zu bekommen, schützt nicht vor eigenem Scheitern und hilft nicht, mit dem Risiko des eigenen Scheiterns umzugehen. [...] Es fühlt sich nicht gut an, kostet Kraft, Energie, hält auf und schmerzt häufig sogar. Herzblut in etwas zu stecken und dennoch nicht erfolgreich zu sein ist weit weg von dem, was sich Menschen wünschen und ein verdammt unangenehmes Gefühl.«[82] Ganz im Gegenteil wollen wir Menschen uns und unsere Leistung kontinuierlich verbessern, egal ob es um unsere beruflichen Aufgaben geht oder nur um das Tischtennisspiel am Wochenende. Es liegt in unserer Natur: Der Vergleich mit unserem »gestrigen kompetenten Selbst« (und nicht der Vergleich mit anderen Menschen) ist »das einzige Rennen, das man je gewinnen kann«, wie es der kanadische Psychologe Jordan Peterson formuliert.[83]

Neben der Kompetenz ist die *Bedeutsamkeit* der zweite wichtige Faktor für sinnvolles Arbeiten. In der Bedeutsamkeit finden sich die unterschiedlichen Sinnkonzepte der menschlichen Arbeit wieder – von Frankl und der Überwindung der existenziellen Frustration bis hin zum Konzept der Berufung und der »Arbeit, die man wirklich, wirklich will« der New-Work-Bewegung. Der Empowerment-Forscher Carsten Schermuly spricht von drei »Schichten« der Bedeutsamkeit: Am wichtigsten ist die Bedeutung der Arbeit für den Einzelnen und seinen Arbeitgeber. Wenn meine Arbeit zweitens auch Bedeutung und Sinn für mein persönliches Leben hat, ist es noch besser. Im Idealfall ist meine Arbeit wertvoll für andere, indem sie drittens einem höheren Zweck dient.[84] Die Purpose-Bewegung beispielsweise versucht, alle drei Schichten anzusprechen und in der organisationsweiten Bedeutsamkeit eines höheren Zwecks zu integrieren. In jedem Fall ist es für die Bedeutsamkeit der eigenen Tätigkeit wichtig, wie sie von anderen wahrgenommen wird. Glauben auch andere, dass mein Arbeitsbeitrag wertvoll ist? Schlägt sich meine Bedeutsamkeit in einem entsprechenden Gehalt nieder? All diese Signale sind wichtig für eine stimmige Bedeutsamkeit – für das Gefühl, mit der richtigen Arbeit am richtigen Platz zu sein.

Kompetenz und Bedeutsamkeit sollten von einem gewissen Ausmaß an *Selbstbestimmung* flankiert sein. Selbstbestimmt arbeiten heißt, die eigenen Arbeitsmittel und die eigene Arbeitszeit möglichst autonom einsetzen zu können. Beim durch die Corona-Pandemie ausgelösten Trend zu Homeoffice und Remote Work kommt noch die Dimensionen des Arbeitsorts dazu. So stellen sich viele Unternehmen darauf ein, ihren Mitarbeitern unter dem Konzept des hybriden Arbeitens die Wahl des Arbeitsorts freizustellen. Die Selbstbestimmung unterliegt aber einem arbeitstheoretischen Paradoxon: Obwohl es gerade um eine Erweiterung der autonomen Tätigkeit geht, muss diese Autonomie vom Unternehmen erst einmal gewährt werden. Manche Unternehmen fühlen sich, als würden sie die Büchse der Pandora öffnen. Was wird passieren, wenn der Mitarbeiter seine Freiräume tatsächlich nutzt? Wie gelingt Führung unter den Kennzeichen der Selbstbestimmung? Kann man wieder in den Modus der Fremdbestimmung zurück? Dabei sollte ein großes Maß an Selbstbestimmung in der eigenen Arbeit selbstverständlich sein. Eine solche Einstellung erfordert aber ein Zurückfahren der kleinteiligen Kontrolle und eine Form des »strukturierten Vertrauens« in die Mitarbeiter und Führungskräfte.

Eng verbunden mit der wahrgenommenen Selbstbestimmung, mit der Kontrolle über Arbeitszeit, Arbeitsort und den zur Verfügung stehenden Ressourcen ist der vierte Faktor des psychologischen Empowerments: *Einfluss.* Einflussreich sein bedeutet in diesem Zusammenhang, durch meine Arbeit Dinge steuern zu können und mich selbst als jemand wahrzunehmen, dessen Arbeit einen Unterschied macht. Wenn meine Führungskraft immer desinteressiert reagiert, egal ob ich unsinniges Zeug rede oder eine brillante Idee abliefere, werde ich meinen Einfluss als gering einschätzen. Meine Arbeit macht für meinen Chef offensichtlich keinen Unterschied. Sich ohnmächtig zu fühlen und als Spielball der Umstände kann ein deutliches Zeichen für geringen Einfluss sein. Im Gegensatz dazu erleben sich wichtige Mitarbeiter, die meisten Führungskräfte oder bestimmte Multiplikatoren in einem Unternehmen sehr oft als einflussreich. Man hört auf ihre Meinung und beachtet ihre Arbeitsergebnisse. Ohnmacht und Hilflosigkeit hingegen, die in der Arbeitswelt wahrlich nicht selten auftreten, sind Gift für den eigenen wahrgenommenen Einfluss und damit für die Entwicklung einer eigenen Wirksamkeit.

Warum ist sinnvolle Arbeit wichtig? Warum ist Wirksamkeit wichtig? Unsere moderne Gesellschaft ist in erster Linie eine Arbeitsgesellschaft und hier wiederum eine Leistungsgesellschaft. Arbeit ist ein wichtiger Teil des Lebens. Eine wichtige Kategorie zur

Beurteilung von Arbeit ist Leistung – so fragwürdig sie auch mitunter gemessen wird. Wenn wir als Menschen langfristig in einer Arbeitsgesellschaft bestehen und eine Leistungsgesellschaft akzeptieren wollen, muss es uns gelingen, den Anteil sinnvoller Arbeit in der Gesellschaft insgesamt und das Empowerment, also die Wirksamkeit der Arbeit, zu erhöhen. Menschen, die ihren Job lieben, die sich am richtigen Platz fühlen, die Gelegenheiten bekommen, ihre Kompetenz zu erweitern, die selbstbestimmt handeln dürfen, deren Arbeit nicht nur für sie selbst, sondern auch für andere einen Unterschied macht: Solche Menschen bilden das Fundament unserer Unternehmen, unserer Wirtschaft, unserer ehrenamtlichen Tätigkeiten, unserer Vereine, unserer Care-Arbeit.

Wir sollten es nicht der Betriebswirtschaft oder den Managementberatungen überlassen, zu beurteilen, ob ein Job sinnvoll ist oder nicht.

Wir sollten es nicht der Betriebswirtschaft oder den Managementberatungen überlassen, zu beurteilen, ob ein Job sinnvoll ist oder nicht. Wir können inzwischen sehr gut einschätzen, ob eine Arbeit für uns und für andere Sinn macht: Fühlen wir den Flow, erfahren wir ein Gefühl der Befriedigung? Überwinden wir die »Armut der Begierde«, wie es Frithjof Bergmann nannte, und entdecken wir in uns verborgene Talente und Stärken? Erfahren wir Wirksamkeit, indem unsere Umgebung auf unsere Arbeit positiv reagiert? Fühlen wir uns gebraucht oder fühlen wir uns in unserem Job zunehmend ausgebrannt und ohnmächtig? Die Zeit ist reif für die Stärkung sinnvoller Arbeit in unserer Gesellschaft – nicht nur um unser selbst willen, sondern weil die Gesellschaft keine Bullshit-Jobs mehr braucht. Sie braucht lebendige, tatkräftige Menschen, die ihre Talente entfalten und ihren Platz im (Berufs-) Leben finden. Wie wir diesen Weg gehen können, beschreibe ich im nächsten Abschnitt.

Wenn arbeiten, dann richtig: Wie wir Bullshit-Jobs verhindern

Wir Deutschen arbeiten viel und gern. Auch wenn die Pandemie bei manchen die Idee einer neuen persönlichen Verteilung von Arbeit und Freizeit angestoßen hat, wollen die meisten ihre Arbeit nicht missen. Im Gegenteil: Allein 2019, vor der Corona-Krise, schoben die Deutschen 915 Millionen bezahlte und 947 Millionen unbezahlte Überstunden. Legt man alle Überstunden auf die arbeitende deutsche Bevölkerung um, hat jeder von uns mit über 41 Stunden eine Vollzeit-Arbeitswoche als Überstunden investiert. Die gute Nachricht: Der Anteil der bezahlten Überstunden steigt seit Jahren, während der Anteil der unbezahlten abnimmt. Dennoch könnte man provokant formulieren: Wir Deutschen scheinen ein Problem damit zu haben, unsere Arbeit in der dafür vorgesehenen Zeit zu schaffen. Dafür gibt es sicherlich mehrere Gründe. In manchen Branchen wie etwa der Pflege sind tatsächlich einfach zu wenige Fachkräfte vorhanden, sodass Kollegen Schichten übernehmen müssen. So gehen Forscher davon aus, dass »in deutschen Allgemeinkrankenhäusern […] gut 100 000 Vollzeitstellen für Pflegerinnen und Pfleger fehlen. Würde man die Personalbesetzung im Pflegedienst deutscher Krankenhäuser auf das Niveau anheben, das die Schweiz oder Dänemark pro 1000 Einwohner schon haben, müssten sogar zwischen 160 000 und 260 000 Vollzeitkräfte zusätzlich eingestellt werden.«[85] In anderen Fällen, beispielsweise in der Industrie, kommt es immer wieder zu Auftragsspitzen, sodass die Belegschaft am Wochenende einrücken muss, um Kundenaufträge abzuarbeiten. Größere Marktdynamiken und nicht zuletzt die pandemiebedingt unterbrochenen Lieferketten setzten das System der modernen Just-in-time-Produktion unter enormen Stress, warfen Arbeitsplanungen reihenweise um und brachten so manchen Personalplaner zum Schwitzen. Auch in den Organisationen selbst gibt es Reibungsverluste an Zeit und Energie. Prozesse funktionieren nicht gut, es kommt zu Abstimmungsfehlern und Missverständnissen oder Kollegen werden krank. All das müssen Unternehmen durch Mehrarbeit und manchmal eben durch Überstunden auffangen – was ihnen auch mehr oder weniger gut gelingt.

Prozessfehler, Missverständnisse, Krankheitstage: All das sollte man allerdings nicht nur auf traditionellem Weg angehen, beispielsweise durch Anti-Stress-Trainings, Prozessanalysen oder neue Vorschriften. Letztendlich ist der Mensch der Kern jeder Wertschöpfung. Aus ihm heraus sollte sich die Gestaltung der Arbeit definieren – und nicht andersherum. Arbeit sollte für den Menschen da sein, nicht der Mensch für die Arbeit, wie es die New Worker formulieren. Und sie haben recht. Allerdings ist dieser Ansatz in unserer Wirtschaftswelt, die in der Regel aus abhängiger Beschäftigung besteht, sehr schwer umzusetzen. Deshalb sollten wir uns, auch im Sinne gesunder und leistungsfähiger Unternehmen, fragen: Wie können wir die Arbeitssituation der Menschen insgesamt verbessern, sodass weniger Überstunden anfallen, weniger Krankheitstage, weniger Prozessfehler und es – ganz im Gegenteil – zu höherer Produktivität, mehr Freude und Kreativität kommt? Eine wichtige Antwort auf diese Frage lautet: Wir sollten den Anteil wirksamer Arbeit erhöhen. Wir erinnern uns: Wirksame Arbeit ist Arbeit, die meine Stärken unterstützt, die mir Freude bereitet. Die nicht nur für mich bedeutsam ist, sondern die einen Unterschied für andere macht. Die geschätzt wird und fachlich etwas zum Erfolg des Unternehmens beiträgt. Arbeit, die eben nicht für die Tonne ist.

Die Durchsetzung wirksamer Arbeit ist ein wichtiger Baustein für erfolgreiche Unternehmen und glückliche Menschen. Ich verwende hier bewusst das Wort »glücklich«, denn wirksam zu sein und bedeutsame Arbeit zu leisten ist eines der wichtigsten Motive menschlichen Selbstwerts. Dabei muss nicht immer alles eitel Sonnenschein sein. Natürlich gibt es immer mal wieder Konflikte und Missverständnisse. Aber wirksame Arbeit und der Respekt dafür entlohnt für vieles. So schrieb der erfolgreichste Football-Trainer aller Zeiten, Vince Lombardi, einmal: »Ich glaube fest daran, dass die schönste Stunde eines jeden Menschen, die größte Erfüllung von allem, was ihm lieb ist, der Moment ist, in dem er mit ganzem Herzen für eine gute Sache gearbeitet hat und erschöpft auf dem Schlachtfeld liegt – als Sieger.«[86] Lombardi dachte natürlich zuerst an Football und in Kategorien von Gewinnern und Verlierern. Doch das Zitat zeigt auch den Stellenwert sinnvoller, wirksamer Arbeit: Du kämpfst, du setzt dich ein, du bist von etwas überzeugt und ziehst daraus eine tiefe Befriedigung. In diesem Mut, diesem Hinterfragen, diesem Ausspielen

Die Durchsetzung wirksamer Arbeit ist ein wichtiger Baustein für erfolgreiche Unternehmen und glückliche Menschen.

persönlicher Stärken, nicht nur zum eigenen Wohl, sondern zum Wohl des Teams und des Unternehmens, liegt eine bislang zu wenig beachtete Ressource. Im Grunde versucht die bereits angesprochene Purpose-Bewegung, diese Unternehmenswirksamkeit zu bündeln und zu formulieren. Sie muss aber scheitern, wenn es keine Suche nach »wirksamer Arbeit« auf der Ebene der Mitarbeiter gibt. Deswegen klingen viele Purpose-Statements auch so nichtssagend und übertragbar.

Wer sich nicht auf den Weg der wirksamen Arbeit gemacht hat, wer seine Stärken und Bedürfnisse nicht kennt, kann auch wenig zum Purpose-Prozess seines Unternehmens beitragen. Er kann eben nicht die Armut der Begierde überwinden und in sich die Sehnsucht nach wirksamer Arbeit fühlen – nach einem persönlichen Beitrag, der den Unterschied macht. Dann muss sich ein Unternehmen im Purpose-Prozess mit halbgaren Statements der PR-Abteilung oder dem Prozessergebnis einer kleinen Arbeitsgruppe, meist um den CEO oder Geschäftsführer, zufriedengeben. Darin findet sich die Masse der Mitarbeiter allerdings nicht wieder.

Wie kann man nun wirksame Arbeit für den Einzelnen, in Unternehmen und in der Gesellschaft erzeugen und fördern? Im Grunde geht es um eine Erhöhung der Kontaktfläche des Einzelnen mit für ihn »unwahrscheinlichen« Tätigkeiten und mit seinen bislang verborgenen Talenten. Aus der Einbahnstraße von Schule, Ausbildung und Beruf muss eine Entdeckungsreise werden, bei der man die Gelegenheit bekommt, neue berufliche Perspektiven zu gewinnen und seine eigenen Talente zu fördern. Das beginnt schon in der Schule. Viele Schüler sind unsicher hinsichtlich ihrer beruflichen Zukunft – und die schiere Anzahl von etwa 400 Ausbildungsberufen und knapp 20 000 Studienfächern in Deutschland macht es nicht einfacher. Da ist Orientierung gefragt, und das möglichst früh im Leben. Je schneller und profunder ein junger Mensch Klarheit über seine Talente erlangt, desto treffsicherer ist seine Berufswahl. Aber gerade das Entdecken eigener Talente fördert die Schule nicht wirklich. Man kann vielleicht eine Theater-AG besuchen oder sich im Sport engagieren – im Großen und Ganzen findet eine professionelle Sichtung und Begleitung von Talent nicht statt. Das muss sich ändern, denn der erste Schritt zu wirksamer Arbeit, zu Arbeit, die ich wirklich, wirklich will, ist nicht die Entdeckung der beruflichen Leidenschaften, sondern die Entdeckung der beruflichen Begabungen. Natürlich hat der Spruch »Tue, was du liebst, und du musst keinen Tag deines Lebens mehr arbeiten« seine poetische Berechtigung. Aber ohne Talent und Fähigkeiten wird eine Tätigkeit schnell zur Qual, egal wie sehr man sie liebt. Deshalb haben im Jugendalter das Entdecken und Fördern von Potenzialen oberste Priorität.

In allen Schularten sollte es für Schüler im Alter zwischen 14 und 16 Jahren verpflichtende Talent-Assessments geben, etwa in Form von Persönlichkeitstests oder Berufseignungstests. Ergänzt werden könnten diese Assessments durch freiwillige Umfeld-Feedbacks, zum Beispiel von Eltern, Jugendleitern von Vereinen und der eigenen Peergroup. Denn die eigenen Talente entdeckt man nicht durch Nachdenken, sondern durch Ausprobieren, Feedback von außen und durch seriöse Tests. In der Karriereberatung beispielsweise ist die Frage »Was will ich?« unter Umständen ziemlich schwer zu beantworten. Man sollte die Frage umdrehen: »Wo braucht mich die Welt?« Das ist eine zielführendere Frage, die auf die eigene Wirksamkeit in der Welt einzahlt und dabei hilft, offene und verborgene Talente zu entdecken.

Aber die Wahrnehmung und Förderung von Talenten in der Schule kann nur der Anfang einer gesellschaftlichen Offensive für sinnvolle, wirksame Arbeit sein. Sinnvolle Arbeit hat nicht nur einen individuellen, sondern auch einen politischen Aspekt. In diesem Sinne sollte sich die deutsche Bildungs- und Arbeitsmarktpolitik an der Frage ausrichten: »Welche Arbeit braucht unsere Gesellschaft? Und welche Talente sind dafür vonnöten?« In der Politik verfolgt man eher kurzfristige Effekte – unter anderem durch das Importieren ausländischer Fachkräfte in ausgewählten Branchen und Berufen. Dagegen sollten wir das politische Design sinnvoller Arbeit größer denken. So führt beispielsweise die Überakademisierung unserer Berufslandschaft zwangsläufig zu einer Inflation an akademischen Titeln, qualitativen Verlusten in der Ausbildung und einer Ausrichtung der jungen Arbeitskräfte am gesellschaftlichen Bedarf vorbei.

Wir müssen den Match zwischen den Talenten des Einzelnen und den Bedürfnissen des Arbeitsmarktes vergrößern.

Wir brauchen keine in Nischen ausgebildeten Akademiker, deren Jobs in Gefahr sind, mittelfristig von Algorithmen übernommen zu werden (siehe Journalisten, Steuerberater, Anwälte etc.). Wir benötigen Handwerker, praktisch ausgebildete Lehrer, Krankenschwestern und vollwertige Informatiker statt »Bootcamp«-Absolventen. Wir müssen den Match zwischen den Talenten des Einzelnen und den Bedürfnissen des Arbeitsmarktes vergrößern. Dazu brauchen wir vonseiten des Staates eine plausible Idee, welche Zukunftstrends den Arbeitsmarkt prägen werden, welche Berufslandschaft wir für diese Trends brauchen und wie wir Menschen bestmöglich dafür ausbilden (was in unseren dynamischen Zeiten selbstverständlich nur ein »educated guess« sein kann, aber immerhin). Und vonseiten der arbeitenden Menschen ist ein Angebot ihrer Talente gefragt, das nicht auf purem Raten oder Wunschdenken beruht, sondern auf verlässlichen Einschätzungen durch Mentoren, strukturierte Selbstreflexion, Praktika und Talent-Assessments.

Neben diesem neuen Zukunftsbild an wünschenswerten Berufen sollten wir darüber nachdenken, für bereits im Beruf stehende

Menschen die Zentren für Neue Arbeit, die von der New-Work-Bewegung weltweit ins Leben gerufen worden sind, zu fördern, zu vernetzen und in die kommunale Wirtschaftsförderung einzubinden. Mit einer höheren Dynamik des Arbeitsmarkts werden wir einen Prozentsatz an Menschen haben, die arbeitslos sind und ihren alten Beruf nicht mehr ausüben wollen oder können. Sie brauchen eine grundsätzlichere Unterstützung, als sie die Agentur für Arbeit oder private Karriereberater leisten können. Diese Institutionen denken in engen Bahnen, in Kategorien der Marktgängigkeit, der Markt-Glaubwürdigkeit und des »track record«. Das ist legitim, wird aber einem steigenden Anteil unserer Arbeitsbevölkerung nicht mehr gerecht. Solchen Menschen sollte eine grundlegende Förderung ihrer Talente hin zu einer Arbeit, die sie wirklich, wirklich wollen, ermöglicht werden. Diese staatliche Investition sollte sich als billiger erweisen als die gesellschaftlichen Kosten, die entstehen, wenn solche »Dynamisierungsverlierer« in die langfristige Arbeitslosigkeit abgleiten. Vom Politikwissenschaftler Günther Schmid könnte man hierfür das Konzept der Arbeitsversicherung übernehmen, die »durch präventive und lebensbegleitende Beratungsangebote und Weiterbildungsmöglichkeiten das Humankapital und die Beschäftigungsfähigkeit fördert, Erwerbs- und Sicherungsrisiken minimiert sowie berufliche Entwicklungsoptionen erweitert«.[87] Auch die Idee eines Erwerbstätigenkontos, aus dem für den Einzelnen grundlegende Aus- und Weiterbildungsmaßnahmen finanziert werden können, die vielleicht jenseits des vorhersehbaren Wegs liegen, geht in diese Richtung. Wichtig wäre, dass diese Vorschläge innerhalb einer klaren politischen Strategie eingesetzt und durchgeführt werden. Leider ist eine solche Strategie bis auf Weiteres nicht in Sicht.

Selbstverständlich können und sollen auch die Unternehmen ihren Beitrag zu einer sinnvollen Arbeit für alle leisten. Neben dem Bildungsapparat und der Politik brauchen wir die Wirtschaft als dritte Säule der Veränderung, wenn wir Bullshit-Jobs reduzieren und für möglichst viele Menschen sinnvolle und wirksame Arbeit verwirklichen wollen. Übertragen wir beispielsweise die Idee der Talent-Assessments an Schulen auf die Unternehmen, lassen sich mit Leichtigkeit sogenannte Talent-Plattformen entwickeln. Diese einfachen Datenbanken widmen sich nicht den üblichen Fähigkeiten von Mitarbeitern. Vielmehr dienen sie dazu, ungewöhnliche, privat genutzte oder verborgene Talente ans Licht zu bringen und zu vernetzen. »Ein Unternehmen weiß nicht, was es alles weiß!«, lautet ein Spruch.

Wissen ist aber nicht alles, man muss auch handlungsfähig sein. Eine Organisation kann Talente nicht nutzen, von denen sie nichts weiß. Dabei liegt in der Vernetzung von Talenten und Fähigkeiten eine bislang zu wenig von Unternehmen genutzte Wertschöpfungsmöglichkeit. Und wir sollten nicht außer Acht lassen, dass Menschen gern über ihre Erfolge sprechen. Es ist befriedigend, eigene berufliche oder private Projekte zu schildern, an denen man gewachsen ist und die etwas bewirkt haben. In der Regel finden sich staunenswerte Fähigkeiten, die ein Kollege vielleicht auch für die Arbeit nutzen könnte. Eventuell spricht ein Kollege eine dringend gebrauchte Sprache für eine kleine Übersetzung, oder jemand ist fit in einer Uralt-Programmiersprache, mit der das Unternehmen auf einmal konfrontiert wird. Talent-Plattformen leben von Freiwilligkeit, leichter Bedienbarkeit und einer positiven Unternehmenskultur. Sie sind daher anspruchsvoll in der Umsetzung, aber wirksam in der Hebung von unbekannten Talenten.

Man muss aber nicht gleich eine neue Plattform aus der Taufe heben. Mitunter genügt es, die Mitarbeiter in sogenannten Communities of Practice (CoP) zum Austausch zu ermutigen. Dabei kann das Unternehmen eine Themenbörse vorgeben oder ein Incentive für die kollektive Lösung eines Problems ausloben. Communities of Practice haben in der Regel einen dreifachen Vorteil: Erstens lernen die Mitarbeiter fachlich dazu, zweitens löst das Unternehmen mit Glück ein praktisches Problem und drittens ergeben sich aus einer gut geführten Community fast immer Anschlussfragen und -projekte. Dabei gilt für die Communities of Practice das Gleiche wie für die Talent-Datenbanken: Sie beruhen auf Freiwilligkeit und unterliegen einer eigenen Dynamik. Man sollte daher einen Rahmen und einen Impuls für eine solche Community setzen und sie dann laufen lassen. Dies gilt auch für eine weitere Spielart des kollektiven Lernens: die Methode »Working Out Loud« (WOL). WOL ist im Grunde eine Form des strukturierten Gruppencoachings. Aber anders als in einer CoP arbeiten die Mitarbeiter nicht an einer gemeinsamen Fragestellung, sondern trainieren ihre Fähigkeiten jeweils an ihrem eigenen Problem. WOL sollte in diesem Sinne ein Weg sein, »um Beziehungen aufzubauen, die einem helfen, ein Ziel zu erreichen, eine Fähigkeit zu entwickeln oder ein neues Thema zu entdecken. Anstatt jedoch zu netzwerken, um etwas zu bekommen, soll in Beziehungen investiert werden. Durch das Einbringen von Beiträgen aus eigener Arbeit und Erfahrungen wird jeder Teilnehmer im Lauf der Zeit besser sichtbar.«[88]

Selbst Unternehmen, die nicht in Talent-Datenbanken oder Gruppencoachings investieren wollen, können sinnvolle Arbeit sowie das Entdecken und Fördern von Talenten verwirklichen. Ob Botschaftertage, abteilungsübergreifende Briefings, Jobsharing, selbstorganisiertes Arbeiten oder auch das gute alte betriebliche Vorschlagswesen: Es gibt eine Fülle an Ideen, die durchaus die Entwicklung von Talent und Möglichkeiten zu sinnvoller Arbeit hervorbringen können. Dafür müssen Unternehmen allerdings einen Musterwechsel vollziehen und sich aus ihren engen Rastern von Einstellungs- und Qualifikationskriterien lösen. So wie der Mensch mehr ist als die Funktion seiner Arbeitskraft, kann er bislang unsichtbare Fähigkeiten entwickeln – wenn man ihn lässt.

Unternehmen sollten ihren Mitarbeitern Spielraum in ihrer persönlichen Entwicklung einräumen und diesem Spielraum unter Umständen auch keine Richtung vorgeben. Immer wieder gern zitiert wird der Fall Google. Hier konnten Mitarbeiter zeitweise bis zu 20 Prozent ihrer Arbeitszeit in eigene Projekte stecken, die nicht unbedingt etwas mit ihrer Tätigkeit zu tun haben mussten. Aus dieser Unternehmensinitiative sind unter anderem die Dienste Google Maps und Google News entstanden – zwei der bekanntesten Services des Unternehmens. Auch wenn Google das Projekt »20 Prozent« im Rahmen einer strategischen Neuausrichtung beendet hat, war es in den Jahren davor äußerst erfolgreich. Allerdings braucht es für solch bahnbrechende Ideen persönlichen Freiraum, eine positive Fehlerkultur und die Gelegenheit, Talent zu entwickeln und zu zeigen. All das ist in deutschen Unternehmen leider nicht selbstverständlich.

Warum ist die breitflächige Entwicklung und Förderung von Talent so wichtig, um sinnvolle Arbeit zu schaffen und Bullshit-Jobs zu verringern? Natürlich brauchen wir vonseiten der Wirtschaft und der Politik vernünftige Rahmenbedingungen. Zum Beispiel sollten wir systemrelevante Arbeit entsprechend gut bezahlen. Das hat uns die Corona-Krise gezeigt. Und selbstverständlich muss jeder Berufswunsch den Realitätscheck durchlaufen. Aber das zentrale Element einer neuen Arbeitsgesellschaft liegt in einer dramatisch besseren Identifizierung und Nutzung menschlicher Talente. Wir können es uns schlicht nicht leisten, wertvolle Fähigkeiten Einzelner ungenutzt zu lassen. Daher müssen wir in Bildung, Politik und Wirtschaft Mechanismen etablieren, die Talent in seinen unterschiedlichen Facetten aufspüren, unterstützen und vervollkommnen. Immer noch reduzieren wir den Menschen in der Arbeitswelt auf die Funktion seiner Arbeitskraft. Alle Forschungsansätze, alle

> **Aber das zentrale Element einer neuen Arbeitsgesellschaft liegt in einer dramatisch besseren Identifizierung und Nutzung menschlicher Talente.**

Versuche einer Etablierung eines »mitarbeiterorientierten Humanismus« sind bislang gescheitert. Bislang – denn ich möchte behaupten, dass die vor uns liegenden Umwälzungen der Arbeitsgesellschaft mit nichts vergleichbar sind, was wir in den letzten 100 Jahren erleben durften.

Arbeit wird uns niemals ausgehen. Manche Arbeitsplätze schon, und zwar in einer noch nie dagewesenen Dynamik. Daher ist die Förderung von Talent und die bestmögliche Nutzung unserer menschlichen Fähigkeiten eine Aufgabe von gesellschaftlichen Ausmaßen, welche die Möglichkeiten der Wirtschaft übersteigt. Sinnvolle Arbeit, wirksame Arbeit, Arbeit, die man wirklich, wirklich will, beginnt in der Wahrnehmung und Ausarbeitung des eigenen Potenzials. Es bereitet Freude, gut zu sein in seinem Job. Es bringt Anerkennung und leistet einen Beitrag zur Wertschöpfung. Sinnvolle Arbeit macht einen Unterschied – und das ist das Entscheidende. Wir brauchen nicht immer mehr vom Gleichen. Wir brauchen Menschen, die ihre Talente entdecken und mit ihrer Arbeit, die sie wirklich, wirklich wollen, einen Unterschied machen – für sich, ihr Unternehmen und die Gesellschaft.

MANAGEMENT:
Neuer Wein in neuen Schläuchen

Verantwortung Fehlanzeige: Die alte Lust am Kästchendenken

Auf der Internetplattform YouTube findet man eines der besten Videos über moderne Unternehmensführung, das ich je gesehen habe. Der knapp dreiminütige, offenbar von einem Amateur mit dem Handy aufgenommene Film »Leadership from a dancing guy« zeigt folgende Szene: Auf einer Wiese beginnt ein Junge etwas merkwürdig zu tanzen. Die Musik kommt irgendwo aus dem Hintergrund – ein Festival? Die Kamera beobachtet den Tänzer aus der Ferne. Dann kommt ein zweiter Junge dazu und beginnt ebenfalls merkwürdig zu tanzen, offenbar um den ersten Jungen ein bisschen durch den Kakao zu ziehen. Aber der lässt sich nicht beirren. Er tanzt nicht nur weiter, sondern geht auch noch auf den zweiten Jungen ein. Es tauchen immer mehr junge Leute auf, die den Tanzstil imitieren, bis auf einmal alle Dämme brechen und unzählige junge Menschen die Wiese stürmen, um mit den ersten beiden Jungen zu tanzen. Aus der seltsamen Aktion eines Einzelnen ist eine Bewegung geworden. War es zu Beginn der Szene befremdlich, den Jungen tanzen zu sehen, ist es zum Schluss völlig selbstverständlich, dass viele Menschen gemeinsam tanzen. Mehr noch: Wer *nicht* tanzte, erschien dem Betrachter plötzlich als zögerlich und fehl am Platz.

Viele Unternehmen wünschen sich insgeheim eine solche Dynamik. Führungskräfte geben den Vortänzer, erklären geduldig Projekte, versuchen Mitarbeiter zu motivieren oder lesen Ratgeber über charismatische Führung. Aber in der Regel können sie die mitreißende Aktion des »dancing guy« nicht wiederholen. Stattdessen verlieren sie sich im Klein-Klein alltäglicher Führungsarbeit. Dabei wären eine neue Führungsdynamik und eine Kultur der vertrauenden Delegation dringend vonnöten: »Orientierung geben heißt nicht vorgeben, sondern einordnen, erklären, im besten Fall mit einer visionären Idee Follower zu gewinnen, die diese Idee aus innerer Überzeugung mittragen und mitentwickeln. […] Nichts gegen Hierarchie als etabliertes Organisationsprinzip, das Klarheit und Verantwortlichkeit schafft. Doch ausgeprägte Hierarchien können eben gerade dann dysfunktional werden, wenn die Wettbewerbsumwelt dynamisch wird, wenn schnelle, übergreifende Reaktionen erforderlich sind und zudem Menschen gewonnen werden sollen, die sich nicht mehr klaglos in vorgegebene Strukturen und Machtverteilungen einfügen wollen.«[89]

Leider stecken die meisten Unternehmen immer noch in der Hierarchie- und Delegationsfalle fest, denn diese Falle hat für alle Beteiligten einen unschätzbaren Vorteil: Sie verteilt Verantwortung relativ klar. Nicht umsonst wird für fast jede Stelle in einem Unternehmen ein Anforderungsprofil erstellt, in dem Qualifikationen, Tätigkeiten und eben auch Verantwortlichkeiten beschrieben sind. Das ist einerseits verständlich: Natürlich muss ein Mitarbeiter wissen, welche Ausbildung er mitzubringen hat und welche Aufgaben ihn erwarten. Das ist andererseits aber auch gefährlich: Möglicherweise entsteht ein Verantwortungssilo, in welchem der Mitarbeiter seine Arbeit verrichtet, aber nicht über den Silorand hinausblickt, weil er das nicht mehr als seine Verantwortung wahrnimmt. Unterstützt wird dieses mentale Kästchendenken durch den mitunter nur als Fetisch zu bezeichnenden Umgang mit dem Unternehmensorganigramm. Manche Unternehmen glauben anscheinend, man müsste Teams oder Abteilungen beispielsweise nur im Organigramm »umhängen«, damit Probleme wie das Verantwortungssilo oder eine geringe Produktivität sich in Wohlgefallen auflösen. Dass so etwas durch eine rein administrative Maßnahme wie eine Umorganisation auf dem Papier

> **Leider stecken die meisten Unternehmen immer noch in der Hierarchie- und Delegationsfalle fest.**

nicht funktioniert, erscheint klar. Doch offensichtlich herrscht in manchen Unternehmen eine Art magisches Denken. In der Magie werden oft symbolhafte Handlungen ausgeführt. Doch diese Handlungen sind genau das – symbolisch. Das darunterliegende Problem lösen sie nicht. Im Grunde verdeutlicht eine solche organisatorische Maßnahme oft nur die Hilflosigkeit des Managements und ebenjene organisierte Verantwortungslosigkeit, die man bekämpfen will.

Warum ist es so schwer, die Übernahme von Verantwortung in Unternehmen zu fördern? Warum verstecken sich manche Mitarbeiter und Führungskräfte regelrecht, wenn es um neue Projekte oder auch nur um das Kreieren von Ideen geht? Von ihren Kindern können sie das jedenfalls nicht gelernt haben. Ein Kind sucht oft die Verantwortung, will immer neue Dinge tun. Nicht nur Dinge, die offensichtlich Spiel und Spaß beinhalten, sondern auch ernsthafte Dinge, die anderen nützen: das erste Spiegelei braten, bei der Reparatur in der Garage helfen, das Zelt beim Camping aufbauen. Kinder suchen ihren Platz in der Welt auch, indem sie Verantwortung übernehmen. Sie haben Freude daran, sich auszuprobieren. Kinder spüren, dass gegenseitige Verantwortung etwas Gutes ist und dass es sich herrlich anfühlt, wenn man sich auf den anderen verlassen kann – und der andere sich auch auf einen selbst. Aber irgendetwas passiert, wenn Menschen in den Beruf kommen. Irgendwann lernt der Mensch anscheinend, dass er besser keine Verantwortung übernimmt; dass er besser nicht den Kopf aus der Masse herausstreckt; dass er besser unter dem Radar fliegt und in seinem Verantwortungssilo bleibt.

Die Folgen eines solchen Verhaltens sind offensichtlich: Der Motor eines Unternehmens schnurrt nicht mehr souverän vor sich hin, sondern stottert und droht auseinanderzufallen. Vielleicht kommt es zu einer solchen Verantwortungsdiffusion, weil wir in Unternehmen Verantwortung mit Versagen, Strafe und Fehlern in Verbindung bringen. In der Politik wird beispielsweise erst dann öffentlich »Verantwortung übernommen«, wenn etwas schiefgegangen ist, man Fehler gemacht oder gar kriminelle Taten begangen hat. Dann zeigt man sich reuig und »verantwortlich«, wobei sich der staunende Bürger fragt: »Welche Verantwortung hat der Betreffende eigentlich vor seiner öffentlichen Reuebekundung übernommen?«

In Unternehmen finden wir einen ähnlichen Mechanismus. Verantwortung ist nichts, was nach vorne gedacht wird. Verantwortung braucht Mut, aber Mut wird in einer »normalen« Unternehmenskultur nicht belohnt. Deshalb haben wir Mut institutionell ausgelagert und mit Start-ups eine Kategorie von Unternehmen geschaffen, die offiziell mutig sein dürfen. An dieser Unternehmenskategorie arbeiten wir uns dann öffentlich ab, bewundern risikobereite Gründer, feiern ihre Erfolge oder analysieren ihr Scheitern. Aber wir halten diesen »Boulevard of (broken) dreams« schön auf Abstand. So sind landauf, landab zahlreiche Versuche großer Unternehmen, Hubs, Labs und interne Start-ups zu gründen, teilweise großflächig gescheitert. Nicht weil das Personal nicht gut genug wäre oder die Ressourcen unzulänglich, sondern weil mit Verantwortung ganz anders umgegangen wird als in echten Start-ups.

Verantwortung in normalen Unternehmen ist assoziiert mit negativem Feedback, vielen Risiken und wenig Chancen. Ein rationaler Mensch kann in heutigen Unternehmen gar nicht anders, als Verantwortung möglichst zu vermeiden. So kommt eine mehrjährige Studie mit über 40 000 Teilnehmern zu dem Schluss, dass »Verantwortung als etwas gesehen wird, das passiert, wenn die Dinge schiefgehen, anstatt etwas darzustellen, das man selbst tut, um Ergebnisse zu sichern. Dieses eher mit Strafe verbundene Verständnis von Verantwortung setzt Verhaltensmuster in Bewegung, die die Fähigkeit, Anordnungen oder strategische Ziele zu befolgen, Verbesserungen oder Veränderungsprozesse durchzuführen und erfolgreich die täglichen Aufgaben zu erledigen, bedeutend behindern«[90]. Ein Drittel der Studienteilnehmer gab zudem an, dass Prioritäten häufig wechseln und dadurch Verwirrung entsteht, was Verantwortungsübernahme schwer macht. 85 Prozent konnten nicht klar benennen, was ihr Unternehmen eigentlich erreichen will, und 82 Prozent »scheitern beim Versuch, andere in Verantwortung zu nehmen, oder vermeiden es sogar völlig«.[91]

Das Verantwortungssilo bzw. die Nichtübernahme von Verantwortung ist somit eines der größten Probleme heutiger Unternehmen – oft artikuliert als Schnittstellenproblem. Die Schnittstelle ist in der heutigen Organisationsentwicklung so etwas wie das Schwarze Loch in der Astronomie. Man weiß, dass es da ist, kann es aber nicht selbst beobachten, weil Schwarze Löcher selbst das Licht schlucken. Zudem verursacht es erhebliche Probleme, wenn man ihm zu nahe kommt. Eine Schnittstelle suggeriert bereits in ihrer Bezeichnung einen Ort, an dem man eher aktiv etwas abtrennt (Kommunikation, Verantwortung, Technologie) als miteinander verbindet. Schnittstellen können viele Gestalten annehmen: die Schichtübergabe in einem Werk, die Excel-Tabelle, die zwischen Abteilungen herumgereicht wird, das Meeting, an dem mehrere Teams teilnehmen, und so weiter. Im Grunde besteht ein Unternehmen in erster Linie aus Verantwortungssilos, verbunden durch ein dichtes Netz von Schnittstellen. Das ist das Grundproblem moderner Unternehmensführung: Wie löse ich die Verantwortungssilos auf und verändere den Charakter der Schnittstellen? Denn nur so kläre ich das Problem des Kästchendenkens, der Egoverteidigung des eigenen Bereichs und der organisierten Verantwortungslosigkeit an den vielen Schnittstellen in Unternehmen.

Nun ist es nicht so, dass Unternehmen blind wären und dieses Problem nicht erkannt hätten. Im Gegenteil wimmelt es nur so von Anstrengungen, die organisierte Verantwortungslosigkeit in Unternehmen zu bekämpfen. Es gibt genaue Prozessanweisungen für die Schichtübergaben. Es gibt eigene Schnittstellen-Manager, die nichts anderes tun als, naja, eben Schnittstellen managen – was auch immer man sich darunter vorstellen mag. Es gibt Teambuilding-Maßnahmen, um das Vertrauen und die Verantwortungsübernahme in Teams zu fördern. Es gibt Konfliktmanagement-Seminare, in denen Mitarbeiter lernen, unterschiedliche Verantwortungen ohne destruktiven Streit zu verhandeln. Es gibt Anreizsysteme für die Übernahme von Verantwortung, zum Beispiel von Projekten. All das wird feilgeboten im riesigen Zirkus des Verantwortungsmanagements. Allein die Ergebnisse sind dürftig: »Neue Herausforderungen können nur durch eine Umstrukturierung der Verantwortlichkeiten gemeistert werden. […] Die unternehmerischen Entscheidungen der Zukunft sind zu komplex, um sie auf einzelne

Schultern zu laden. Erstaunlicherweise sieht es in der Praxis aber anders aus. Hier sollten bei Führungskräften und HR-Abteilungen die Alarmglocken schrillen: Trotz der offensichtlichen Dringlichkeit stellt nicht einmal jeder zweite der Angestellten fest, dass es Bestrebungen zur Umorganisation von Entscheidungsbefugnissen in seinem Arbeitsumfeld gibt. […] Fast alle fordern mehr Autonomie ein, doch bei der Bereitschaft, Verantwortung dann auch anzunehmen, scheint es noch zu hapern, und hier springen wieder die Top-Manager in die Bresche.«[92]

Die neuste Methode, Verantwortung in Unternehmen zu organisieren, ist die Agilität. Während in manchen Unternehmen bereits der Katzenjammer ob dieses Verfahrens einsetzt, ist der allgemeine Trend hin zu einer angeblichen Selbstorganisation des Mitarbeiters und der Teams ungebrochen. Agile Arbeitsweisen scheinen der Schlüssel zur Überwindung der organisierten Verantwortungslosigkeit und der Schnittstellenproblematik zu sein: »Agilität kann […] als höchste Form der Anpassungsfähigkeit verstanden werden. Ein agiles Unternehmen hat die Fähigkeit, Veränderungen möglichst rechtzeitig zu antizipieren und dabei der Konkurrenz möglichst zwei Schritte voraus zu sein. Sie reagieren nicht nur auf Rahmenbedingungen, sondern sind selbst innovativ. Sie sind fähig, als Organisation ständig zu lernen und dieses Wissen allen relevanten Personen zur Verfügung zu stellen. So wird Agilität zu einem essenziellen Faktor für den Erhalt der Wettbewerbsfähigkeit und damit für das Überleben eines Unternehmens.«[93] Eine solche Definition klingt nach dem Heiligen Gral. Einmal gefunden, verhilft er zu ewiger Jugend und Gesundheit – genau wie Agilität einem Unternehmen Innovation, Anpassungsfähigkeit und eine kollektive Verantwortungsübernahme bringen soll. Nicht umsonst stecken zahlreiche Unternehmen viel Zeit und Geld in die Agilisierung ihrer Mitarbeiter und Prozesse.

Aber ist es wirklich so einfach? Ist Agilität die Antwort auf Silos und versagende Schnittstellen, auf nicht übernommene Verantwor-

> **Die neuste Methode, Verantwortung in Unternehmen zu organisieren, ist die Agilität.**

tung und Entscheidungsschwäche? Dafür muss man zunächst festhalten, dass die Übernahme von Verantwortung ein *Verhalten* ist. Unternehmen möchten, dass sich ihre Mitarbeiter und Führungskräfte in einem neuen, verantwortungsvollen Sinne verhalten. Die Gedanken sind frei, aber die Arbeitsplatzbeschreibung nicht. Unternehmen erwarten in puncto Verantwortung daher, dass sich Menschen in ganz bestimmter Art und Weise verhalten, um bestimmte Ergebnisse zu erzeugen.

Was Unternehmen allerdings bislang für mehr Verantwortungsübernahme versuchen, ist die Beeinflussung des Verhaltens durch die Beeinflussung von *Systemen* und *Prozessen*. Das ist etwas ganz anderes. Man hängt Abteilungen im Organigramm um, man erweitert Prozessanweisungen oder beschreibt Arbeitsplatzanforderungen neu. Es ist ein bisschen so wie mit einem Raser auf der Autobahn: Man möchte, dass er langsamer fährt. Aber statt sein Verhalten direkt zu ändern, setzt man ihn einfach in ein Auto mit gedrosseltem Motor. An seiner Einstellung ändert das nichts. Man erzwingt ein Verhalten durch die Veränderung der Umwelt. Das geht gut, solange der Raser im langsamen Auto sitzt. Sobald er seinen vertrauten Boliden unter sich spürt, drückt er das Gaspedal wieder durch. Verantwortung und ein entsprechendes Verhalten hat er so nicht gelernt. Es ist einfach so, dass es für Unternehmen leichter und verführerischer ist, an der Schraube der Umweltbedingungen zu drehen. Die scheinbare Objektivität von Strukturen und Prozessen verleitet dazu, hinter einer entsprechenden Änderung eine Verhaltensverbesserung zu vermuten. Und manchmal gelingt das auch. Nur ist dafür dann ein von außen ausgeübter Zwang verantwortlich und kein eigenes Einsehen.

Erinnern wir uns an die Kinder: Kinder wollen experimentieren – auch mit Verantwortung. Sie haben noch keine Angst vor Fehlern und sind noch nicht mit dem vorauseilenden Gehorsam verseucht, der entsteht, wenn man Feedback vor allem als destruktive Kritik kennengelernt hat (wie es in der Arbeitswelt oft der Fall ist). Es ist ganz einfach so, dass Kinder Verantwortung übernehmen *wollen*. Das ist das ganze Geheimnis – und gleichzeitig die Gretchenfrage jedes Unternehmens, das mental erwachsen werden möchte: »Wie schaffen wir es gemeinsam, dass wir Verantwortung übernehmen *wollen?*« In der erfolgreichen Beantwortung dieser Frage liegt das Geheimnis langfristig erfolgreicher Unternehmen (und Menschen). Dafür ist es nötig, sich nicht nur mit Systemen und Prozessen, also der Umwelt des Einzelnen, zu beschäftigen, sondern mit seinen Gedanken, Einstellungen und Gefühlen – mit seinem Innenleben. Das ist eine Zukunftskompetenz von Unternehmen: der Umgang mit den Einstellungen und Gefühlen des Einzelnen zum Wohle aller. Alle Unternehmen jedoch, die diesen »soft shift« nicht wahrnehmen oder unterschätzen, werden die kommenden 15 Jahre höchstwahrscheinlich nicht überleben.

So viel man auch an der praktischen Umsetzung von agilen Konzepten kritisieren kann, so viel Wahres steckt in ihrer Theorie. Anpassungsfähigkeit, Geschwindigkeit, Kundenzentrierung: All das sind überlebenswichtige Tugenden, die wir nur mit einem massiven Ausbau der Verantwortungsübernahme in Unternehmen fördern können. Und damit wir dieses Verhalten bei Menschen erzeugen, genügt es nicht, agile Methoden wie Scrum oder Kanban einzuführen oder seine Abteilungen plötzlich *Tribes* und *Squads* zu nennen. Ohne eine Änderung von Einstellung und Haltung bleibt das alles Kosmetik.

Letztendlich haben Unternehmen das emotionale und wertgesteuerte Innenleben ihrer Mitarbeiter zu lange ignoriert. So wurden psychologische Arbeitsverträge gebrochen, Enttäuschungen produziert und der Übernahme von Verantwortung ein massiver Dämpfer verpasst. Jede nicht getroffene Entscheidung, jedes verzögerte Projekt, jedes entmutigende Meeting: Überall finden sich Spuren der organisierten Verantwortungslosigkeit. Daran kranken unsere Unternehmen, unsere Wirtschaft und letztlich auch unsere Gesellschaft. Menschen, die keine Verantwortung übernehmen wollen, stellen eine Gefahr dar für unternehmerischen Erfolg und wirtschaftliche Entwicklung. Wir müssen daher alles daransetzen, Verantwortung als Schlüsselelement in Unternehmen neu zu verankern. Wenn wir verantwortungsvolles Verhalten wollen, dürfen wir nicht nur in Systemen, Prozessen und Umwelten denken. Wir müssen in Einstellungen und Emotionen denken – in der Innenwelt des Einzelnen. Wir müssen das Kind wecken, das begeistert mit einem Schraubenschlüssel vor seinem Fahrrad steht und es selbst reparieren will. Das Kind, das zu seinen Fehlern steht, weil es noch nicht gelernt hat, dass es dafür öffentlich gedemütigt und kleingemacht wird. Wir brauchen keine externen Anreizsysteme für Verantwortung. Bräuchten wir die, hätte sich die Menschheit nie von den Bäumen heruntbewegt.

Es liegt in unserer Natur, Verantwortung zu übernehmen. Was wir korrigieren müssen, ist das Wesen der Unternehmen, die eine Kultur der Angst und der Entscheidungsvermeidung produzieren. Eine Kultur, die uns glauben lässt, mit einer neuen Prozessanweisung würde sich auch nur ein einziges Problem lösen lassen:»Diese Entscheidungsangst ist auch ein Ergebnis der derzeitigen europäischen Managementkultur. Einem Entrepreneur im Silicon Valley bricht kein Zacken aus der Krone, wenn er mal pleitegegangen ist: Aufstehen und wieder gründen gehört zum guten Ton. Natürlich sind Stahlkonzerne oder Flaggschiffe aus Chemie und Pharma nur schwer mit Start-ups zu vergleichen. Aber das darf keine Ausrede sein. Auch die deutschen Manager müssen mehr wagen.«[94]

Wir müssen lernen, dass wir Verantwortung weder an Prozesse noch an Algorithmen auslagern können. Wir müssen wieder Entscheidungsfreude trainieren und uns gegenseitig in unserer Verantwortungsübernahme bestärken. Nichts anderes bedeutet es, reif zu handeln – in einer Welt, die nicht einfacher und übersichtlicher wird, sondern komplexer und unübersichtlicher, unvorhersehbar und uneindeutig. Wenn wir uns nicht auf uns selbst verlassen können und der andere sich nicht auf uns verlassen kann, ist dies das Ende jeder produktiven und innovativen Tätigkeit. Jede Arbeit, gerade in unseren herausfordernden Zeiten, braucht mutige, verantwortungsbereite Menschen, die an ihrem Platz das Beste tun – für sich und die Gemeinschaft. Verteilen wir Verantwortung auf viele Köpfe, stärken wir Menschen, die Verantwortung übernehmen, und dämonisieren wir nicht ihre Fehler. Denn ohne Menschen, die Verantwortung übernehmen, haben Unternehmen keine Chance.

Kontrolle ist gut, Vertrauen ist besser: Was fehlendes Vertrauen anrichtet

Unsere Welt wäre nicht denkbar ohne Vertrauen. Jedes Baby vertraut darauf, dass seine Eltern es füttern, pflegen und beschützen. Jeder Schüler vertraut darauf, dass die Note durch seinen Lehrer wenigstens hinreichend fair und gerecht ist. Jeder Fußballspieler vertraut darauf, dass der Mannschaftskollege sein Bestes gibt. Und jeder Mitarbeiter vertraut darauf, dass sein Team ehrlich und kompetent zusammenarbeitet und dass sein Arbeitgeber ihn respektiert. Der große Dichter William Shakespeare drückte es so aus: »Zweifel sind Verräter, sie rauben uns, was wir gewinnen können, wenn wir nur einen Versuch wagen.«[95] In diesem Sinne ist Vertrauen die Grundlage auch für jede unternehmerische Aktion im Großen und Kleinen. Nichtvertrauen lähmt. Man investiert Denken und Fühlen in mögliche pessimistische Szenarien, in denen man materiell oder ideell übers Ohr gehauen wird.

Vertrauen ist der Zwilling der Verantwortung. Während Verantwortung eine Haltung gegenüber der Arbeit darstellt, ist Vertrauen eine Haltung gegenüber den Menschen. Wenn Unternehmen tatsächlich ein Netzwerk aus Menschen und ihren Beziehungen sind, brauchen wir selbstverständlich beide Grundfesten unternehmerischen Erfolgs: Verantwortung und Vertrauen. Manche Forscher gehen sogar so weit, Vertrauen als Organisationsprinzip zu verankern: »Wenn Vertrauen […] als ›Default-Einstellung‹ alle unternehmensinternen Prozesse und Interaktionen prägt, hat dies […] sowohl einen strukturierenden als auch einen mobilisierenden Effekt auf die Organisation. Dies wiederum führt zu Stabilität und Dichte von sozialen Netzen im Unternehmen, zu erhöhtem Wissensaustausch und mehr Wertschöpfung.«[96]

Nun sollte man annehmen, Unternehmen würden enorme Anstrengungen tätigen, um in Verantwortung und Vertrauen zu investieren. Dass dies, was Verantwortung betrifft, schiefgehen kann, haben wir im vorigen Abschnitt gesehen. Und leider ist es auch beim Thema Vertrauen nicht gut um die deutschen Unternehmen bestellt. Dabei beginnt die Vertrauenskrise bereits jenseits von Werkstoren und Büros. So ergab eine Studie aus dem Jahr 2019, dass bei den Deutschen das Vertrauen in die Marke »Made in Germany« in den letzten Jahren von 76 auf 60 Punkte abgestürzt ist (Maximalwert: 100 Punkte). Ähnlich stark hat die Marke im internationalen Vergleich gelitten: US-Amerikaner, Briten und Franzosen reduzierten ihre Wertschätzung für »Made in Germany« in fünf Jahren von 63 auf 44 Punkte. Und dabei sind Skandale wie Wirecard oder Cum-ex noch gar nicht eingepreist.[97]

> Leider ist es auch beim Thema Vertrauen nicht gut um die deutschen Unternehmen bestellt.

Nun kann eine solche Entwicklung selbstverständlich unterschiedliche Gründe haben – von persönlichen Animositäten über schlechte Produkterfahrungen bis hin zu politischen Ereignissen. Trotzdem kann man den Trend ebenso wenig wegdiskutieren wie den wahrscheinlichen Umstand, dass deutsche Produkte in gewissem Umfang tatsächlich immer schlechter werden, jedenfalls in den Augen der nationalen und internationalen Kundschaft. Aber auch wenn die Deutschen in ihre Unternehmen selbst hineinblicken, sehen sie wenig Vertrauenerweckendes. So haben wir hierzulande weltweit das niedrigste Vertrauen in die Cybersicherheit und den verantwortungsvollen Umgang von Unternehmen mit ihren Kundendaten, wie der »Global State of Digital Trust Survey and Index 2018« zeigt: »Verbraucher agieren zunehmend online und bieten Unternehmen so Zugang zu riesigen Datenmengen, die jene verarbeiten und speichern. Wenn Unternehmen mit diesen Verbraucherdaten nicht sorgfältig umgehen und diese in die falschen Hände geraten, wirkt sich das natürlich negativ auf das digitale Vertrauen aus.«[98] Das Misstrauen beruht im Digitalbereich auf Gegenseitigkeit. Auch Organisationen fehlt in hohem Maße das Vertrauen in ihre Mitarbeiter, wenn es um digitale Fähigkeiten und die verantwortungsvolle Umsetzung in der digitalen Transformation geht. Mit 76 Prozent seien »fehlende qualifizierte Mitarbeiter mit Digital-Know-how«[99] hier das größte Hemmnis. Vorhandene Mitarbeiter wären entweder nicht gut genug oder würden Trainingsinhalte schlecht umsetzen.

Deutschlands Ruf als Hersteller exzellenter Produkte, die Digitalisierungskompetenz von Arbeitskräften, das unverantwortliche Unternehmertum von Konzernen: Überall scheint es an Vertrauen zu hapern. Wirft man einen Blick in das Management und die Führung von Unternehmen, setzt sich der Vertrauensverlust nahtlos fort. Verantwortlich dafür ist unter anderem ein Organisations- und Menschenbild, das seit nunmehr fast 100 Jahren die Managementtheorie beherrscht. Hier werden Organisationen als Maschinen beschrieben, deren Mitarbeiter Zahnrädchen gleich funktionieren und eins ins andere greifen. Organigramme sind in diesem Sinne die Baupläne dieser komplizierten Maschine, die ihrer rationalen Funktion folgt und entsprechend Waren oder Dienstleistungen herstellt. Management im klassischen Sinne hat hier noch nicht viel mit der reflektierten Führung von Menschen zu tun. Vielmehr geht es im klassischen Management um Planung, Anweisung, Koordination und Kontrolle. Das gesamte Denken einer Organisation als Maschine stammt einerseits aus der industriellen Revolution (die wiederum bestimmte Ideen für das Management von Organisationen aus dem Militär entliehen hatte). Andererseits aus der wissenschaftlichen Betriebsführung von Frederick Taylor, der zu Beginn des 20. Jahrhunderts erforschte, wie man die industrielle Produktion effektiver und effizienter machen konnte. Aus Taylors geistigem Nachlass stammt beispielsweise die Trennung von Hand und Kopf. Während Manager die Produktion planen und das Unternehmen steuern, übernehmen einfache Arbeiter die Handarbeiten, bedienen Maschinen und stehen am Band. Diese Trennung von Kopf und Hand hat sich tief in unser kollektives Unterbewusstsein eingebrannt. Viele Unternehmen funktionieren immer noch nach dem

Prinzip: »Lass mich das machen, davon verstehst du nichts!« Die oberen Hierarchien halten es für selbstverständlich, über sämtliche Aspekte der unteren Chargen zu bestimmen.

In diesem Organisationsbild ist der Mensch nur als Produktionsfaktor vorgesehen. Man braucht buchstäblich nur seine Hände, weniger seinen Kopf. Daher sind für das Organisationsmodell der Maschine menschliche Dimensionen wie Vertrauen fast unbedeutend. Alle Interaktionen, beispielsweise Arbeitsanweisungen, finden innerhalb der Dynamik Befehl und Gehorsam statt. Motivation ist ebenfalls irrelevant. Welches Zahnrad besitzt schon Motivation?

Das menschliche Zahnrad wird bezahlt, und wenn es nicht mehr funktioniert, wird es ausgetauscht.

Das menschliche Zahnrad wird bezahlt, und wenn es nicht mehr funktioniert, wird es ausgetauscht. Im postmodernen Kapitalismus der Clickworker, Leiharbeiter oder Lieferdienste herrscht übrigens wieder genau dieses überwunden geglaubte Maschinenmodell. Organisationsentwickler, Philosophen und Führungskräfte arbeiten seit Jahrzehnten daran, dieses Organisationsmodell, das Vertrauen und Motivation tötet, abzuschaffen. Dabei erlebt es durch die totale Digitalisierung aller Lebensbereiche und den digitalen Kapitalismus seine fröhliche Wiederauferstehung. Das kann man akzeptieren. Aber wollen wir wirklich unsere Arbeitsgesellschaft auf eine immer größere Schar von prekär Beschäftigten, Leiharbeitern, Minijobbern und Clickworkern aufbauen, die in Maschinen-Organisationen und auf digitalisierten Plattformen verschlissen werden? Fehlendes Vertrauen in Unternehmen erzeugt Maschinen-Organisationen – diese wiederum produzieren menschliche Zahnräder, die mal gebraucht werden und mal nicht. Aber dann ist es das Problem des Zahnrads. Eine solche Organisationslandschaft können wir nicht ernsthaft wollen.

Auch abseits eines überkommenen Maschinenmodells, das noch in vielen Köpfen herumspukt, arbeiten wir leider intensiv daran, in Unternehmen das gegenseitige Vertrauen zu zerstören. So hat die Corona-Krise eine beispiellose Homeoffice-Welle gebracht. Millionen Arbeitnehmer wanderten ins heimische Arbeitszimmer, von wo aus sie versuchten, mental und produktiv nicht den Anschluss an ihr Team und an ihre Führungskraft zu verlieren. Denn diese Gefahr und der damit verbundene mögliche Vertrauensverlust ist real: »Die fehlenden Möglichkeiten für zwischenmenschlichen, physischen Kontakt führen teilweise dazu, dass die soziale Isolation zunimmt und die emotionale Bindung zum Arbeitgeber abnimmt. […] Man geht davon aus, dass diese Demotivation, die mit Unproduktivität einhergeht, einem wirtschaftlichen Schaden von etwa 100 Mrd. Euro jährlich entspricht.«[100]

Leider reagierten viele Führungskräfte in dieser fundamentalen Herausforderung nicht angemessen. Anstatt sich der neuen Situation des Remote Leadership, der Führung auf Distanz, anzupassen und ihren Mitarbeitern einen Vertrauensvorschuss zu geben, erlagen viele Führungskräfte ihrem gewohnten Kontrolldenken und einem veritablen Misstrauen. So zeigte sich in einer australischen Studie aus dem Jahr 2020, dass 38 Prozent der Führungskräfte der Meinung sind, dass Mitarbeiter im Homeoffice schlechtere Arbeit leisten als ihre Kollegen im Büro. 41 Prozent fürchten, ihre Mitarbeiter blieben im Homeoffice nicht langfristig motiviert.[101] Dabei erwiesen sich drei Gruppen als besonders misstrauisch und kontrollverliebt: erstens männliche Führungskräfte; zweitens Führungskräfte, die selbst von ihrer Führungskraft eng überwacht wurden; und drittens Führungskräfte, die sich eher als Technik- oder Verwaltungsexperte sahen und nicht in erster Linie als Führungskraft. Dieses Studienergebnis verdeutlicht den immer noch starken Einfluss des Maschinen-Organisationsbilds (hier braucht man vor allem Technik- und Verwaltungsexperten). Zudem zeigt es den schädlichen Einfluss einer Führungstradition, in der man selbst eng kontrolliert wurde und dieses Führungsverständnis wiederum an seine Mitarbeiter weitergibt.

Das Homeoffice-Experiment ist für viele Führungskräfte der Lackmus-Test ihrer Führungsphilosophie. Wie weit vertraue ich meinen Mitarbeitern, wenn ich sie nicht mehr jeden Tag physisch im Büro kontrollieren kann? Inwieweit haben Sonntagsreden von »mehr Vertrauen wagen« Substanz oder bleiben eben genau das: Sonntagsreden, die das tiefer liegende Maschinenmodell überdecken sollen? Denn Führung auf Distanz braucht, genau wie jede Form von Führung und Zusammenarbeit, eine gelingende Kommunikation, deren Hauptbestandteile Ehrlichkeit und Respekt sind. Man kann durchaus hart in der Sache und verbindlich im Ton gleichermaßen bleiben. Ehrlichkeit und Respekt sollten die Grundlage jeder Zusammenarbeit sein – aber genau hier versagen viele Unternehmen in erschreckendem Ausmaß. Das reicht von einer Abwatsch-Kultur in Meetings über offene Misstrauensbekundungen bis hin zu notdürftig kommentierten Entlassungen.

Manch spektakuläres Beispiel von »Vertrauenstod durch Falsch-Kommunikation« dringt an die Öffentlichkeit. So machte 2021 der Fall des deutschen Fußball-Schiedsrichters Manuel Gräfe von sich reden. Gräfe, der gerne über die offizielle Altersgrenze von 47 Jahren hinaus tätig geblieben wäre, beschreibt seine Kündigung durch den Deutschen Fußballbund (DFB) so: »Was habe ich bekommen vom DFB? Ich würde es mal so herum formulieren: einen Arschtritt! Die waren froh, dass ich endlich raus bin. Nichts habe ich bekommen. Keinen Anruf, nicht mal eine Standard-SMS, niemand war vor Ort! Wirklich gar nichts. Man hat mir nicht mitgeteilt, dass ich jetzt wirklich nicht mehr dabei bin.«[102]

> Es gibt kaum einen Bereich, wo Unternehmen und Führungskräfte so ungeschickt agieren wie in der Kommunikation mit ihren Mitarbeitern.

Was Manuel Gräfe hier öffentlich in der Presse mitteilt, dürfte vielen Menschen bekannt vorkommen. Berechtigt oder nicht, laufen nicht wenige mit der geballten Faust in der Tasche herum – im Bewusstsein, das Vertrauen in ihr Unternehmen oder ihre Führungskraft verloren zu haben. Laut der Studie »Mitarbeiterfocus Deutschland 2020« stimmen nur 16 Prozent der Aussage »Mein Vorgesetzter ist ein Vorbild für mich« zu. Lediglich 31 Prozent haben »volles Vertrauen« in ihre Führungskraft, während sich 29 Prozent der Befragten sogar als »Gegner und Enttäuschte« ihres Unternehmens bezeichnen.[103] Ein Schlaraffenland für Teambuilder und Motivationscoaches, könnte man meinen. Doch das Problem liegt tiefer. Es gibt kaum einen Bereich, wo Unternehmen und Führungskräfte so ungeschickt agieren wie in der Kommunikation mit ihren Mitarbeitern. Hier wird enorm viel Vertrauen verspielt, meist, weil man sich nicht an die drei einfachen Säulen Ehrlichkeit, Transparenz und Respekt hält.

Unternehmen handeln in der Regel immer noch nach der informationspolitischen Devise »so viel Information wie nötig, so wenig wie möglich«. Information wird als politische Waffe gebraucht, als Machtinstrument – manchmal aus bösem Willen, manchmal auch einfach, um in seinem kleinen Verantwortungskästchen der König zu sein. »Wissen ist Macht!«, wie ein Sprichwort sagt. Und weniger Wissen des einen kann mehr Macht für den anderen bedeuten – ein entscheidender Chip im Spielcasino der Mikropolitik, bei der es um Einfluss und Informationshoheit geht. Die Frage für moderne Unternehmen lautet: Wie weit wollen sie sich dem Spiel der restriktiven Informationspolitik und der kümmerlichen Kommunikation beugen? Wie stark sind Unternehmen bereit, durch die Verletzung der Prinzipien Ehrlichkeit, Transparenz und Respekt ihre Vertrauensbasis zu schädigen, Mitarbeiter zu vergraulen und letztlich auch den Unternehmenserfolg zu riskieren?

Der Vertrauensverlust in der Wirtschaft zeigt sich nicht nur in der persönlichen Kommunikation zwischen Menschen. Auch in der Kommunikation der Organisation mit ihren Mitarbeitern und Führungskräften herrschen teilweise erhebliche Defizite, wie eine Studie aus dem Jahr 2021 zeigt. Ihr zufolge bewerten immerhin ein Drittel der Befragten die interne Kommunikation ihres Unternehmens als »schlecht« bzw. »sehr schlecht«. Eine fehlende Strategie wird als größte Herausforderung der internen Kommunikation angesehen, gefolgt von fehlenden Ressourcen und der Gefahr einer »einseitigen Kommunikation«.[104] Immerhin 20 Prozent der Befragten befürchten, die interne Kommunikation treffe »den falschen Ton«. Das ist ein klares Signal dafür, dass Mitarbeiter auch in einer offiziellen Firmenkommunikation ein höheres Bewusstsein für die Prinzipien Ehrlichkeit, Transparenz und Respekt entwickeln.

Wenn wir von Vertrauensaufbau und -verlust in Unternehmen sprechen, müssen wir sowohl das *interpersonale* Vertrauen von Mensch zu Mensch als auch das *Systemvertrauen* des Einzelnen in die Organisation in den Blick nehmen. Erfolgreiche Unternehmen sorgen dafür, dass beide Arten von Vertrauen wachsen und differenziert werden können. Der Schlüssel dazu sind die Prinzipien Ehrlichkeit, Transparenz und Respekt, die sowohl für die interne Kommunikation, für CEO-Mails und Townhall-Meetings gelten sollten als auch für das persönliche Gespräch unter Kollegen oder das Feedback-Gespräch mit der Führungskraft. Doch offensichtlich sind wir noch nicht so weit. Wie wären das allgegenwärtige Misstrauen gegenüber offiziellen Firmenverlautbarungen, das Unterstellen einer geheimen Agenda und das angebliche Schönfärben von Informationen in der Wirtschaft sonst zu erklären?

Jedes Mal, wenn ein Manager beim Lügen ertappt wird, glauben wir, unser Weltbild bestätigen zu können. Dann sind wir überzeugt, dass die Welt schlecht ist und man den Leuten einfach nicht trauen kann. Diese Wahrnehmung, die von einer skandalisierenden Presse oftmals noch angeheizt wird, führt jedoch in die Irre und verringert unsere Fähigkeit, vertrauensvolle Beziehungen einzugehen. Schlimmer noch: Wenn alle mich betrügen wollen, sollte ich dann nicht auch betrügen? Im Sinne einer pervertierten Form von Fairness beginne ich vielleicht auch, selektiv zu kommunizieren, Information als Waffe zu gebrauchen und den anderen eben nicht mit Ehrlichkeit, Transparenz und Respekt zu behandeln.

All das führt zu einer potenziellen Dynamik des Misstrauens und der gegenseitigen Übervorteilung – in einer Welt, die auf Komplexität und Kommunikation gebaut ist, ist das ein ökonomisches Todesurteil. Ein niederländisches Sprichwort sagt: »Vertrauen kommt zu Fuß, aber flieht zu Pferde.« Wir brauchen relativ lange, um einer Person oder einem Unternehmen zu vertrauen. Zerstört ist das Vertrauen hingegen schnell. Wir alle kennen Situationen, in denen wir von anderen enttäuscht und unser Vertrauen missbraucht wurde. Auch wenn wir solchen Menschen eine zweite Chance geben, bleibt uns dieser Verrat in der Regel lange im Gedächtnis.

In Unternehmen haben wir nun die bemerkenswerte Situation, dass Menschen miteinander arbeiten, die sonst keine soziale Bindung unterhalten. Das ist ja gerade der Unterschied zur Familie. Die funktioniert nach eigenen Regeln. »Blut ist dicker als Wasser!« – das gilt nun mal nicht für die Mitarbeiter eines Callcenters oder das

Entwicklerteam einer Softwarefirma, auch wenn in letzter Zeit das Bild der Organisation als Familie strapaziert wird bzw. man versucht, das gegenseitige Vertrauen durch einen gemeinsamen Purpose aufzuladen. Oft probiert man dann, Führung und Kommunikation mit einem informellen Ton, einem ausgeprägten Duz-Stil oder dem Verzicht auf Statussymbole anzureichern. Diese Bemühungen enden aber nicht selten nur in einer Art von simuliertem Vertrauen. Doch damit kann man schwierige soziale Dynamiken nicht lösen. Viele Führungskräfte kennen beispielsweise das »Buddy-Problem«: Eben noch Kollege und auf gleicher Vertrauensebene, sind sie auf einmal weisungsbefugt und müssen mit ihren Ex-Kollegen die Währungen Ehrlichkeit, Transparenz und Respekt neu aushandeln. Keine leichte Aufgabe.

Vertrauen stellt eine Universalwährung im Unternehmen dar. Es ist der Bitcoin der Unternehmenskultur: dezentral verteilt, jeder kann es herstellen, man kann schnell reich werden oder alles verlieren. Alle Mitarbeiter eines Unternehmens haben zu Beginn ihrer Tätigkeit ein gewisses Volumen an Vertrauensbereitschaft »auf dem Konto«, das sie an ihr Umfeld vergeben können. Nicht umsonst heißt es im Deutschen, wir »schenken jemandem Vertrauen«. Wir geben sozusagen einen Teil unseres Kontoguthabens her, erwarten dafür aber auch, dass der andere uns buchstäblich wiederum Vertrauen schenkt. In einer idealen Welt erhöhen sich die gegenseitig geschenkten Vertrauensbeträge bis hin zu dem Stadium, in dem man sich blind vertraut. Das bleibt in der Regel die Ausnahme. Aber wenn es eintritt, ist es sehr erfüllend und macht einen wichtigen Teil der Arbeitsqualität aus.

> **Vertrauen ist der Bitcoin der Unternehmenskultur: dezentral verteilt, jeder kann es herstellen, man kann schnell reich werden oder alles verlieren.**

In der Realität entstehen dagegen oft Zahlungsdifferenzen: Man schenkt dem anderen Vertrauen, während dieser uns noch mehr kontrolliert oder unser Vertrauenskonto leer räumt. Das Vertrauenskonto ist Bestandteil des psychologischen Arbeitsvertrags und wird vom Einzelnen durchaus oft geprüft. Daher sind Zahlungsdifferenzen und ein gestörtes Vertrauensverhältnis nicht selten ein Gesprächsthema in Unternehmen – wenn sie auch nicht so genannt werden. Dabei ist Vertrauen neben Verantwortung die wichtigste Säule, auf der ein Unternehmen und die erfolgreiche Zusammenarbeit seiner Mitarbeiter ruht. 100 Jahre nach Frederick Taylors bahnbrechender Erfindung der wissenschaftlichen Betriebsführung ist es Zeit, das maschinenorientierte Organisationsbild und das Menschenbild des Zahnrads endgültig zu begraben. Industrielle Produktion, Globalisierung und Digitalisierung haben unsere Arbeitswelt revolutioniert. Wenn der Mensch in der Arbeitswelt der Zukunft eine relevante und wertschöpfende Rolle spielen soll, müssen wir unsere Unternehmen in puncto Verantwortung und Vertrauen möglichst bald fit machen. Wie das gelingen kann, beschreibe ich im nächsten Abschnitt.

Prinzipien statt Regeln: Wie wir Unternehmen bauen sollten

Vom berühmten Kybernetiker der ersten Stunde, Heinz von Foerster, ist der Spruch überliefert: »Handle stets so, dass die Anzahl der Wahlmöglichkeiten größer wird.«[105] Dieses Zitat mag vielen Entscheidern und Führungskräften ein schiefes Grinsen ins Gesicht zaubern, sehen sie sich doch in einer (Post-)Corona-Welt eher finanziellen Engpässen, fragilen Lieferketten und Fachkräftemangel ausgesetzt. Für Unternehmen geht es in solchen Situationen in der Regel nicht um das großzügige Ausloten von Wahlmöglichkeiten, sondern um das Nutzen strategischer Nischen und das kluge Einsetzen von Ressourcen. Wenn man sich vielleicht sogar einer Insolvenz gegenübersieht, erscheint von Foersters Spruch ein wenig wie Hohn. Aber er hat einen wahren Kern: Langfristiger unternehmerischer Erfolg braucht – ebenso wie eine gesunde gesellschaftliche Entwicklung oder die Gestaltung des eigenen Lebens – Wahlmöglichkeiten.

Mensch, Unternehmen, Gesellschaft: Fortschritt bedeutet, auf allen drei Ebenen die Wahlfreiheit unter Abwägung der Kosten für den anderen zu erhöhen. Genauso wie ein Mensch nicht grenzenlos frei leben kann, ohne die Freiheit des anderen zu verletzen, kann ein Unternehmen nicht unbegrenzt Gewinn machen, ohne die Kosten des eigenen Wirtschaftens zu beachten. Auch eine Gesellschaft kann langfristig nicht existieren, ohne sich um die ökologischen und sozialen Kosten ihres Handelns Gedanken zu machen. Dennoch bleibt die Wahlfreiheit unter Voraussetzung des verantwortungsvollen Handelns ein wichtiges Selbstverständnis der Moderne im Allgemeinen und von modernen Unternehmen im Besonderen.

Ebenfalls auf von Foerster geht der Begriff der »nichttrivialen Maschine«[106] zurück: Ein Unternehmen, eine Gesellschaft, überhaupt jede Gruppe von Menschen funktioniert nicht nach trivialen, das heißt berechenbaren Gesichtspunkten (wie es das traditionelle Maschinenmodell der Organisation nahelegt). Menschen sind eben keine Zahnrädchen, sondern haben buchstäblich ihren eigenen Kopf, mit dem sie ihre Umgebung beeinflussen. Nichttrivialität bedeutet allerdings nicht automatisch Beliebigkeit von Ereignissen und Entscheidungen. Sie ist vielmehr von einer gewissen Unschärfe, von einer Uneindeutigkeit der Ergebnisse geprägt: »Wenn wir den Menschen als ein nichttriviales System betrachten und es mit einem trivialen Computer vergleichen, lässt sich festhalten, dass der Computer (meistens) tatsächlich in stets gleicher Art und Weise unseren Anweisungen folgt. Es spielt keine Rolle, dass er es gestern getan hat, heute tut und morgen wieder tun wird. Das nichttriviale System ›Mensch‹ hingegen wird z. B. auf dieselbe gut gemeinte Frage, wie der Tag gelaufen sei, einmal freundlich, einmal mürrisch, einmal gelangweilt antworten. Es verwirklicht die Regeln seines Verhaltens stets von Neuem unter dem Einfluss der Prozesse, die es in seiner jüngsten Vergangenheit und in seiner ganzen Lebensgeschichte vollzogen hat. In diesem mathematischen Sinne erscheint somit ein konkretes menschliches Verhalten einerseits als vergangenheits- oder erfahrungsabhängig, andererseits als grundsätzlich weder analysier- noch voraussagbar.«[107]

Wenn wir Unternehmen als soziales System von Menschen begreifen und nicht als Ansammlung »menschlicher Zahnrädchen«, erfolgt daraus zwingend der Schluss, dass wir die Bereitschaft und die Fähigkeit zur Nichttrivialität in allen organisatorischen Aspekten verankern sollten. Dies bedeutet die endgültige Abkehr vom tayloristisch-bürokratischen Organisationsmodell, das für die letzten 100 Jahre tonangebend war. Eines der gravierendsten Probleme unserer Unternehmen besteht darin, dass wir sie immer noch wie eine triviale Maschine behandeln: einfallslos, unterkomplex, nach starren Prozessen und begleitet von der Angst, von der Norm abzuweichen. Die Folge ist eine grassierende Angstkultur, die keine Experimente zulässt, weil sie gegen das implizite Organisationsbild der allzeit voraussagbaren Maschine verstößt.

Was wir brauchen, ist ein Musterwechsel in der Unternehmensführung, hin zur Akzeptanz einer nichttrivialen Maschine. Wir müssen die einfache, aber anscheinend schwer verständliche Tatsache akzeptieren, dass wir Unternehmen mittels bestimmter *Prinzipien* bauen und uns nicht nur an starren *Regeln* orientieren sollten. Prinzipien erlauben, ja fordern sogar einen individuellen Gestaltungsspielraum. Sie provozieren eigenes Denken. Regeln hingegen kann man, wenn nötig, auch blind befolgen und damit die eigene Verantwortung an ein abstraktes System übergeben.

Es gibt eine wunderbare Szene im Film »Auf der Suche nach dem goldenen Kind« mit Eddie Murphy: Er muss in einer Höhle über ein Meer von Holzpfählen laufen, von denen einige nachgeben und ihn in die darunterliegende Tiefe reißen können. Ein alter Mönch, der mit ihm unterwegs ist, gibt ihm den Rat, »auf dem Pfad« zu bleiben, um zu überleben. Aber irgendwann während der Höhlendurchquerung muss Murphy zur Seite springen – und genau in diesem Moment geht der Pfad hinter ihm in Flammen auf. Murphy ist sauer und schreit: »Ich dachte, ich soll auf dem Pfad bleiben!« Der Mönch antwortet: »Ja, aber du musst auch wissen, wann du die Regeln brechen darfst.«

Viele Unternehmen sind in der Situation von Eddie Murphy. Allerdings springen sie oft nicht rechtzeitig beiseite. Ihnen fehlt der Mut, den Pfad zu verlassen. Daher berufen sie sich lieber auf bekannte Regeln. Die Klassiker unter diesen Regeln kennen wir alle: »Das haben wir noch nie so gemacht!«, »Das wird nicht funktionieren!« oder »Da haben sich schon andere die Zähne dran ausgebissen!«. Wenn wir Unternehmen für die Zukunft fit machen wollen, müssen wir buchstäblich die alten Pfade verlassen. Wir müssen uns von der Vorstellung verabschieden, ein Unternehmen nur nach fixen Regeln zu bauen. Vielmehr sollten wir die Regeln durch Prinzipien mit Spielraum ersetzen. Das schaffen wir allerdings nur, wenn wir die beiden Pfeiler aller erfolgreichen Unternehmen stützen: Verantwortung und Vertrauen.

Verantwortung und Vertrauen sind die beiden Mechanismen, die es einem Unternehmen erlauben, in einem dynamischen, unvorhersagbaren Umfeld Handlungssicherheit zu erzeugen. Auf dem Boden von Verantwortung und Vertrauen kann man weitere Prinzipien souverän anwenden und muss starre Regeln nicht bis ins letzte Detail durchdeklinieren. Wenn es um die Erzeugung von Verantwortung und Vertrauen geht, folgen Unternehmen deshalb schon länger den drei großen Linien der Organisationsentwicklung, die sich in den letzten Jahren verschränkt und gegenseitig verstärkt haben: *Demokratisierung, Digitalisierung* und *Dezentralisierung.*

Unternehmen versuchen seit Längerem mehr oder weniger erfolgreich, ihre Belegschaft an Entscheidungen oder wichtigen Fragen zu beteiligen. So wäre beispielsweise die Diskussion um Purpose ohne eine entsprechende Beteiligung der Mitarbeiter gar nicht vorstellbar. Diese partielle oder generelle Demokratisierung von Entscheidungen ist für Unternehmen eine zweifache Herausforderung: Erstens fürchtet man sich vor lähmenden Diskussionen, wo doch schon einfache Meetings oft erschreckend kräftezehrend und ergebnislos bleiben. Um wie viel komplizierter würden die Dinge durch noch mehr Demokratie! Doch diesen Einwand kann man mittlerweile entkräften. Man muss nur das Zerrbild einer reinen Wahldemokratie überwinden, wie man es aus der Politik kennt. Der Organisationsentwicklung stehen längst kleine und große Instrumente, Mikroformate und Workshops zur Verfügung, die einer Demokratisierung von Sachverhalten den Schrecken einer lähmenden, endlosen Diskussion nehmen und den Entscheidungsprozess gleichzeitig vorantreiben und strukturieren. Zweitens hat man Angst, die Büchse der Pandora zu öffnen. Haben Mitarbeiter erst einmal die süße Luft der Mitbestimmung geschnuppert, wollen sie oft nicht mehr darauf verzichten. Gelegenheit macht in diesem Fall keine Diebe, sondern mündige Mitarbeiter – die vielleicht auch noch Dinge beschließen, die das Topmanagement nicht gutheißt. Wie geht man dann mit so einer demokratisch durchgeführten und

> **Haben Mitarbeiter erst einmal die süße Luft der Mitbestimmung geschnuppert, wollen sie oft nicht mehr darauf verzichten.**

legitimierten Entscheidung um: ignorieren, zerreden, sabotieren? In jedem Fall hat man dann als Management ein gewaltiges Glaubwürdigkeitsproblem, das sich nicht mehr so einfach abschütteln lässt. Deshalb sind demokratische Bemühungen immer auch ein zweischneidiges Schwert für Unternehmen.

Sind manche Unternehmen bei der Demokratisierung noch zögerlich, besteht an der Dringlichkeit einer umfassenden und konsequenten Digitalisierung längst kein Zweifel mehr. Wer das als Unternehmen, verantwortliche Führungskraft oder Mitarbeiter noch leugnet, wird über kurz oder lang vom Markt verschwinden oder seinen Job verlieren. Dabei haben fast 40 Prozent der deutschen Unternehmen große Probleme, der Wirklichkeit »hinterherzudigitalisieren«, und nur 20 Prozent investieren aktiv in eine Digitalisierung ihres Geschäftsmodells mit der Begründung: »Dafür haben wir keine Zeit.«[108]

Die obigen Statements lassen den Branchenverband Bitkom fassungslos zurück: »Die digitale Welt ist in Bewegung, und Deutschland hält nicht Schritt. Wo andere nach vorne gehen, treten wir auf der Stelle oder legen gar den Rückwärtsgang ein. Deutschland war und ist Europas industrieller Motor, ein digitaler Antreiber sind wir nicht. […] Digitalisierung ist kein nettes Extra, kein Nice-to-have. Weiteren Verzug oder gar Rückschritte können und dürfen wir uns nicht mehr leisten. Deshalb müssen wir den Systemmodus ändern. […] Das System Deutschland braucht mehr als ein Update, es braucht einen Restart.«[109] Diesen Musterwechsel bekommen wir aber nicht hin durch eine weitere Strategie auf geduldigem Papier oder eine weitere schlaue Konferenz. Wir haben in den Unternehmen kein Wissens-, sondern ein Umsetzungsdefizit. Digitalisierung mag sich im Virtuellen abspielen, aber ihre Durchsetzung braucht handfeste Überzeugungsarbeit, Ressourcen und einen unternehmensübergreifenden Willen.

Als Drittes neben der Demokratisierung und der Digitalisierung erkennen Unternehmen die Dezentralisierung der Organisation als wichtiges Instrument ihrer Überlebensstrategie. Dezentrale Unternehmen streuen Verantwortung so breit wie möglich. Sie haben erkannt, dass eine einzige Zentrale, so effektiv sie auch arbeiten mag, niemals die Fakten und die Umstände so gut kennen kann wie die Teams vor Ort. Es reicht nicht, ein zentrales Gehirn zu haben, das den Unternehmenskörper lenkt. Jedes dynamische Unternehmen sollte kleine Gehirne vor Ort haben, die den Markt, ihre Kunden und die Umwelt aus nächster Nähe beobachten können und selbstverantwortlich handeln.

Ein Allheilmittel ist die Dezentralisierung aber nicht: »In der Vergangenheit gab es in der deutschen Wirtschaft immer wieder solche Schübe der Kompetenzverlagerung nach unten. Doch sie waren selten nachhaltig. Langjährige Mitarbeiter fühlten sich meist in einem ewigen Kreislauf, den ein altes chinesisches Sprichwort so beschreibt: ›Zentralisierung führt zum Widerstand, der Widerstand führt zur Dezentralisierung, die Dezentralisierung führt zum Chaos, das Chaos führt zur Zentralisierung.‹«[110] Eine dezentrale Unternehmensstruktur darf sich nicht in der Veränderung von Strukturen und Prozessen erschöpfen. Chaos und Widerstand entstehen dann, wenn sich nur äußere Strukturen und Prozesse ändern, nicht aber die Einstellung und das Rollenverständnis der Mitarbeiter. Eine Dezentralisierung der Organisation bedeutet auch immer eine Dezentralisierung in den Köpfen, sonst knirscht es irgendwann gewaltig.

Damit das nicht passiert, muss das Bauen eines modernen Unternehmens mehrere Umstände berücksichtigen. Wir müssen akzeptieren, dass Unternehmen als nichttriviale Maschinen aus Menschen bestehen, die wir ausbilden und die auch zusammenarbeiten können. Komplett vorhersagbar ist ihr Verhalten in diesem sozialen Ökosystem aber nicht, wohl aber in einem gewissen Rahmen. Ein Ingenieur für Solarzellen mag tagesformabhängig unterschiedliche Qualität abliefern. Dass er plötzlich Tango tanzt, ist aber eher unwahrscheinlich – außer nach ausgiebigem Alkoholgenuss bei der Weihnachtsfeier. Die nichttriviale Maschine aus unterschiedlichen Menschen muss sich außerdem in den drei großen organisationalen Trends unserer Zeit behaupten: mehr Mitsprache (Demokratisierung),

Ein Ingenieur für Solarzellen mag tagesformabhängig unterschiedliche Qualität abliefern. Dass er plötzlich Tango tanzt, ist aber eher unwahrscheinlich.

mehr IT (Digitalisierung), mehr Verantwortung in der Fläche (Dezentralisierung). Und nicht zuletzt sollte ein hoher Anteil an sinnvoller Arbeit entstehen und eine gewisse Wertschätzung herrschen.

All diese Forderungen sind jede für sich schon anspruchsvoll. Gemeinsam werden sie zu einer komplexen Aufgabe, die wir mit starren Regeln und einer »one size fits all«-Lösung nicht bewerkstelligen können. Doch wir können Prinzipien formulieren. Prinzipien, die ein Unternehmen leiten können, die aber Spielraum lassen für individuelle Anpassungen. So entstehen atmende, dynamische Unternehmen, die Strukturen, Rollen und Einstellungen selbstverantwortlich anpassen können. Ich bin davon überzeugt, dass Unternehmen vor allem von den fünf Prinzipien Freiheit, Selbstverantwortung, Sinn, Entwicklung und soziale Verantwortung profitieren. Diese Prinzipien habe ich erstmals in der *New Work Charta*[111] formuliert, und ihre Bedeutung hat in den letzten Jahren (nicht nur durch die Corona-Pandemie) immer weiter zugenommen.

Alles beginnt mit der *Freiheit*, dem ersten Prinzip. Freiheit bedeutet zunächst, die Köpfe der Menschen zu öffnen, sie anzuleiten, ihre Freiheitsgrade zu nutzen. Wer immer nur das tut, was er immer getan hat, bekommt auch nur die Ergebnisse, die er immer bekommen hat. Freiheit als Organisationsprinzip von Unternehmen hat einen strukturellen und einen individuellen Aspekt. Unternehmen brauchen Strukturen und Prozesse, die Experimente unterstützen, und starke Vernetzungsmechanismen, um von der Weisheit der vielen zu profitieren. Genauso wichtig ist jedoch der persönliche Aspekt von Freiheit: der Mut, unbequeme Fragen zu stellen, und die Bereitschaft, Fehler zu begehen. Das gelingt selbstverständlich nur, wenn das Unternehmen seine Null-Toleranz-Politik gegenüber Fehlern ablegt. Freiheit gibt es nur mit dem Risiko des Scheiterns. Fehler sind zwangsläufig. Wem das zu kritisch ist, der braucht sich über mangelnde Innovationen nicht zu wundern. Eine der berühmtesten zeitgenössischen Dichterinnen, Hilde Domin, hat einmal geschrieben: »Wer es könnte: die Welt hochwerfen – dass der Wind hindurchfährt.«[112] Genau diesen Effekt hat das Streben nach Freiheit. Um es mit Heinz von Foerster zu formulieren: Freiheit wird ermöglicht, wenn man so handelt, dass die Anzahl der Wahlmöglichkeiten zunimmt. Strukturelle und individuelle Freiheit wirft das Unternehmen hoch, dass der Wind hindurchfährt. Freiheit belebt das Denken und vergrößert den Spielraum. Sie riskiert nicht unbedacht, duckmäusert aber auch nicht gegenüber irgendwelchen Sachzwängen. Freiheit ist der Beginn jeder erfolgreichen Unternehmensreise.

Freiheit muss genutzt werden dürfen, nur so kann sich mit der *Selbstverantwortung* ein zweites Prinzip entfalten. Viele Initiativen zu Selbstorganisation oder Agilität scheitern, weil die Beharrungstendenz zum Kästchendenken, zur selbst auferlegten Beschränkung, unterschätzt wird, wobei moderne Konzepte zur Selbstorganisation nur einen Teil des übergeordneten Prinzips Selbstverantwortung darstellen. Ebenso wichtig wie das Organisieren von Verantwortung in Arbeitsprozessen ist die Übergabe von Verantwortung in Form von echtem Budget. Provokant formuliert:»Sag mir, über wie viel Budget du allein entscheiden darfst, und ich sage dir, wie sehr dir das Unternehmen vertraut.«

> **»Sag mir, über wie viel Budget du allein entscheiden darfst, und ich sage dir, wie sehr dir das Unternehmen vertraut.«**

Wir erinnern uns an Max Weber und an seine Feststellung, dass Geld der entscheidende Faktor in der gesellschaftlichen Wertsphäre Wirtschaft ist. Geld ist nicht nur ein Gradmesser für den Wert einer Ware oder einer Dienstleistung, sondern auch für die Verantwortung, die das Unternehmen dem Einzelnen zutraut. In der Vergangenheit erhielten hierarchisch eher unten stehende Mitarbeiter auch wenig finanzielle Verantwortung. In einer selbstverantwortlichen Organisation befindet sich nun beides in Auflösung: die steilen Hierarchien und die strukturell verankerte Verantwortungslosigkeit. Wenn Organisationen tatsächlich die Forderung nach Dezentralisierung und Demokratisierung erfüllen wollen, bleibt ihnen gar nichts anderes übrig als Verantwortung und damit lokale Budget-Autorität auf möglichst viele Köpfe zu verteilen. Denn Verantwortung gebiert Verpflichtung und Engagement. Dieses Engagement kann man fördern, indem man alle Mitarbeiter und Führungskräfte finanziell am Erfolg des Unternehmens beteiligt. Dafür sollte man alle individuellen Boni streichen, dafür Boni auf Team- und Abteilungsebene fördern und die Belegschaft durch Aktien, Anteilsscheine, Genossenschaftsanteile und Ähnliches am Unternehmen beteiligen. Auf diese Weise wird eine Organisation zum eigenen Unternehmen, mit dem man über Geld als Hauptmedium der Wertsphäre verbunden ist: als Gehaltsempfänger, aber auch als Gewinnbeteiligter und darum fühlbar Verantwortlicher für den Unternehmenserfolg.

Aber Geld ist natürlich nicht die einzige Währung für das Maß an Verantwortung. *Sinnvolle Arbeit* und Wertschätzung sind ebenso mächtig, wenn es um das Bauen von Unternehmen geht, die Verantwortung mit Vertrauen verbinden. Dieses Prinzip von Sinn geht jedoch über das übliche Purpose-Bemühen von Unternehmen hinaus. Es differenziert das Streben nach sinnvoller Arbeit auf der Ebene des Mitarbeiters, des Unternehmens und des alltäglichen Miteinanders. Allen drei Ebenen wohnt die Frage inne: »Wozu tun wir das?« Diese Frage darf nicht in einem abschätzigen Sinn verstanden werden. Im Gegenteil: Die Wozu-Frage als Teil einer modernen Unternehmenskultur ist nicht rückwärts-, sondern vorwärtsgewandt – auf ein Ziel zu. Genau genommen sind es sogar drei Ziele: der allgemeine Unternehmenszweck, ein vernünftiges Arbeiten im Alltag und die persönliche Entwicklung des Mitarbeiters.

Jeder Mitarbeiter fragt sich von Zeit zu Zeit: »Wozu tue ich das eigentlich? Was ist der Sinn hinter dieser Tätigkeit?« Ein »sinnvolles« Unternehmen sollte diese Frage beantworten können. Da alles im Unternehmen auf die Produktion von Mehrwert für den Kunden einzahlen sollte, kann man mit dieser Frage mögliche Bullshit-Tätigkeiten identifizieren: Darunter fällt mehr oder weniger alles, was nicht direkt oder indirekt auf den Kundennutzen einzahlt. So gesehen ist sinnvolle Arbeit echte Arbeit. Alles andere im Unternehmen ist Beschäftigung. Aber einen hohen Anteil an Beschäftigung können sich Unternehmen immer weniger leisten. Der Anteil an sinnvoller Arbeit muss entsprechend hoch sein. Dieser Drang zu sinnvoller Arbeit muss alle Bereiche und Ebenen des Unternehmens durchziehen. Kein Mitarbeiter, vom Pförtner bis zum CEO, soll sich dieser Frage entziehen können. In unseren dynamischen

Zeiten, in denen Schlagworte wie Digitalisierung und Transformation die Szenerie beherrschen, brauchen wir eine Richtung – einen »Zug zum Tor«, der sich durch die richtige Anwendung der Frage »Wozu tun wir das?« dynamisiert und konkretisiert. Unmittelbar daran anschließend stellt sich die Frage: »Welche Menschen brauchen wir dafür?« Und diese Mitarbeiter wiederum sollten ihre Fähigkeiten für den Unternehmenszweck verbessern und erweitern können.

Die Förderung von Freiheit, Selbstverantwortung und sinnvoller Arbeit gehört zu den wichtigsten Grundlagen moderner, erfolgreicher Unternehmensführung. Diese Grundlagen können langfristig aber nur stabilisiert werden durch ein viertes Prinzip, das im gesamten Unternehmen verankert werden muss: *Entwicklung*. Entwicklung bedeutet im Unternehmenskontext, in großem Stil kollektive Möglichkeiten zum Lernen zu schaffen, das Fällen kollektiver Entscheidungen zu fördern und Zeiten der gemeinsamen Reflexion über das Unternehmen einzuführen. Stellen Sie sich ein menschliches Gehirn vor: Dort arbeitet auch kein Neuron für sich allein. Nur in einer starken Vernetzung, die durch Lernen entsteht, kann ein Gehirn auch komplexe Anforderungen meistern und sich auf neue Situationen einstellen. Und ein Gehirn lernt übrigens auch nicht allein, sondern im Verbund mit anderen Gehirnen. Das Gehirn ist das einzige Organ im menschlichen Körper, das soziale Interaktion braucht, um sich zu entwickeln und seine Fähigkeiten voll auszufahren. Genauso wie ein Gehirn andere Gehirne braucht, um seine Lernfähigkeiten zu vervollkommnen, braucht ein Unternehmen soziales und kollektives Lernen all seiner Mitarbeiter. Nur so kann das Unternehmen neue Fähigkeiten entwickeln, innovative Lösungen erarbeiten und als soziales System funktionieren.

Erst der soziale Aspekt des Lernens kann die Kapazitäten kollektiver Entscheidungen, einer bewussten gemeinsamen Verantwortung und der Fortentwicklung des Unternehmenserfolgs konsequent he-

> **Die Förderung von Freiheit, Selbstverantwortung und sinnvoller Arbeit gehört zu den wichtigsten Grundlagen moderner, erfolgreicher Unternehmensführung.**

ben. Das Schlagwort der lernenden Organisation kennzeichnet diese Bewegung. Darunter versteht man »Organisationen, in denen die Menschen kontinuierlich die Fähigkeit entfalten, ihre wahren Ziele zu verwirklichen, in denen neue Denkformen gefördert und gemeinsame Hoffnungen freigesetzt werden, Organisationen also, in denen Menschen lernen, miteinander zu lernen«.[113] Diese Bemühungen sind kein Selbstzweck, sondern dienen dem Fortbestand des Unternehmens und seiner Wertschöpfung am Markt.

Aber der Markt ist nicht alles, selbst für ein profitorientiertes Unternehmen nicht. Jedes Unternehmen existiert in einem komplexen Umfeld von Stakeholdern, von Anspruchsberechtigten, die aus Gründen der sozialen und ökologischen Nachhaltigkeit berücksichtigt werden müssen. Daher ist die *soziale Verantwortung* als fünftes Prinzip in der Unternehmensgestaltung unverzichtbar; mit ihm schließt sich der Kreis der Prinzipien einer erfolgreichen, nachhaltigen Unternehmensführung. Genau wie es für den Einzelnen keine grenzenlose Freiheit und keine endlosen Gestaltungsmöglichkeiten gibt, so müssen Unternehmen zur Selbstverantwortung in Freiheit, zum Sinnstreben und zur inneren Entwicklung die soziale Verantwortung als Teil ihres Unternehmenswesens annehmen. Zu dieser sozialen Verantwortung gehören im engeren Sinne ein nachhaltiges und ökologisches Wirtschaften, das regionale Engagement vor Ort und das Prinzip des ehrbaren Kaufmanns.

Erst in der sozialen Verantwortung, im Wirken nach außen, zeigt sich, ob sich ein Unternehmen als Teil der Gesellschaft versteht, der positiv zur gesellschaftlichen Entwicklung beiträgt. Ob es gegenüber Kunden, Lieferanten, Mitarbeitern und Bürgern fair ist und seine Gewinnorientierung gegen andere gesellschaftliche Güter wie den Erhalt der Umwelt oder das soziale Miteinander abwägen kann.

Den Aspekt der sozialen Verantwortung versuchen beispielsweise die sogenannten ESG-Kategorien (Environment, Social, Governance) abzubilden, um auf deren Grundlage neue Investitionsbewertungen am Aktienmarkt durchzusetzen. In diesem Sinne treffen hier ein neues Bewusstsein für ökologische und soziale Nachhaltigkeit und die Reinform des Kapitalismus aufeinander. Das ist erst einmal positiv zu werten, und man darf gespannt sein, ob dieser

Trend zur gesellschaftlichen Verantwortung anhält oder sich in einigen medienwirksamen Greenwashing-Initiativen erschöpft.

Wie also bauen wir zukunftsfähige, erfolgreiche Unternehmen? Am wichtigsten ist es, die beiden Kernaspekte Verantwortung und Vertrauen zu stärken. Verantwortung forciert das individuelle Handeln, während Vertrauen die Zusammenarbeit fördert. Das funktioniert aber nur, wenn wir Unternehmen endgültig als soziale Systeme von Menschen, als nichttriviale Maschinen begreifen und die bisherige wissenschaftlich-technische Betriebsführung à la Frederick Taylor durch eine psychologische Unternehmensführung ergänzen. Dies wiederum gelingt am besten, wenn wir fünf Prinzipien fördern, die tief im Menschen verwurzelt sind und nur darauf warten, im Unternehmenskontext verwirklicht zu werden: Freiheit, Selbstverantwortung, Sinn, Entwicklung und soziale Verantwortung. Ich bin fest davon überzeugt, dass wir erfolgreiche Unternehmen nur bauen können, wenn wir den Menschen mit diesen Prinzipien Gelegenheit geben, ihr unternehmerisches Schicksal selbst in die Hand zu nehmen. Menschen möchten wirksam sein und Sinnvolles schaffen, auch in Unternehmen. Damit das gelingt, brauchen wir Mut, Ausdauer – und einen »prinzipiellen« Neustart der Unternehmensführung.

Menschen möchten wirksam sein und Sinnvolles schaffen, auch in Unternehmen. Damit das gelingt, brauchen wir Mut, Ausdauer – und einen »prinzipiellen« Neustart der Unternehmensführung.

BILDUNG:
Revolution in der Warteschleife

Ein Leben für die Organisation:
Wofür Schule wirklich da ist

Es gibt kaum ein Thema, das politisch lähmender erscheint als Bildung. Bildung ist in Deutschland Ländersache – ein eifersüchtig gehüteter Rosengarten, den 16 Kultusminister als ihr jeweiliges gottgegebenes Territorium betrachten. Dieses Territorium verteidigen sie mit Zähnen und Klauen gegen Einmischung von Kollegen oder aus der Bundespolitik. Dies geht bis zur Fantasie des Grünen-Politikers Winfried Kretschmann, das Bundesministerium für Bildung und Forschung (BMBF) wegen Bedeutungslosigkeit aufzulösen. Er meint, man könne durchaus einmal »die Frage aufwerfen, warum ein Ministerium auf einer Ebene eingeführt wird, für die man nicht zuständig ist. In Baden-Württemberg gibt es ja auch kein Außenministerium.«[114] Obwohl Kretschmann für diese Forderung teilweise heftig kritisiert wurde, trifft er damit einen wunden Punkt der Bildungspolitik in Deutschland. Durch das sogenannte Kooperationsverbot kann der Bund wenig bis gar nicht in die Bildungspolitik der Länder beziehungsweise in deren Finanzierung eingreifen. Dies trifft besonders auf die Schulpolitik zu. Auch nach der Lockerung des Kooperationsverbots im Jahr 2014 werden vor allem Projekte überregionaler Bedeutung und aus dem Hochschulbereich gefördert. Außerdem ist für solche Projekte die Zustimmung aller Kultusminister der Länder zuständig, was eine praktische Umsetzung sehr erschwert.

Im Ergebnis stellt sich die Bildungspolitik in Deutschland als ein komplizierter Flickenteppich dar, der von den einzelnen Bundesländern eher noch ausgebaut als integriert wird. Bildung bleibt somit ein ständiger Zankapfel, der höchstens noch als Joker in Wahlkämpfen oder als Faustpfand für parteipolitische Tauschgeschäfte benutzt wird. Eine vernünftige, koordinierte Bildungspolitik gibt es in Deutschland daher schon lange nicht mehr, so es sie je gegeben hat. Heutige Schüler wachsen in ein historisches, lokal geprägtes Schulsystem hinein, das oft bereits mit dem benachbarten Bundesland schwer vergleichbar ist. Es drängt sich der Eindruck auf, man könnte, was die Vergleichbarkeit schulischer Anforderungen angeht, leichter nach Kanada umziehen als von Bayern nach Berlin.

Dabei gibt es kaum ein Thema, das persönlicher ist als die eigene Bildungserfahrung. Jeder von uns hat ganz persönliche, manchmal sehr eindrückliche Erinnerungen an die eigene Schulzeit. Vor unserem geistigen Auge werden Mitschüler lebendig; Lehrer, die man geliebt oder gehasst hat; das über Jahre als zweites Zuhause erlebte Schulgebäude. Unsere Schulzeit ist verknüpft mit unzähligen Gefühlen, Situationen und Erfahrungen. Man erinnert sich vielleicht an das Sportfest, bei dem man hart an einer Medaille vorbeigeschrammt ist, an den Zusammenhalt in seiner Klasse oder an den Mitschüler, der wegen seines schlechten Zeugnisses Angst hatte, nach Hause zu gehen.

Die Schulzeit lässt fast niemanden kalt. Sie dominiert unseren Alltag über Jahre, öffnet den Raum für Freundschaften, die mitunter ein Leben lang halten, und prägt unser Verhältnis zu Lernen und Bildung ganz entscheidend. In der Schule erleben wir uns selbst als Lernende. Die Schule vermittelt uns – in welcher Form auch immer – unsere Selbstsicht als Menschen, die lernen sollen und können. Dass hier einiges schiefgehen kann, steht außer Frage. Nicht wenige ehemalige Schüler blicken auf ihre Schulzeit mit dem dumpfen Gefühl der Irritation oder des Versagens zurück. Sie öffnen die gedankliche Tür zu einer Galerie, die mit Bildern der Unzulänglichkeit und misslungener Lernerfahrungen bestückt ist.

Nur selten sagt jemand über seine Schulzeit, dass sie rundum gelungen sei. Dabei geht es manchmal gar nicht um Leistungen in einzelnen Fächern wie Mathematik, Deutsch, Sport oder um die Atmosphäre in der Klasse. Der wichtigste Lerneffekt unserer Schulzeit hat mit Benotung und einer Leistungserbringung im engeren

Sinne gar nichts zu tun. Diese Aussage mag erstaunen, zählen doch die Höhen und Tiefen der persönlichen Noten- und Zeugnislandschaft zu den eindrücklichsten Erinnerungen. Natürlich sind Noten und Zensuren ein wichtiger Teil unserer Schulerfahrung und der Bildungswirklichkeit. Allerdings geht es in der Schule nicht nur um das Erreichen persönlicher Lernleistung, sondern auch um die Normierung des Einzelnen auf ein Gesellschafts- und Organisationsmodell. Wir sprechen immer gern davon, dass unsere Kinder für das Leben lernen sollen. Schaut man zum Beispiel in die bayerische Verfassung, so stehen dort als oberste Bildungsziele des staatlichen Erziehungssystems: »Die Schulen sollen nicht nur Wissen und Können vermitteln, sondern auch Herz und Charakter bilden. Oberste bayerische Bildungsziele sind Ehrfurcht vor Gott, Achtung vor religiöser Überzeugung und vor der Würde des Menschen, Selbstbeherrschung, Verantwortungsgefühl und Verantwortungsfreudigkeit, Hilfsbereitschaft und Aufgeschlossenheit für alles Wahre, Gute und Schöne und Verantwortungsbewusstsein für Natur und Umwelt.«[115]

Das klingt nobel und vernünftig. Wer wollte schon in Abrede stellen, dass die Achtung der Menschenwürde oder eine Erziehung zur Hilfsbereitschaft wichtig sind? Folgt man der Argumentation der zuständigen Institutionen quer durch die Republik, soll Bildung im Kindes- und Jugendalter vor allem zwei Zielen dienen: der individuellen Persönlichkeitsreifung – inklusive einer fachlichen Leistungserbringung – und der Formung des mündigen Bürgers. Dieser soll nicht nur Produkt einer emanzipatorischen Erziehung, sondern auch der Garant für das Weiterbestehen eines funktionierenden demokratischen Rechtsstaates sein. So wie »der freiheitliche, säkularisierte Staat von Voraussetzungen lebt, die er selbst nicht garantieren kann«[116], lebt das Erziehungssystem vom ewigen Schwungrad einer freiheitlich-demokratischen Gesinnung. Diese Gesinnung produziert entsprechend geprägte Menschen, die wiederum das System erhalten.

Die individuelle Entwicklung und die politisch-gesellschaftliche Sozialisierung als verantwortlicher Staatsbürger bleiben jedoch unscharf beziehungsweise unvollständig, wenn wir das dritte große Ziel unseres Erziehungssystems unter den Tisch fallen lassen. Schule an sich erfüllt auch eine organisationstheoretisch-disziplinarische Funktion. Sie vermittelt den sozialen und rollenbasierten Unterschied zwischen Familie und formalen Organisationen – beispielsweise der Schule, aber auch späteren Arbeitsorganisationen: »Erst in der Schule begreifen Schüler, dass sie nicht als ganze Person wahrgenommen, sondern auf ihre Rolle als Schüler reduziert werden. […] Sie erfassen, dass sie anders als in der Familie nicht bedingungslos geliebt werden, sondern nach standardisierten Kriterien mit Gleichaltrigen verglichen und beurteilt werden. Kurz: Die Sozialisation der Schüler im Hinblick auf eine spätere Tätigkeit in Organisationen ist wichtiger als die Erziehung zur Beherrschung eines genau definierten Lehrstoffes.«[117]

Kann das sein? Haben sich Generationen von Lehrern und Schülern geirrt und eben nicht für das Leben, sondern für ein Dasein als Angestellter oder Beamter gelernt? Ist es letztlich egal, ob man Elektriker oder Laborantin wird – Hauptsache, man fügt sich nahtlos in eine größere Organisation ein? Die ehrliche Antwort lautet: Ja. Zwar mag es für den Einzelnen sehr wohl eine wichtige Entscheidung sein, ob er Biologie studiert oder Zimmermann wird. Doch für eine langfristige ökonomische Existenz ist es nach wie vor wichtig, für das Arbeiten und Leben in einer Organisation sozialisiert zu werden. Denn in unserer modernen Gesellschaft prägen nun mal vor allem große und kleine Organisationen das Arbeitsleben. Diese Organisationen waren bisher pyramidal und streng hierarchisch aufgebaut. Das Wesen von Organisationen (bis hin zu den sehr streng hierarchisch funktionierenden Parteien) ist Arbeitsteilung und Unterordnung. In klassischen Organisationen dient die Rollenbeschreibung immer auch als Rollenabgrenzung. Jeder soll wissen, wo sein Platz ist, und sich dort bestmöglich anstrengen. Genau das sind auch die Merkmale des Systems Schule: Einzelarbeit, Unterordnung, Leistungsmessung und die Annahme einer unverrückbaren Rollenzuweisung mit wenig Gestaltungsspielraum.

Ihren Ursprung hat diese Philosophie weniger im oft zitierten Humboldt'schen Bildungsideal, das im späten 19. Jahrhundert nur einer Elite aus Mittel- und Oberschicht zugutekam, sondern im preußischen Schulwesen Ende des 19. Jahrhunderts: »Die Mittel- oder Realschule vermittelte [...] naturwissenschaftliche Grundkenntnisse und ggf. eine oder zwei moderne Fremdsprachen. Sie diente der Ausbildung einer mittleren Schicht der Angestellten und kleineren Beamten und dauerte mindestens neun Jahre. Das ›Einjährige‹ (Abschluss des zehnten Schuljahrs) wurde Voraussetzung, um statt drei Jahren Wehrdienst nur ein Jahr leisten zu müssen und die Unteroffizierslaufbahn einzuschlagen. Über weitere Wehrübungen konnte sie bis zum Reserveoffizier führen. [...] Mit dem Einjährigen konnte man in die mittlere Beamtenlaufbahn, auf Handelshochschulen, Kunsthochschulen oder landwirtschaftliche Lehranstalten. Ein humanistisches Gymnasium hingegen war einer schmalen Elite vorbehalten – gegen Humboldts ursprüngliche Intention – und bereitete auf das Universitätsstudium vor.«[118]

In der obigen Zusammenfassung spiegeln sich die Wesensmerkmale unseres modernen Schulsystems, die noch heute Bestand haben: eine generalistisch an Naturwissenschaft und Sprachen orientierte Ausbildung (während die Künste und die Sozialwissenschaften als Spezialisierung in ihrer Bedeutung dahinter zurückfielen), die mentale Prägung auf ein gesellschaftliches Dasein als Zahnrad in einer großen Organisation (Fabrik, Verwaltung, Militär) sowie die Vorbereitung und Ausformung einer akademischen Elite. Auch wenn sich im frühen 20. Jahrhundert und wieder ab den 1960ern eine reformatorisch orientierte Schulpädagogik durchzusetzen versuchte, blieben diese Bemühungen um eine ganzheitliche Schulbildung doch Randerscheinungen. Letztlich konnten sie sich nicht gegen die großflächige Schulpolitik der »industriellen Schülerproduktion« behaupten.

Der große zivilisatorische Fortschritt der modernen Schule preußischen Zuschnitts lag damals nicht in einem sanften Übergang vom Modell Familie hin zu einer kindgerechten, teamorientierten, projektgetriebenen Schulwirklichkeit. Ganz im Gegenteil brauchte man den bürokratischen Bürger, der mit Fachwissen ausgestattet, aber ansonsten einer individuellen Prägung unverdächtig, im Arbeitsheer der Massenproduktion aufging. Das zeigt auch das Beispiel der Autoproduktion bei Ford in den 1920ern: »Standardisierte Massenproduktion von Gütern am Fließband beherrscht das Bild […]. Diese Form der hochgradig rationalisierten und technisierten Güterproduktion erfordert ein mittleres Qualifikationsniveau der meisten Beschäftigten ohne größeren Weiterbildungsbedarf. Wichtiger als größtenteils ›on the job‹ erlernbare spezielle Qualifikationen ist Arbeitsdisziplin: Zuverlässigkeit, Leistungsbereitschaft, Sich fügen in eine monotone Tätigkeit, die sich häufig auf ganz wenige immer gleiche Handgriffe beschränkt.«[119] Diese als »Fordismus« in die Organisationstheorie eingegangene Epoche war nur dadurch denkbar, dass man den späteren Arbeiter schon in seiner Schulzeit auf die bürokratische, auf die abstrakt-regelbasierte Organisation und die Trennung von Hand und Kopf vorbereitete. Eine Schulbildung, die Herz und Charakter bilden und Aufgeschlossenheit für alles Wahre, Gute und Schöne vermitteln soll (wie es die oben zitierte Bayerische Verfassung nahelegt), war damals praktisch undenkbar und mit den Anforderungen der Industrie an den zeitgenössischen Arbeiter nicht vereinbar.

Schule – das darf man in der bildungspolitischen Diskussion nicht vergessen – ist immer auch ein Spiegelbild der Organisationsphilosophie, die in der jeweiligen Gesellschaft herrscht. Parallel zur industriellen Revolution und der Massenproduktion kann man die allgemeine Schulbildung der letzten 100 Jahre als monolithischen Block der bürokratischen Prägung auf große, hierarchisch ausgelegte Organisationen begreifen. Dagegen werden heute Ansätze für Projektarbeit, Teamfähigkeit und sogar vereinzelt das Schulfach »Glück« vermittelt, weil es die moderne Organisationstheorie als zeitgemäß betrachtet. Schule dient eben nicht nur der Förderung des Einzelnen und der Formung eines späteren Staatsbürgers. Bislang diente sie ebenso als Gussform einer Geisteshaltung, die den jetzigen Schüler und späteren arbeitenden Menschen darauf vorbereitet, möglichst reibungsfrei in einer großen, hierarchischen Organisation als Angestellter oder Beamter zu existieren.

Natürlich gibt es in einem solchen System auch die Ausreißer, die Exzentriker, die Künstler, die Nonkonformisten. Diese prägen aber keine gesellschaftliche Gegenerzählung, kein Narrativ der sozialen Gegenströmung. Vielmehr dienen sie als abschreckendes Beispiel derjenigen, die eben »nichts Vernünftiges gelernt haben«. Sich der zeitgenössischen Organisationstheorie und einer Unterordnung unter deren System verweigernd, haben sie die Folgen ihres kindlichen Trotzes zu tragen und fristen ihr Dasein am Rand der Gesellschaft – als Künstler, Zirkusartist, Aussteiger oder Arbeitsloser. Manchmal werden sie heimlich für ihre Beharrlichkeit bewundert. Aber in der Regel werden sie als Negativ präsentiert, gegen das sich das Positiv eines konventionell geführten Lebens in einer akzeptierten Organisation abhebt.

Schulbildung wird so zur potenziellen Eintrittskarte in ein gutes Leben – inklusive finanziellem Gewinn und gesellschaftlichem Status. Natürlich gibt es bei Schulart, Schulniveau oder fachlichem Schwerpunkt für den einzelnen Schüler durchaus Wahlmöglichkeiten. Dennoch laufen praktisch alle schulischen Ausbildungsabschlüsse auf die Arbeit in einer zeitgenössisch dominierenden Organisationsform hinaus – als da wären kleine und mittlere Unternehmen sowie Konzerne. Es gibt keine Schule, deren Absolventen offiziell zum Start-up-Gründer ausgebildet wurden, zum Leiharbeiter oder zum selbstständigen Künstler (es gibt zwar Kunstschulen, und auch die Selbstständigkeit ist dort Thema, allerdings in Verbindung mit der Empfehlung eines festen Standbeins in einer klassischen Organisation wie beispielsweise einer Musikschule).

> **Es gibt keine Schule, deren Absolventen offiziell zum Start-up-Gründer ausgebildet wurden, zum Leiharbeiter oder zum selbstständigen Künstler.**

In diesem Sinne können wir den Spruch »Nicht für die Schule, sondern für das Leben lernen wir« wie folgt abändern: »Nicht für das Leben, sondern für die Organisation lernen wir.« Unser ökonomisches Überleben in der modernen Gesellschaft hängt von unserem Einfügen in eine Organisationsform ab. Erst das ermöglicht es uns, eine bezahlte berufliche Funktion auszufüllen und unsere Existenz zu sichern. So wie der Spruch »Meine Freiheit endet dort, wo die des anderen beginnt« eine der philosophischen Säulen unseres Rechtssystems ist, so ist das Motto »Meine Freiheit endet dort, wo der Wille der Or-

ganisation beginnt« eine der Säulen der modernen Organisations-
kultur.

Wir leben in einem Zeitalter der Organisationen: Unternehmen,
Parteien, Verbände, Vereine, Stiftungen, Kirchen und so weiter. Das
gesellschaftliche Leben findet innerhalb von Organisationen statt.
Fast wichtiger noch: Auch die gesellschaftliche Kommunikation
findet zwischen Organisationen statt – und nicht zwischen Einzel-
personen. Lobbyverbände sprechen mit Parteien; Parteien sprechen
mit anderen Parteien; Unternehmen bündeln ihre Interessen in In-
dustrie- und Branchenverbänden, die wiederum mit Verbänden der
Sozialpartner sprechen und so weiter.

All diese Organisationen brauchen wir, um unsere moderne,
vielgestaltige Gesellschaft lebensfähig zu erhalten. Daher ist es
grundsätzlich legitim, Kinder und Jugendliche auf ihre Rolle in
Organisationen vorzubereiten. Andererseits »entsteht dadurch,
dass die Gesellschaft immer flächendeckender und tiefgreifender
durch formale Organisationen überzogen und von ihnen geprägt
wird, eine immer größere Abhängigkeit des Einzelnen von solchen
Organisationen. […] Nicht nur die Berufsausübung, die politische
Interessenverfolgung und auch zahlreiche Freizeitaktivitäten finden für die allermeisten Gesellschaftsmitglieder fast nur noch in
organisatorischen Mitgliedsrollen statt. Auch als Konsument, als
Staatsbürger oder als Rechtssubjekt steht man formalen Organisationen gegenüber, mit denen man sich auseinanderzusetzen hat.«[120]
Was wir bezüglich einer schulischen Bildung daher bräuchten, wären zwei Dinge:

Erstens sollten wir in der Schule die Gesellschaft der Organisationen und die Auseinandersetzung damit offenlegen und thema-
tisieren. Schüler sollten nicht nur durch strikte Leistungsbewer-
tung, soziale Anpassung und die bürokratische Organisation von
Schule darauf sozialisiert werden, in einer größeren Organisation
zu arbeiten. Wir sollten die Gesellschaft der Organisationen ganz
bewusst im Unterricht ansprechen und auch die Rolle des arbeitenden Menschen in ihr. So hätten wir auch Gelegenheit, das Thema
Organisation als Ganzes aufzugreifen und vielleicht Lust zu machen
auf eine Existenz als Start-up-Unternehmer oder Künstler. Nicht

als Abweichung von der organisationalen Norm, sondern als echte Alternative, mit denen Individuen einen sinnvollen Kontrapunkt setzen zur übermächtigen Kommunikation von Organisationen untereinander. Denn wer hört schon die Maus piepsen, wenn sich zwei Elefanten zutröten? Das, was die Maus sagen will, ist vielleicht relevant, wird aber schlicht überhört. Die einzigen »Mäuse«, die als Individuen in der kommunikativen Arena eine gesellschaftliche Stimme erhalten, sind Prominente. Auch wenn man über manche Vertreter dieser Spezies lächeln mag oder vieles, was von Prominenten gesagt und getan wird, für zweifelhaft hält: Sie erfüllen eine wichtige gesellschaftliche Funktion, indem sie der übermächtigen organisationalen Kommunikation in unserer Gesellschaft Paroli bieten. Als Einzelmeinung zwar, aber gesellschaftlich hörbar und erwünscht.

Zweitens sollten wir den Bildungsauftrag der Schulen erweitern. Bislang stehen drei Aufträge auf dem Zettel: Charakterbildung, fachliche Bildung und Vorprägung zum mündigen Staatsbürger. Als Viertes käme die bewusste Vorprägung der Organisationsrolle dazu. Dies meint eben nicht die weitere Produktion »mentaler Zahnräder«, die sich willenlos in die tayloristisch-bürokratische Organisation des 20. Jahrhunderts fügen. Vielmehr brauchen wir eine breite Aufklärung über traditionelle und moderne Organisationsformen, wie sie in der Wirtschaft schon länger praktiziert werden. Zudem müssen die Rollenanforderungen, die diese Organisationsformen mit sich bringen, offen angesprochen werden: Ein Beamter der Finanzverwaltung muss andere Verhaltens- und Rollenmuster entwickeln wie ein Mitarbeiter, der in einem Unternehmen mit hohem Selbstorganisationsgrad arbeitet. Wem dieser Bildungsauftrag zu überladen erscheint, der sei daran erinnert, dass wir Schüler schon längst auf Organisationen vorprägen. Allerdings nur auf eine einzige Organisationsform, nämlich auf die eher große, hierarchisch geprägte Bürokratie, und das auch noch ungesteuert und wenig professionell.

Dabei ist das Experiment mit unterschiedlichen Rollen bereits Teil der Schulwirklichkeit: »Die Schule vermittelt Schülern die interaktionelle Geschmeidigkeit, die später in Organisationen von ihnen verlangt wird. In der Schule erfahren Kinder erstmals, dass es Interaktionen gibt, zu deren Inhalten sie wenig Verbindung herstellen können, die sie aber nicht vermeiden können. Sie lernen, diese Entfremdung in der Interaktion zu ertragen, wenn nötig, gegenüber den Lehrern Interesse am Stoff zu heucheln und zur Herstellung der Solidarität mit den Mitschülern immer wieder auch Distanz zu ihrer Rolle als Schüler durchschimmern zu lassen. Sie lernen, dass es zur Rolle eines Lehrers gehört – zum Beispiel bei Hinweisen auf Lernrückstände oder Begabungslücken –, in der Interaktion mit Schülern taktlos zu sein, es aber gleichzeitig sinnvoll sein kann, auf das rollenbedingte taktlose Verhalten des Lehrers taktvoll zu reagieren. Wenn es stimmt, dass immer mehr Unternehmen sich auf die Suche nach einem Ziel begeben, das Mitarbeitern ein sinnhaftes und spaßbetontes Arbeiten ermöglicht, dann müsste die Sozialisation in der Schule grundlegend geändert werden.«[121]

Die Schule selbst ist ja bereits eine Organisation, die Lehrer und Schüler in ihrem Rollenverhalten und den damit verbundenen Erwartungen prägt. Aber anstatt das dort verlangte Rollenschema kritiklos auf ein späteres Leben zu übertragen, sollten wir Schule zu einem Experimentierfeld für das Organisationswesen machen, damit Schüler nicht nur charakterlich und fachlich gebildet werden, sondern sich als aktiver Gestalter der organisationalen Landschaft wahrnehmen und später bewusster eine Wahl hinsichtlich ihrer Organisationsrolle treffen. Ignorieren wir diesen Bildungsauftrag, reden wir in der Bildung immer öfter aneinander vorbei. Wir leben längst in einer Gesellschaft der Organisationen. Das muss Schule nicht nur subtil und ungesteuert, sondern offensiv und kompetent in all ihrer Wirklichkeit, ihrem Rollenverständnis und ihren Lehrplänen abbilden.

Wissensfabrik oder Zukunftswerkstatt:
Warum wir Bildung neu denken müssen

Es ist einfach, sich über das Bildungssystem im Allgemeinen und die Schule im Besonderen aufzuregen. Jeder kennt Anekdoten über ungerechte Lehrer, kaputte Toiletten, Lehrermangel oder nutzlose Bildungsinhalte. Deshalb ist das Schulsystem ein dankbares Thema für Boulevardblätter und die mediale Hysteriemaschine. Wenn man »Schule« und »Skandal« googelt, erhält man sofort mannigfache Suchergebnisse. Darunter sind nicht nur die »seriösen« und in den letzten Jahren gut dokumentierten Missbrauchsskandale, beispielsweise an der Odenwaldschule und am Canisius-Kolleg, sondern auch massenweise kleine und große Vorkommnisse. Diese sollen dazu dienen, wieder einmal zu zeigen, wie marode und degeneriert unser Schulsystem ist. »Polizei-Einsatz nach Lehrer-Party an Hamburger Gymnasium: Nach Drogenfund drohen Konsequenzen« oder »Lehrer wollen es ›ruhig angehen‹: Schulaufsicht alarmiert – SPD wittert ›Skandal‹ in Bayern« – das sind zwei typische Schlagzeilen, die das althergebrachte Klischee von faulen Lehrern und moralischem Bankrott untermauern sollen.

In unseren Tagen komplettieren darüber hinaus Rassismus-Vorwürfe den Reigen klassischer Schulmissstände: »Skandal an Berliner Elite-Schule: Jüdischer Neuntklässler von Mitschülern gemobbt!« Mag der schreibende Boulevard und der lesende Bürger an solchen Berichten vielleicht seine Freude haben und die Empörung genießen, dürfen diese Schlagzeilen nicht darüber hinwegtäuschen, dass unser Bildungssystem deutlich fundamentalere Probleme hat als koksende Lehrer oder rassistische Mitschüler. Das mag hart klingen, aber für die Zukunft unseres Bildungssystems als Ganzes ist nicht nur die Frage relevant »*Wofür* soll gelernt werden?« – nämlich für die eigene Leistungserbringung sowie für seinen Platz in einer arbeitsrelevanten Organisation. Relevant ist selbstverständlich auch die Frage: »*Was* soll gelernt werden?«

An der Beantwortung des »Was« in Gestalt der fachlichen und methodischen Inhalte entzünden sich die Geister seit Langem. Schon zu Beginn des 20. Jahr-

Unser Bildungssystem hat deutlich fundamentalere Probleme als koksende Lehrer oder rassistische Mitschüler.

hunderts entstand in Deutschland die Reformpädagogik, die sich für einen neuen schulischen Zugang zu Bildung und Wissen einsetzte. So wurde 1917 in Stuttgart die erste Waldorfschule nach den Lehren des Anthroposophen Rudolf Steiner gegründet. Steiner vertrat in seiner Theorie die Gleichberechtigung von intellektuell-kognitiven, künstlerisch-kreativen und handwerklich-praktischen Fähigkeiten des Schülers. Damit kritisierte er offen die Konzentration der Schulwirklichkeit auf die Vermittlung reiner Wissensinhalte. Bezeichnenderweise wurden die Waldorfschulen im Dritten Reich wegen ihrer individualistischen Erziehung unterdrückt und die anthroposophische Gesellschaft verboten: »Die auf der Pädagogik des Gründers Steiner aufgebauten und in den heute noch bestehenden anthroposophischen Schulen angewandten Unterrichtsmethoden verfolgen eine individualistische, nach dem Einzelmenschen ausgerichtete Erziehung, die nichts mit den nationalsozialistischen Erziehungsgrundsätzen gemein hat.«[122] Die Nationalsozialisten sahen in der Reifung der individuellen Persönlichkeit eine Gefahr für ihre kollektivistische Indoktrination. Das hinderte sie jedoch nicht daran, einzelne Elemente der reformpädagogischen Szene in Bewegungen wie die Hitlerjugend oder in ihr völkisches Konzept der Kameradschaft zu integrieren.

Nach 1945 gelang der Waldorf-Bewegung vor allem in Deutschland ein bemerkenswertes Comeback. Heute gibt es hierzulande über 250 Waldorfschulen, weltweit sind es über 1200 (und über 2000 Kindergärten).[123] Neben der Waldorf-Bewegung gab es in der ersten Hälfte des 20. Jahrhunderts weitere Versuche, abseits der klassischen Idee der »Bildungsfabrik« den kindlichen und jungen Menschen zu fördern. So gründete der Pädagoge A. S. Neill in England die berühmt gewordene Summerhill-Schule, die sich unter anderem den Prinzipien Selbstverwaltung, freiwilliger Unterrichtsbesuch und Unterricht mit Werkstatt-Charakter verschrieben hatte. Neill selbst lehnte den Begriff der »antiautoritären Erziehung« zeitlebens ab und verwendete lieber die Bezeichnung »selbstregulative Erziehung«: »Den Kindern wurde […] viel Freiheit gegeben, jedoch waren sie nicht frei von Regeln. Es galt das Prinzip *freie* Erziehung und nicht *frei von* Erziehung.«[124] Die Reformpädagogen um 1920 setzten einerseits auf eine begleitende, prinzipiengeleitete Erziehung und andererseits auf die Entwicklung des ganzen Menschen. Flankiert wurden diese frühen pädagogischen Alternativen von Erscheinungen wie der deutschen Wandervogel-Bewegung, die durch ihre Naturverklärung ein romantisch-ganzheitliches Menschenverständnis stützte, sowie durch pädagogisch orientierte Politiker wie Adolf Reichwein. Er machte sich für didaktische Experimente und den Einsatz moderner Medien in der Schule stark. 1944 wurde er als Mitglied des Widerstands gegen das nationalsozialistische Regime verurteilt und ermordet.

Waldorf, Summerhill, in neuerer Zeit die Jenaplan-Schule: Die reformpädagogische Idee hat die letzten 100 Jahre nicht nur überlebt, sondern ihr Anliegen ist sogar noch drängender geworden. Mögen reformpädagogische Ansätze sich im gesellschaftlichen Maßstab bislang nicht durchgesetzt haben, wird der Ruf nach einer neuen Bildung, nach einer modernen Antwort auf die Frage »Was sollen Schüler lernen?« immer lauter. Unterstützung bekommen Reformpädagogen dieser Tage von prominenten Bildungsforschern wie Ken Robinson, der seine Thesen zu moderner Bildung in Vorträgen und Videos darlegt, die millionenfach im Internet geklickt werden. Robinson macht sich unter anderem für eine Neubewertung der schulischen Fächer stark, bei denen er ein massives Missverhältnis zugunsten der MINT-Fächer erkennt: »Jedes Bildungssystem der Erde hat die gleiche Hierarchie von Fächern. Wirklich jedes. Egal, wohin man geht. Man könnte meinen, es sei anders, aber das ist es nicht: ganz oben Mathematik und Sprachen, dann Geisteswissenschaften und ganz unten Kunst. Überall auf der Welt. Und in so ziemlich jedem System gibt es auch eine Hierarchie innerhalb der Künste. Kunst und Musik haben meistens einen höheren Status in Schulen als Theater und Tanz. Es gibt auf dem Planeten kein Bildungssystem, das Kinder täglich genauso im Tanzen unterrichtet wie in Mathematik. Warum? Warum nicht? Ich denke, dass das ziemlich wichtig ist. Mathematik ist wichtig, aber das gilt auch für Tanz. […] Wir unterrichten Kinder, wenn sie aufwachsen, immer weiter von der Taille aufwärts. Dann konzentrieren wir uns auf die Köpfe und ein wenig zu einer Seite hin.«[125]

Oben Naturwissenschaften, Mathematik und Sprachen, dann Geisteswissenschaften, schließlich ganz unten die Künste: Ken Robinson erkennt in der weltweit gültigen Fächerhierarchie des Bildungswesens die kulturhistorische Prägung des 19. Jahrhunderts, in dessen Verlauf praktisch alle wichtigen Schulsysteme entstanden sind. Diese Schulsysteme sollten, wie das preußische Beispiel zeigt, vor allem Fabrikarbeiter, Verwaltungsangestellte und Büroarbeiter ohne eigene kreativ-intellektuelle Ansprüche produzieren. Die Folgen dieses Bildungszieles waren nicht nur die Geringschätzung und die bildungspolitische Verdrängung »niederer« Bildungsinhalte wie Kunst, Tanz und Musik. Viel entscheidender und für unsere heutige Bildungsdiskussion schwerwiegender war die damalige Weichenstellung für das Design der gesellschaftlich erwünschten Bildungskarrieren. Hier dominiert eine akademisch-kognitive Vorstellung von Intelligenz. Denn »die Universitäten schufen das System nach ihrem Bild. Das gesamte System der öffentlichen Bildung weltweit ist ein in die Länge gezogener Prozess der Eintrittsprüfung in die Universität. Daher denken viele hochtalentierte, brillante, kreative Menschen, dass sie es nicht sind, weil ihr Talent in der Schule nicht wertgeschätzt oder gar stigmatisiert wurde.«[126]

Die Exzentriker, die Hochbegabten, die Musischen, die Künstler: All diese in den Augen der traditionellen Schulpolitik unerwünschten Formen von Intelligenz wurden bislang im Schulbetrieb nachrangig behandelt oder sogar aussortiert. Ein einfaches Beispiel hierfür sind Stundenstreichungen an der Schule. Meist werden zuerst

Kunst, Musik und Sport gestrichen, da diese Fächer als verzichtbar gelten. Sie sind auf der inoffiziellen Werteskala der Bildungsinstitutionen zwar nett, aber eher irrelevant, wenn es hart auf hart kommt. Wer Musik machen oder Bilder malen will, kann bei Bedarf eine eigens dafür eingerichtete Schule besuchen.

Es geht bei der Diskussion um Reformpädagogik oder die Relevanz von Bildungsinhalten nicht um die ethischen Kategorien »gut« oder »schlecht«. Wir müssen die Bildungsdiskussion von ihrem moralischen Ballast befreien. Bildung ist auch eine Antwort auf die zeitgenössischen Herausforderungen – und die waren in der frühen Epoche der Industrialisierung andere als in der globalen, digitalisierten Gesellschaft des 21. Jahrhunderts. Selbstverständlich kann man, wie es die frühen Reformpädagogen taten, mit der philosophisch gestützten Entwicklung des ganzen Menschen argumentieren. Das Argument hat durchaus Charme. Wir leben schließlich im Zeitalter des universalen Humanismus, der jedem Menschen die Chance auf Selbstverwirklichung und Entfaltung seiner persönlichen Talente garantieren will. Und die Künste sprechen sehr viele Menschen an, berühren sie im Innern. Sie spüren, dass es noch mehr geben muss als Fakten und Zahlen. Doch die Argumentationslinie des Guten, Wahren und Schönen mag Feuilletonisten oder Kirchenmusiker überzeugen. Für eine Bildungsrevolution brauchen wir allerdings eine breite gesellschaftliche Unterstützung. Diese Unterstützung lässt sich viel einfacher mit folgendem Gedanken aktivieren: Wir sollten die über 100 Jahre gepflegte Fächerhierarchie im Bildungswesen aufgeben, weil wir sie uns ökonomisch nicht mehr leisten können und weil wir unsere Kinder mit dem alten Bildungssystem nicht auf eine neue, radikal veränderte Welt vorbereiten können. Wir bilden Menschen für die Jobs von morgen mit den Fähigkeiten und Lernstrategien von gestern aus – und mit dieser Methode scheitern wir zunehmend. Wir müssen den Stellenwert von Bildung hinterfragen und (jungen) Menschen ei-

> **Wir bilden Menschen für die Jobs von morgen mit den Fähigkeiten und Lernstrategien von gestern aus – und mit dieser Methode scheitern wir zunehmend.**

nen zeitgemäßen Bildungskanon sowie Grundfähigkeiten des Denkens und Lernens beibringen.

Woran sehen wir, dass unser traditionelles Bildungssystem an seine Grenzen kommt? Zum Beispiel an den jungen Menschen, die dieses Bildungssystem verliert, noch bevor sie es komplett durchlaufen haben. So betrug 2018 die Quote von Studienabbrüchen an Universitäten und Fachhochschulen immerhin 27 Prozent für den Bachelor- und 17 Prozent für den Masterabschluss.[127] Das sind über 117 000 junge Menschen, die ihr angestrebtes Bildungsziel nicht erreichen. Übrigens brechen genauso viele Studenten der MINT-Fächer ihr Studium ab wie diejenigen der Geisteswissenschaften. Aspekte wie falsche Vorstellungen über das jeweilige Studienfach oder mangelnde Eignung spielen sicher eine Rolle bei der Entscheidung, sein Studium nicht weiterzuführen. Allerdings erleben wir in den letzten 20 Jahren auch eine Inflation an Abiturienten und eine damit einhergehende Entwertung der Abschlusszeugnisse. Wir kombinieren Hyper-Akademisierung mit beruflicher Orientierungslosigkeit: 2018 erzielten 38 Prozent (!) der Abiturienten in Thüringen eine Eins vor dem Komma; in Bayern waren es »nur« 30 Prozent.[128] Das sind ziemlich viele »Besten der Besten«, die eine angebliche Leistungselite repräsentieren sollen. In Berlin hat sich die Zahl der Abiturienten mit einer glatten 1,0 zwischen 2006 und 2016 sogar versechsfacht.[129]

Die Inflation der Bestnoten bereitet Bildungspolitikern zunehmend Sorge: »Ein Einser-Abitur darf nicht zur Mogelpackung werden. Wo sehr gut draufsteht, muss auch sehr gut drin sein.«[130] Im Endeffekt führt die Hyper-Akademisierung dazu, dass ungeeignete junge Menschen in ein akademisches Studium gelockt werden, dem sie unter Umständen nicht standhalten. Der gesamte Prozess der Notengebung (vor allem in Abschlussklassen), die Zulassungsvoraussetzungen und auch die Aufklärung an Schulen über den Charakter eines Studiums gehören auf den Prüfstand. Wir brauchen ein besseres Matching zwischen den Studienanfängern und ihrem gewählten Fach, was persönliche und fachliche Eignung sowie die Erwartungen an ein Studium angeht.

Auch externe Faktoren zwingen das Bildungssystem, sein Design und seine Inhalte zu überdenken – wobei man zwischen stichhaltigen Argumenten und prominenten, aber fragwürdigen Theorien unterscheiden muss. Eine solche fragwürdige Theorie ist die von der *Halbwertszeit des Wissens*. Nach dieser Theorie wäre Schulwissen nach 20 Jahren nur noch zur Hälfte gültig; Hochschulwissen und berufliches Wissen würden nach fünf bis zehn Jahren veralten; technologisches Wissen hätte ein Verfallsdatum von zwei Jahren und IT-Wissen würde sogar schon nach zwölf bis 18 Monaten irrelevant werden. So beliebt diese These auch ist und so gern sie herumgereicht wird, entbehrt sie doch jeder empirischen Grundlage. Vielmehr ist sie Teil der populärwissenschaftlichen Mythenbildung rund um Bildung, Lernen und Gehirn, ausgelöst durch einen Konferenzbeitrag des Managementtrainers Suresh Munbodh im Jahr 1994. Dieser wiederum beruft sich auf ein Dokument des Trainingsunternehmens Festo Didactics; dann verliert sich die Spur dieses pädagogischen Dauerbrenners. Eine seriöse wissenschaftliche Herleitung sieht anders aus.[131]

Wissen hat keine Halbwertszeit wie Milch im Kühlschrank: »Altes« Wissen geht in den allgemeingültigen gesellschaftlichen Wissenskanon ein und dient als Grundlage für neue Erkenntnisse. Dieses Wissen ist somit »fundamental für das Verständnis der darauf aufbauenden Strukturen. Und nicht selten liegt in diesem Grundlagenwissen die Lösung für Probleme, die irgendwann einmal auf höherem Abstraktionsniveau als Problem auftauchen könnten. Wissen verliert somit nicht an Wert, sondern es erfährt eine Präzisierung, Aktualisierung und Erweiterung.«[132]

Selbstverständlich muss Schule entscheiden, welches Wissen sie aus dem umfangreichen Kanon auswählt und ihren Schülern vermittelt. Genau hier brauchen wir einen Musterwechsel, weg von der traditionellen Fächerhierarchie hin zu einer gleichwertigen Ansprache der geistigen, emotionalen und gestalterischen Fähigkeiten junger Menschen. Jungen und Mädchen bestehen eben nicht nur aus einem rational orientierten Gehirnanteil (den unser akademisch-intellektuelles Bildungssystem anspricht), sondern aus einem ganzen Gehirn und sogar einem Körper vom Hals abwärts. Junge Menschen brauchen und verdienen ein Bildungssystem, das ihnen eine zeitgemäße Mischung an Wissen und Fähigkeiten nahebringt – möglichst sogar personalisiert und unter Berücksichtigung ihrer individuellen Talente. Diese Bildungsrevolution wäre tatsächlich die endgültige Abkehr vom Bildungsmodell des späten 19. Jahrhunderts, das vor allem auf den beiden Mechanismen Standardisierung und Anpassung beruht.

Ken Robinson zieht den pointierten Vergleich mit der Gastronomie: »Wir haben unser Bildungssystem dem Fastfood-Modell nachgebildet. [...] Es gibt zwei Modelle der Qualitätssicherung in der Gastronomie. Eines davon ist Fastfood, wo alles einheitlich genormt ist. Das andere sind Dinge wie Zagat- und Michelin-Restaurants, wo alles eben genau nicht genormt ist, sondern an die lokalen Umstände angepasst. Und wir haben uns an dieses Fastfood-Bildungsmodell verkauft. Und es lässt unseren Geist und unsere Energien verarmen, genauso wie Fastfood unsere Körper entleert. [...] Deshalb glaube ich, dass wir unsere Metaphern auswechseln müssen. Wir müssen von dem, was im Grunde ein industrielles Bildungsmodell ist, [...] zu einem Modell wechseln, das mehr auf den Prinzipien der Landwirtschaft basiert. Wir müssen erkennen, dass das Aufblühen von Menschen kein mechanischer Prozess ist. Es ist ein organischer Prozess. Und man kann das Ergebnis der Entwicklung eines Menschen nicht vorhersagen; man kann nur, wie es ein Bauer tut, die Umstände herbeiführen, unter denen sie aufblühen.«[133]

Im Grunde brauchen wir eine zweifache Revolution: Erstens sollten wir die bislang gültige Fächerhierarchie kippen und entrümpeln. Wir benötigen eine im besten Sinne ganzheitliche und gleichzeitig hochqualitative Bildung, mit der wir unsere Kinder so gut wie nur möglich auf die ungewisse Zukunft der Arbeitswelt vorbereiten können, die von globaler Dynamik, technologischen Umwälzungen, wie künstlicher Intelligenz und Robotik, und einem immensen Wissenszuwachs geprägt ist. Gefragt ist eine sorgfältige Analyse, wie der Bildungskanon über alle Schulformen hinweg aussehen soll, der das für die Zukunft relevante Wissen vermitteln kann. Und das Kriterium der Relevanz verändert sich erheblich in den letzten Jahren. In Deutschland wäre es die Aufgabe der Kultusminister, diese Revolution zu orchestrieren und anzuführen. Dass mancher Leser bei dieser Aussage lächeln dürfte, zeigt, wie dramatisch das Problem auf dieser Ebene ist. Denn von den politischen Entscheidungsträgern sind auf diesem Gebiet auf absehbare Zeit keine Impulse zu erwarten.

Zweitens sollten wir den Prozess der personalisierten Bildung vorantreiben, hin zu einer individuellen Leistungsförderung, die weggeht vom Ideal der standardisierten Bildungsnorm und das Potenzial des Einzelnen besser heben kann. (Berufliche) Potenzialanalysen sind ein Teil dieser Initiative, aber der neue Bildungsimpuls muss tiefer reichen. Im digitalen Zeitalter sind Konzepte wie *Flipped Classrooms* oder ein individueller Ausbildungsplan nichts Undenkbares mehr. Was wir dafür allerdings brauchen, ist eine Abkehr von der standardisierten Leistungsmessung. Der Leistungsgedanke bleibt selbstverständlich sinnvoll und wichtig. Nur sollten wir jungen Menschen nicht länger einen Standardkatalog der Wissensinhalte und eine berufliche Existenz in ebenso standardisierten Organisationen aufpressen. Stattdessen sollten wir, wie in der Gastronomie, vom industriell orientierten Fastfood-Modell zu einem »organischen Modell« der individuellen Bildung wechseln. Der junge Mensch entdeckt unter professioneller Anleitung der Bildungsinstitutionen seine Talente und wird im »agrarischen Biotop« von Schule und Ausbildung dabei unterstützt.

Was passiert, wenn wir unser Bildungssystem revolutionieren und die Folgen andere sind als von uns beabsichtigt? Aber was passiert, wenn wir es nicht tun und wir die Bildung damit vor die Wand fahren?

Klingen diese Pläne idealistisch? Sicher. Aber was wäre die Alternative? In Business-Ratgebern wird oft folgendes fiktive Gespräch zitiert: »Der CFO fragt den CEO: ›Was passiert, wenn wir in die Entwicklung unserer Mitarbeiter investieren und sie uns dann verlassen?‹ Der CEO antwortet: ›Was passiert, wenn wir nicht in die Entwicklung unserer Mitarbeiter investieren und sie bleiben?‹« Die gleiche Abwägung gilt nun für die Bildung junger Menschen. Was passiert, wenn wir unser Bildungssystem revolutionieren und die Folgen andere sind als von uns beabsichtigt? Aber was passiert, wenn wir es nicht tun und wir die Bildung damit vor die Wand fahren?

140 Jahre nach Einführung des preußischen Schulsystems kann man mit Fug und Recht sagen, dass ein Bildungssystem, welches auf Standardisierung und Anpassung beruht, nicht mehr zeitgemäß ist. Bildung muss ganzheitlich, individuell und schöpferisch werden, wobei wir die Qualität aller vermittelten Wissensinhalte gewährleisten müssen. Dies als gesellschaftliche Mammutaufgabe zu bezeichnen ist nicht übertrieben. Aber wir müssen die Bildungsrevolution aus ihrer Warteschleife holen, um das vielfältige Potenzial, das in unseren jungen Menschen steckt, zu heben. Nur so werden wir der Zukunft mit Kraft und Kreativität begegnen können.

Individuell und selbstwirksam:
So sieht neue Bildung aus

Sprache kann vieles sein: elegant, zweideutig – oder verräterisch. Manchmal auch alles gleichzeitig. So gibt es beispielsweise im Englischen das Wort »education«, das sowohl für den allgemeinen Begriff »Bildung« steht als auch für »Ausbildung«. »She's an educated woman« würde man mit »Sie ist eine gebildete Frau« übersetzen. »He enjoyed a good education« dagegen bedeutet: »Er hat eine gute Ausbildung genossen.« Die englische Sprache hat sich ein feines Gespür für die Verbindung von Persönlichkeitsreifung und fachlicher Expertise erhalten, die im mehrdeutigen Begriff »education« zum Ausdruck kommt. Sie verkörpert mit dem Begriff »education« somit besser den humanistischen Anspruch, das Humboldt'sche Ideal von geistiger Reife mit bürgerlicher Handlungsfähigkeit zu vereinen, als das Deutsche. Im Deutschen werden »Bildung«, »Ausbildung« und »Weiterbildung« spröde getrennt. Während »Bildung« in unserem deutschen Verständnis eher die Kenntnis der literarischen Klassiker oder den Hang zu Kunst und Kultur ausdrückt, haben wir für die praktische Seite den umfangreich gemeinten Begriff »Ausbildung« und seine kleine Schwester, die »Weiterbildung«, geprägt.

Am wichtigsten erscheint uns Deutschen von jeher die Ausbildung: Einen Nagel in die Wand hauen oder eine App programmieren kann man auch, ohne Nietzsche zu zitieren. Ist zwar weniger lustig, aber es geht. Sich dagegen vorrangig mit Bildung zu beschäftigen, wird oft als brotlose Kunst verstanden: Das Bild »Der arme Poet« von Carl Spitzweg beispielsweise zeigt einen älteren, verhärmten Mann im Bett, umgeben von Krempel in einem ärmlichen

Zimmer, in das es hineinregnet. Dieses ikonische Werk ist längst Teil des kollektiven Unterbewusstseins geworden, das unseren Söhnen und Töchtern vermittelt: »Widme dich nicht der Kunst, sie bringt dich an den Bettelstab. Werde Bauzeichner oder Bürokauffrau, eine entsprechende Ausbildung wird sich lohnen!« Der Begriff Ausbildung steht somit für Existenzsicherung, Broterwerb, sozialen Status – und das völlig zu Recht. Ohne eine gute Ausbildung haben wir nur wenige Chancen im Leben. Allerdings sind die Begriffe Bildung, Ausbildung, Weiterbildung ins Rutschen geraten. Das ohnehin fragile Gleichgewicht ist gekippt. Während allenfalls die Weiterbildung noch eine gesellschaftliche Relevanz und eine Daseinsberechtigung im biografischen Schlepptau der Ausbildung hat, gerät Bildung vollends unter die Räder. Bildung als gesellschaftliches Ziel, zuvorderst natürlich in der Schule, hat keinen besonderen Stellenwert mehr.

Wie das? Ist es nicht Bildung, was die Schule vermittelt? Sprechen nicht landauf, landab alle Parteien in unterschiedlichen Färbungen von »Bildung als Lebenschance«? Und sind es nicht gerade die »gebildeten Eliten«, die ein Land führen und beeinflussen sollen? Der scheinbare Widerspruch zwischen diesen Beobachtungen und der eben genannten These des Verschwindens von Bildung löst sich auf, wenn man Bildung nicht mehr als Sammelbegriff verwendet, sondern in die drei Sachverhalte Bildung, Ausbildung und Weiterbildung einteilt. Man kann in fast jeder öffentlichen Kommunikation den Begriff Bildung durch eines der beiden anderen Wörter ersetzen. So ist beispielsweise in einem schulischen Förderprojekt zu lesen: »Denn wieso getrennt etwas gegen Bildungsarmut […] tun, wenn wir gemeinsam für die Kinder und Jugendlichen mehr erreichen können? […] Was wollen wir durch die Kooperation […] erreichen? Die Schulabbrecherquote signifikant senken – idealerweise auf null. Mehr Chancengerechtigkeit erreichen: Bildungsbenachteiligungen und der soziale Hintergrund sollen kaum mehr eine Rolle spielen, um zum Schulabschluss zu kommen und einen fairen Zugang zum Arbeitsmarkt zu erhalten.«[134] So ehrenhaft die Ziele dieser Stiftung sind, so irreführend verwendet sie hier den Begriff Bildung. Es geht vielmehr um *Ausbildung*, um *Ausbildungsarmut* und um *Ausbildungsbenachteiligungen*. Es geht um das Vermitteln schulischer Fähigkeiten und um die Sozialisation für eine spätere Tätigkeit in einer standardisierten Organisation.

Nun könnte sich mancher Leser fragen: Ist die Unterscheidung zwischen Bildung und Ausbildung nicht, mit Verlaub, Korinthenkackerei? Es ist doch nicht wichtig, wie es genannt wird, solange die Kinder etwas Vernünftiges lernen. Dieser Einwand ist verständlich, aber zu kurz gesprungen. Man muss sich bewusst machen, dass Bildung, Ausbildung und Weiterbildung unterschiedliche Konzepte und Inhalte vertreten. Es gibt echte qualitative Unterschiede zwischen den drei Aspekten. Wenn wir von Bildung sprechen, aber immer nur Aus- und Weiterbildung meinen, ignorieren wir das Wesen und die Inhalte der Bildungskomponente, die Aspekte wie kritisches Denken, das Nutzen von Intuition, das Streben nach Glück und das Beurteilen komplexer Kontexte umfassen. All das sind Fähigkeiten, die wir in der Welt des 21. Jahrhunderts brauchen und die nicht vom klassischen Begriff der Ausbildung gedeckt werden. Deshalb darf Bildung auch nicht länger als Elitenprogramm für Bildungsbürger verstanden werden. Jeder Bürger sollte ein Bildungsbürger sein. Von der Supermarkt-Kassiererin bis zum Referatsleiter im Justizministerium braucht jeder Mensch Zugang zu dieser neuen Form von Bildung, zu einer »geistigen, gestalterischen und moralischen Entwicklung, die aus Vernunft und Freiheit heraus und ohne direkte Abhängigkeit von Politik und Wirtschaft geschieht«.[135] Gefragt ist eine Art institutionell vermittelte Persönlichkeitsentwicklung für jeden Bürger.

Frei und souverän über sein Leben entscheiden, seine beruflichen und gesellschaftlichen Chancen nutzen, sozial verantwortlich handeln und sein Glück suchen – das ermöglicht Bildung: »Es steht außer Zweifel, dass sich der Erfolg von Bildung nicht mehr länger im reinen Lernen und Wiedergeben von Wissensinhalten zeigt, sondern im Extrapolieren dessen, was wir bereits wissen, und im Anwenden dieses Wissens auf neue, unvorhergesehene Situationen. Im heutigen Bildungswesen geht es vielmehr um neue Arten des Denkens einschließlich kreativer und kritischer Herangehensweisen bei Problemlösung und Entscheidungsfindung. [...] Bei Bildung geht es um die Fähigkeit, als aktiver und engagierter Bürger in einer Welt mit vielen Facetten zu leben. Diese Bürger beeinflussen, was sie lernen möchten und wie sie es lernen möchten, und das prägt die Rolle der Pädagogen.«[136]

Bildung erschöpft sich also nicht nur darin, Fachwissen zu erwerben (wie es in Aus- und Weiterbildung geschieht). Es bedeutet darüber hinaus kritisches und eigenständiges Denken sowie das Aneignen und Anwenden bewusster Lernstrategien. Und es bedeutet auch, Emotionen und den eigenen Körper als Lerninstrument zu begreifen. Wir müssen Bildung aus dem Gefängnis der rein rationalen Faktenklopferei befreien und sie wieder als Instrument dessen begreifen, wofür die Aufklärung von Anfang an stand: für den Ausgang des Menschen aus seiner selbst verschuldeten Unmündigkeit. Unmündigkeit »ist das Unvermögen, sich seines Verstandes ohne Leitung eines anderen zu bedienen. Selbstverschuldet ist diese Unmündigkeit, wenn die Ursache derselben nicht am Mangel des Verstandes, sondern der Entschließung und des Mutes liegt, sich seiner ohne Leitung eines anderen zu bedienen.«[137]

Bildung wird somit nicht nur zur Quelle der persönlichen Entwicklung, sondern zur Keimzelle der Demokratie, die sich nur durch bürgerliches Engagement und die kritische Begleitung einer wachsamen Öffentlichkeit aufrechterhalten lässt. Dieser Grundgedanke wird bereits in moderne Leitlinien zu Bildung überführt. So definiert die OECD vier entscheidende Bildungsaspekte des 21. Jahrhunderts: Kreativität, Kritisches Denken, Kommunikation und Kollaboration (4K). Die OECD stellt im Zusammenhang globaler Bildungserfordernisse fest, dass wir weder wissen, welche Berufe sich in den nächsten 30 Jahren entwickeln werden, noch, welche fachlichen Fähigkeiten wir dafür brauchen.[138] Was wir allerdings wissen: Möglichst viele Menschen werden von den 4K-Kompetenzen profitieren. Diese helfen ihnen, ihr persönliches Potenzial zu heben und sich zugleich den unterschiedlichsten Lern- und Arbeitsumgebungen anzupassen.

Wenn wir den Bildungsauftrag der Aufklärung und moderne Hinweisgeber wie die OECD wirklich ernst nehmen, müssen wir unser Bildungssystem grundlegend verändern. Dabei geht es nicht um die leidige Diskussion, welche Schultypen man einführen oder auflösen sollte, ob Ganztagsschulen nun gut für Kinder sind oder nicht oder wie wir das Abitur in Bayern mit dem in Bremen vergleichbar machen könnten. Strukturdiskussionen sind wohlfeil und können in Deutschland aufgrund des föderalen Charakters der Bildungslandschaft von niemandem gewonnen werden. Eine wirksame Bildungsrevolution setzt auf anderen Ebenen an: bei Teilen des Lehrplans (in allen Schularten), bei der verstärkten Förderung emotionaler Kompetenzen, beim digitalen Potenzial und bei der Vermittlung von Lernstrategien. Das wichtigste Momentum aber liegt in einer Abkehr vom standardisierten Lernpfad hin zu einer individualisierten Bildungsentwicklung. Das ist natürlich leichter gesagt als getan. Selbst in den individualorientierten reformpädagogischen Schulen arbeitet man letztendlich auf vergleichbare Abschlüsse hin. Sie sind immer noch ein wichtiges Kriterium für die Einschätzung des schulischen Erfolgs und die Aufnahme eines Studiums oder einer Ausbildung. Aber insgesamt müssen wir unseren Fokus verändern – weg von der Manie der Vergleichbarkeit und hin zu individuellen Lehrplänen. Nicht der erzwungene Vergleich mit anderen, sondern der eigene Lernfortschritt muss in unserem Bildungssystem im Mittelpunkt stehen und das Maß aller Dinge werden. Das bedeutet echte Inklusion: Jedes Kind in seinem Entwicklungsstand wahrnehmen und mit ihm gemeinsam einem Lernpfad folgen.

Selbstverständlich ist das anspruchsvoll, und momentan hat unser Bildungssystem dafür weder den Willen noch das Personal noch die Ressourcen. Aber was ist die Alternative? Wollen wir weiterhin standardisiertes Wissen in Dosen verkaufen, ohne die bisher sträflich vernachlässigten Gebiete der Selbstwirksamkeit, der Lernstrategien, der emotionalen Kompetenz einzubeziehen? Schule in Deutschland ist heute eine defizitorientierte Veranstaltung. Es wird immer und überall nach Fehlern gesucht, um diese zu korrigieren

> **Nicht der erzwungene Vergleich mit anderen, sondern der eigene Lernfortschritt muss in unserem Bildungssystem im Mittelpunkt stehen und das Maß aller Dinge werden.**

und auszumerzen. Das ist bis zu einem gewissen Punkt hilfreich und sinnvoll. Nur in der Persönlichkeitsentwicklung ist eine Defizitorientierung extrem schädlich. Schauen wir in die USA: Ist dort ein Schüler sehr gut in Sport, bekommt er ein Sport-Stipendium. Ist er gut in Mathematik, bekommt er ein Mathematik-Stipendium. Ist ein Schüler in Deutschland gut in Mathe, sagt man ihm: »Aber in Deutsch bist du schlecht!«

Unser kulturpessimistischer Hang zu Fehlersuche und Schuldzuweisung hemmt jeden Versuch, in unseren Schulen eine wirksame Persönlichkeitsentwicklung zu betreiben. Die Reformpädagogen versuchten genau das: Ausbildung mit Persönlichkeitsentwicklung zu verbinden. Dass diese Gegenbewegung zur standardisierten Bildungsfabrik Anfang des 20. Jahrhunderts gerade in Deutschland ihren Anfang nahm, ist kein Zufall. Jeder Druck erzeugt einen Gegendruck. So wie beispielsweise in der damaligen Psychologie das Freud'sche Modell des unkontrollierbaren Unterbewussten einen Kontrapunkt zur allgemeinen Technologiebegeisterung in Form mächtiger, aber beherrschbarer Maschinen setzte, erkannten die deutschen Reformpädagogen den blinden Fleck der Bildungsfabrik: Persönlichkeit lässt sich nicht mit Defizitdenken aufbauen. Im Gegenteil brauchen wir eine neue Selbstwirksamkeit des Lernens. Junge Menschen müssen angeleitet und befähigt werden, ihrem eigenen Lernpfad zu folgen und – noch ambitionierter – lernen zu *wollen*. Doch das gelingt mit dem jetzigen System auf keinen Fall. Denn wann will man lernen? Wenn man Ressourcen zum Lernen hat, wenn man in seinen Bemühungen bestärkt wird, wenn man Erfolge sieht und wenn man weiß, wie man diese herstellt und sie somit reproduzieren kann.

Das gigantische Homeschooling-Experiment, das wir in der Corona-Krise über uns ergehen lassen mussten, hat brutal die Unzulänglichkeit und das Versagen des Bildungssystems an die Öffentlichkeit gezerrt. Sehr viele Familien hatten keine ausreichenden Ressourcen, um die Schulbildung ihrer Kinder aufrechtzuerhalten. Sie wurden in ihrem Bemühen nicht bestärkt, sondern vielmehr von Schule und Staat weitgehend alleingelassen. Man sah wenig Erfolge und war nicht darauf trainiert, Lernstrategien selbstständig anzuwenden. Dieses Problem einer funktionierenden Wissens-vermittlung betraf aber nicht nur die Eltern, sondern – durchaus überraschend – auch die Lehrkräfte. Es falle »den Lehrern schwer, sich auf die digitale Medienwelt einzustellen«, weil »viel Angst herrsche«. Studien gehen davon aus, dass »acht von zehn Grund-schülern im Land während der Pandemie keinen wirklich digitalen Unterricht gehabt hätten. Sie hätten nur Hausaufgaben geschickt bekommen, die sie anschließend selbst erledigen mussten«[139]. Auch die Bildungsschere sei durch die Corona-Krise weiter ausei-nandergeklafft. Schüler, die Unterstützung besonders nötig gehabt hätten, seien weiter zurückgefallen. Manche habe man ganz ver-loren.[140]

Man kann die Homeschooling-Erfahrung auch so interpretieren: Deutschland hat im Großversuch getestet, wie es um Individualisie-rung, Technisierung und Selbstwirksamkeit von Bildung bestellt ist – und scheiterte kolossal. Dabei geht es nicht nur um die Bereit-stellung von Laptops und Tablets oder um die Vermittlung digitaler Fähigkeiten auf allen Seiten. Wir haben weder für den Präsenz-unterricht noch für das Homeschooling eine Strategie, was Indivi-dualisierung von Bildung, Vermittlung von Selbstwirksamkeit und Lernstrategien und die Förderung emotio-naler Kompetenzen betrifft. Aber all das wird immer wichtiger – nicht nur für die Entwicklung reifer Persönlichkeiten, son-dern für die Anpassungsfähigkeit an eine hochdynamische Arbeitswelt mit Berufen, die wir heute noch gar nicht kennen.

> Deutschland hat im Groß-versuch getestet, wie es um Individualisierung, Technisierung und Selbstwirksamkeit von Bildung bestellt ist – und scheiterte kolossal.

Wie stärken wir Selbstwirksamkeit im Bildungssystem? Wie verbinden wir indi-viduelle Bildungswege, Selbstwirksamkeit und die Standardisierung von Bildungs-leistungen? Wie erfüllen wir die Forderungen der OECD nach der Vermittlung von Kreativität, Kritischem Denken, Kommunikation und Kollaboration? Für diese Fragen eine Blaupause als Antwort zu formulieren, wäre falsch und irreführend. Wir würden in genau die gleiche Falle tappen, die schon das alte Bildungssystem geprägt hat:

One size fits all. Eine Lösung für alle. Aber die gibt es bei Bildung eben nicht. Seit der Entwicklung des dreigliedrigen Schulsystems, seit den sozialpädagogischen Impulsen der 1970er-Jahre und seit es Kultusminister-Konferenzen gibt, versucht man, diese Quadratur des Kreises institutionell zu lösen: durch die Differenzierung von Schularten, durch Inklusionsbemühungen, durch Lehrplanvergleiche und so weiter.

Diese Bemühungen haben vielleicht zu mehr Vielfalt in der Bildungslandschaft geführt. Aber diese Vielfalt ist nicht bereichernd, sondern lähmend, wenn es um die Durchsetzung von Reformen geht. Zu vielgestaltig, zu unterschiedlich ist das Bildungssystem mittlerweile. Daher liegt ein möglicher Ansatz für mehr Individualisierung und Selbstwirksamkeit nicht auf der Makro-Ebene der Politik oder der Schulverwaltung. Dieser Ansatz findet sich auf der Mikro-Ebene der Unterrichtssituation, der Lehrer-Schüler-Beziehung und der angewandten Psychologie: »Jugendliche beklagen Schulen mit einem schlechten Arbeitsklima – mit schlechten Regeln, unzureichenden zeitlichen Strukturen, unklaren Leistungsanforderungen. Und mit Lehrern, die selbst unsicher sind und keine ganz klaren inhaltlichen und sozialen Anforderungen stellen. […] Man kann […] ablesen, dass ein Wunsch da ist nach einer Schule mit klaren Konturen und mit Lehrern, die den eindeutigen Impuls vermitteln: Wir sind an deiner persönlichen Entwicklung interessiert, wir helfen dir. Dieses Interesse wird von vielen Schülern schmerzlich vermisst. […] Wie verhält sich der Lehrer, wer antwortet in welcher Reihenfolge auf welche Frage, wie höflich geht man miteinander um, diskriminiert man den, der die Aufgabe nicht lösen kann – das ist die soziale Grammatik.«[141]

Aus dieser kurzen Beschreibung von Schülererwartungen und der »sozialen Grammatik« kann man vier Faktoren ableiten, die für gelingende Bildungssituationen bestimmend sind: Bildungsanstrengungen sollten *sozial, gehirngerecht, erfahrungsorientiert und messbar* erfolgen. Alle Bildungsmaßnahmen sollten wir auf die Erfüllung dieser Kriterien hin überprüfen. Damit gelingt Lernen nicht nur besser, sondern individueller und selbstbestimmter. Das menschliche Gehirn wächst an der sozialen Interaktion. Es braucht Impulse, andere Menschen, Kontext. Natürlich wächst ein Gehirn nicht ungehemmt nach außen, denn da stößt es an die Schädeldecke. Es wächst nach innen, bildet Verknüpfungen und neue Neuronen. Ein Gehirn hat immer Lust zu lernen – und wir sollten es darin unterstützen. Deswegen sollten wir Lernen so oft wie möglich in einen sozialen Kontext packen. Was in Schulen schon länger als Gruppenlernen umgesetzt wird, steckt in Unternehmen noch in den Kinderschuhen. Dort kennt man Teamarbeit, aber das Bewusstsein für kollektives Lernen oder das Üben konkreter Methoden für soziales Lernen sind dort deutlich unterrepräsentiert. Dabei lernen Menschen dann am besten, wenn sie sich über den Lernstoff austauschen können. Die Ära des einsamen Genies ist weitgehend vorbei, selbst Spitzenforscher oder prominente Künstler arbeiten heute mit einem Team und tauschen mit anderen ihre Ideen aus.

Dabei darf man das Wichtigste nicht vergessen: Gehirngerechtes Lernen geht von einer positiven Motivation aus. Eine Lernumgebung, die dem Schüler suggeriert »Du kannst das nicht!« oder ihn nur auf seine Fehler hinweist, lässt diese Motivation schnell erkalten. Wir brauchen daher nicht nur gehirngerechtes *Lernen*, sondern selbstverständlich auch gehirngerechtes *Lehren*. Aber wie sollen Lehrer Dinge wie Individualität oder Selbstwirksamkeit vermitteln, wenn sie selbst in ihrer Jugend auf Anpassung und Standardisierung sozialisiert wurden? Deshalb brauchen wir eine neue Lehrerausbildung an den Universitäten und deren »Endprodukte«: mutige Lehrer, die moderne Werte vertreten und sich auch ins Kreuzfeuer der Kollegenkritik stellen. Es ist ein bisschen wie mit dem Jungen, der sich auf eine Wiese stellt und verrückt tanzt. Zuerst kommt nur ein weiterer Junge dazu, dann immer mehr – und am Ende tanzen ganz viele Menschen. Schließlich hat man im wahrsten Sinne des Wortes eine Bewegung. Lehrer selbst sind in einer unangenehmen Sandwich-Position: einerseits den Lehrplan erfüllen zu müssen und andererseits junge Menschen individuell fördern zu wollen. Das ist mitunter ein Balanceakt. Umso wichtiger ist es, die Prinzipien des sozialen und gehirngerechten Lernens zu kennen und anzuwenden – und dafür auch lieb gewonnene Gewohnheiten und Dogmen über Bord zu werfen.

Aber was ist mit der Vergleichbarkeit? Unser Bildungssystem lebt davon, vergleichbare Abschlüsse zu produzieren, auf die ein Dritter (zum Beispiel der potenzielle Arbeitgeber) vertrauen kann, weil sie eben standardisiert sind. Dazu muss man bedenken, dass auch im aktuellen Bildungssystem die Standardisierung von Leistung eine Mogelpackung ist. Das fängt bereits bei der subjektiven Lehrerbeurteilung eines Schülers an. Mündliche Noten werden schon mal nach Sympathie verteilt, Lehrer unterliegen bisweilen psychologischen Beurteilungsfehlern. So werden beispielsweise Kinder von Akademikereltern von Lehrern in der Regel als kompetenter wahrgenommen als Kinder aus Arbeiterfamilien, und das bei gleicher Leistung. Notenschnitte werden mitunter pro Arbeit oder Klasse angehoben oder gesenkt – je nachdem, was man gerade braucht. Und spätestens bei den Bundesländern hören die viel gepriesene Standardisierung und eine auch nur halbwegs vernünftige Vergleichbarkeit von Noten komplett auf. Auch ein bundesweites Abitur würde daran wenig ändern: »Dafür bräuchte man zusätzlich ein zentralistisches Schulsystem. Denn die Abiturnote setzt sich nur zu einem Drittel aus den Prüfungen zusammen, die Leistungen der gesamten Oberstufe fließen ebenfalls ein. Und die werden in den Bundesländern ganz unterschiedlich berechnet. In manchen Ländern müssen zum Beispiel 40 Kurse eingebracht werden, in anderen nur 32, manche Fächer mit schlechten Noten können dort aussortiert werden.«[142]

Wie man es auch dreht und wendet: Unser angeblich standardisiertes Bildungssystem ist längst nicht so objektiv, wie wir gerne glauben wollen. Daher könnte man auch einen Schritt weiter gehen und das Dogma des *interpersonellen* Vergleichs durch das Prinzip des *intrapersonellen* Vergleichs ersetzen. Dann zählt nicht mehr, was ein anderer im Vergleich zu mir als Abschlussnote erzielt hat, sondern mein eigener Lernfortschritt und der Nachweis bewährter Lernstrategien. Dafür braucht es selbstverständlich die Kriterien der Messbarkeit und des erfahrungsbasierten Lernens. Aber anders als bisher würden Schüler nicht darauf trainiert, den Mitschüler als Vergleichsmaßstab oder gar als Konkurrenten wahrzunehmen. Wir sollten sie vielmehr dazu anleiten, ihr Lernen effektiv und effizient zu gestalten und sich in definierten Lernfortschritten zu beweisen. In Ansätzen wird das in Schulen bereits umgesetzt. Dort gibt es Entwicklungstagebücher, schülerzentrierte Entwicklungsgespräche oder individuelle Projekte ganz unterschiedlicher Natur als Teil der Abschlussnote. Diesen Ansatz sollten wir intensivieren und uns Schritt für Schritt vom Dogma der Bildungsfabrik und der standardisierten, vergleichbaren Leistung verabschieden. Wir sollten uns einem individualbasierten Modell des selbstwirksamen Lernens zuwenden und Bildung verwirklichen, welche die Kriterien des sozialen und gehirngerechten Lernens ebenso erfüllt wie eine erfahrungsbasierte und individuelle, nichtstandardisierte Leistungsmessung. Und wir brauchen einen Musterwechsel vom klassisch deutschen Defizitdenken hin zu einem Denken in Potenzialen und Chancen. Wir brauchen Schulen, die Zukunftswerkstätten sind – mit Menschen, die an dieser Zukunft mitarbeiten wollen.

> **Wir brauchen einen Musterwechsel vom klassisch deutschen Defizitdenken hin zu einem Denken in Potenzialen und Chancen. Wir brauchen Schulen, die Zukunftswerkstätten sind – mit Menschen, die an dieser Zukunft mitarbeiten wollen.**

GEMEINWOHL:
Auf dem Weg in die Wir-Gesellschaft

Stakeholder-Value: Musterwechsel in der Wirtschaft

Im August 2019 machte in der US-amerikanischen Wirtschaft ein Brief wie ein Paukenschlag die Runde. Im Herzland des Kapitalismus hatten ihn über 180 der einflussreichsten Vorstandsvorsitzenden des Landes unterzeichnet – darunter die Chefs von Amazon, Apple, Coca-Cola, Ford und IBM. Das Who's who der globalen Konzerne hatte sich versammelt, um dem berühmt-berüchtigten Shareholder-Value abzuschwören. Der bis dahin alles bestimmende Shareholder-Value-Ansatz, der vor allem in börsennotierten Unternehmen die Finanztheorie der letzten 40 Jahre beherrschte, ist »eine Unternehmensstrategie, bei der der Vorstand einer börsennotierten Aktiengesellschaft durch alle Maßnahmen, die er in seinem Unternehmen entwickelt und umsetzt, den Unternehmenswert im Sinn des Marktwertes des Eigenkapitals steigern soll. Dabei wird der Gewinn als Maßgröße des Unternehmenserfolges infrage gestellt. Zielgröße ist das Aktionärsvermögen. Demnach sind Geschäftseinheiten, deren Renditen unterhalb der durchschnittlichen Kapitalkosten der Unternehmung liegen, zu veräußern und die Erlöse ggf. an die Aktionäre (Shareholder) auszuschütten, da es andernfalls zur Wertvernichtung kommt.«[143] Die Manager eines Unternehmens sind somit verpflichtet, alles in ihrer Macht Stehende zu tun, um den Aktienwert und damit den Wert für die Eigentümer, die Aktionäre, zu steigern. Hinter der Gewinnerwartung der Aktionäre muss in der Shareholder-Value-Logik alles andere zurücktreten. Das Management eines Unternehmens kann sich sogar strafbar machen, wenn es andere Interessen über den Shareholder-Value stellt – beispielsweise, indem es unrentable Unternehmensteile aus historischen Gründen behält und nicht verkauft. Dabei sah sich die Shareholder-Value-Bewegung sogar im moralischen Recht. Durch die Gewinne seien Aktionäre in der Lage, ihrer sozialen Verantwortung gerecht zu werden und dieses Geld an anderer Stelle wieder für die Gemeinschaft auszugeben. Das Shareholde-Value-System ist damit untrennbar verbunden mit der Sozialstaatslogik der USA, nach der nicht der Staat ausführliche Fürsorgepflichten wahrnimmt, sondern Philanthropen, Stiftungen oder »Communitys«.

Nach der angloamerikanisch geprägten Wirtschaftslogik dient der Shareholder-Value-Ansatz sogar der Gesellschaft – theoretisch. In der praktischen Umsetzung allerdings lief der Shareholder-Value-Ansatz oftmals auf rücksichtslose Personalpolitik, Massenentlassungen, fragwürdige Finanzpraktiken und fantasielose Restrukturierungen hinaus. Berüchtigt für seine kompromisslose Anwendung des Shareholder-Value war in den 1980ern und 1990ern Jack Welch, CEO von General Electric: »Der zum Vorbild ganzer Manager-Generationen mutierte General-Electric-Chef, der für seine Egozentrik und seine Härte gefürchtet war, ordnete bei General Electric dem Aktienkurs alles unter. Jedes Jahr warf er zehn Prozent der Belegschaft raus – egal, wie gut es dem Unternehmen ging. ›Neutronen-Jack‹ wurde er genannt, in Anlehnung an jene gefürchtete Bombe, die Menschen tötet, aber Gebäude stehen lässt.«[144]

Jack Welch war nur eine der markanteren Figuren rund um den Globus, die den Shareholder-Value-Ansatz mehr oder weniger rigide durchsetzten. Ironischerweise war eine solche rücksichtslose Marktlogik nicht im Sinne des theoretischen Erfinders des Shareholder-Value-Ansatzes, Alfred Rappaport. Rückblickend war Rappaport zutiefst unzufrieden über die Büchse der Pandora, die er geöffnet hatte. Er verurteilte die klassischen Anreizmechanismen im Shareholder-Value-Konzept als falsch, weil sie kurzfristiges Denken förderten und zur strategischen Manipulation, wie beispielsweise der Verschiebung unangenehmer Entscheidungen ins nächste Quartal, geradezu einluden. Im Zuge der Finanzkrise 2008 / 2009 erhielt die reine Lehre des Shareholder-Value dann ihren Todesstoß. Für alle sichtbar zeigte sich die Kurzsichtigkeit und Gier von

Managern und Finanzinvestoren, die mit dem Kapital und der Zukunft von Millionen Menschen spielten, die kurzfristige Erhöhung des Aktienkurses immer ebenso klar wie gnadenlos im Blick.

Aber es dauerte noch zehn Jahre, bis dieselbe Riege der knapp 200 einflussreichsten Unternehmenslenker, die 30 Jahre zuvor noch den Shareholder-Value als dominante Marktphilosophie eingeführt und stets verteidigt hatten, zumindest auf dem Papier einen kompletten Sinneswandel vollzog. Fast wie nebenbei wird der Begriff Shareholder durch *Stakeholder* ersetzt. Eine kleine Änderung, aber ein gewaltiger Musterwechsel im Wertschöpfungsdenken. Auf einmal sind alle möglichen Anspruchsgruppen im Spiel: nicht nur Mitarbeiter, Lieferanten oder Kunden, sondern auch Politiker, die Umwelt und andere Interessengruppen. Sie alle – und eben nicht nur die Shareholder – sollen vom Kapitalismus neuen Denkens profitieren. Man sei nun, so die mächtigen CEOs, unter anderem entschlossen, »Mitarbeiter fair zu entschädigen und wichtige Leistungen bereitzustellen. Dazu gehört auch, sie durch Training und Weiterbildung zu unterstützen, um neue Fähigkeiten für eine sich schnell verändernde Welt zu entwickeln. Wir fördern Vielfalt und Inklusion, Würde und Respekt. [...] Wir verstehen uns als guter Partner unserer Lieferanten und der vielen großen und kleinen Unternehmen, die uns helfen, unsere Missionen zu erfüllen. [...] Wir respektieren die Menschen in unseren Gemeinden und schützen die Umwelt, indem wir in allen unseren Geschäftsbereichen nachhaltige Praktiken anwenden.«[145] Bemerkenswert: Im Originaltext des Statements ist das Wort »alle« bei den Stakeholdern extra unterstrichen – so, als wolle man dem Leser in Erinnerung rufen, dass es den Unternehmen tatsächlich um eine Orientierung am Gemeinwohl mit allen seinen Beteiligten geht und eben nicht nur um eine eindimensionale Beziehung der Unternehmen zu ihren Aktionären.

Für europäische oder deutsche Ohren in ihrer Tradition der sozialen Marktwirtschaft mag sich das alles wenig spektakulär anhören.

> **Fast wie nebenbei wird der Begriff Shareholder durch *Stakeholder* ersetzt – ein gewaltiger Musterwechsel im Wertschöpfungsdenken!**

Tatsächlich aber handelt es sich um eine Zeitenwende, deren Folgen schon heute erstaunliche Blüten tragen. So erhob der CEO von BlackRock, Larry Fink, Nachhaltigkeit zum neuen Investitionsstandard seines Unternehmens. Der größte Investmentfonds der Welt mit einem verwalteten Vermögen von über neun Billionen Dollar ermahnte im gleichen Atemzug seine Kunden, die Gedanken von ökologischer und sozialer Nachhaltigkeit ernst zu nehmen: »Künftig werden wir Nachhaltigkeit zu einem wesentlichen Bestandteil unserer Portfoliokonstruktion und unseres Risikomanagements machen. Wir werden uns von Anlagen trennen, die ein erhebliches Nachhaltigkeitsrisiko darstellen, wie zum Beispiel Wertpapiere von Kohleproduzenten. Wir werden neue Anlageprodukte auf den Markt bringen, die Investments in fossile Brennstoffe ausschließen, und uns bei unseren Investment-Stewardship-Aktivitäten noch stärker für Nachhaltigkeit und Transparenz einsetzen.«[146]

Selbstredend wird ein in der Wolle gefärbter Investmentfonds nicht über Nacht zum guten Samariter. Hinter dem Kurswechsel von BlackRock, dem Brief des American Business Roundtable und vielen anderen Nachhaltigkeitsinitiativen steckt auch ein ökonomisches Interesse. Dennoch: Der offizielle Richtungswechsel vom Shareholder-Value zum Stakeholder-Value ist vollzogen. Statt kurzfristigem Profit für die Aktionäre stehen nun die komplexen Ansprüche der unterschiedlichen nahen und fernen Interessengruppen im Vordergrund. Und man zeigt sich gerüstet: »Das sind großartige Neuigkeiten, denn es ist wichtiger denn je, dass Unternehmen im 21. Jahrhundert sich darauf konzentrieren, langfristigen Wert für alle Interessengruppen zu schaffen und die Herausforderungen anzugehen, die vor uns liegen. Das führt zu geteiltem Wohlstand und zu Nachhaltigkeit in Wirtschaft und Gesellschaft.«[147]

Hehre Worte – aber die Wirklichkeit in Unternehmen sieht nach wie vor anders aus. Millionen Führungskräfte weltweit wurden seit Jahrzehnten darauf trainiert, streng fiskalischen Ansätzen wie dem Shareholder-Value zu folgen und sein Dogma der Gewinnmaximierung für den Eigentümer nicht infrage zu stellen. Dabei steckt die wahre Herausforderung eines neuen Stakeholder-Value nicht in einer Umverteilung des Gewinns. Man könnte den Stakeholder-Value ja schlicht auch so interpretieren: Die Eigentümer bekommen den Gewinn nicht mehr allein zur Verfügung gestellt – zum Beispiel, indem ihre Aktien an Wert gewinnen. Stattdessen erfolgt eine Gewinnausschüttung in alternativer Form an alle möglichen Anspruchsparteien: durch bessere Gehälter für die Mitarbeiter, höhere Zahlungen an Lieferanten, mehr Ausgaben für Umweltstandards in den Betrieben und so weiter. In dieser Form wäre der Stakeholder-Value in der Tat nur eine Variante des alten Shareholder-Value. Allerdings würden hier nicht nur die Eigentümer oder Aktionäre monetär profitieren, sondern auch andere Gruppen. Der Musterwechsel eines echten Stakeholder-Value hingegen besteht in der Frage:»Welchen Preis hat der Gewinn? Welchen Preis an finanziellen Investitionen, Arbeitsstunden, aber auch an Umweltverschmutzung, gebrochenen Versprechen, Tarifkonflikten, Entlassungen etc. sind wir als Unternehmen bereit, für unseren Gewinn zu zahlen?« Stakeholder-Value beschreibt somit ein neues Gleichgewicht von Investition und Gewinn: Hier werden nicht nur die Anspruchsgruppen weiter gefasst als bisher, sondern auch der Begriff der Investition. Investitionen im Sinne eines echten Stakeholder-Value sind somit mit reinen betriebswirtschaftlichen Aspekten nicht mehr zu fassen. Denn sie reichen weit hinein in die traditionell als wirtschaftlich nachrangig gehandelten Themen wie Unternehmenskultur, Fairness, Persönlichkeitsentwicklung oder Gesundheit.

Viele gesellschaftliche Debatten, die auch Unternehmen erreichen, haben mit neuen Anspruchsgruppen zu tun: Diversität, Frauenquoten, Rassismus, Umweltschutz, Kolonialismus. Vom ehemaligen Bundeskanzler Ludwig Erhard ist der Spruch überliefert:»Wirtschaft ist zu 50 Prozent Psychologie.«[148] Bleiben weitere 50 Prozent, die heutzutage immer mehr von politischem und gesellschaftlichem Anspruchsdenken gefüllt werden. Im Sinne von Max Weber dringen somit die politische und kulturelle Wertsphäre

> Millionen Führungskräfte weltweit wurden seit Jahrzehnten darauf trainiert, streng fiskalischen Ansätzen wie dem Shareholder-Value zu folgen und sein Dogma der Gewinnmaximierung für den Eigentümer nicht infrage zu stellen.

immer tiefer in die Wertsphäre der Wirtschaft ein und »vergiften« sie mit moralischen und kulturellen Argumenten, die nicht mit rein finanziellen Gegenargumenten zu beantworten sind. Plötzlich wird von Unternehmen verlangt, ethisch zu handeln, ihrem »strukturellen Rassismus« den Kampf anzusagen oder Ausgleichszahlungen an afrikanische Staaten zu leisten, da sie von der Kolonialisierung und Unterdrückung durch europäische Staaten enorm profitiert hätten.

Die Gemengelage ist unübersichtlich – und der Stakeholder-Value ist die Diskursarena, in der neue Gruppen ihren Anspruch formulieren. Oft werden Unternehmen von der Heftigkeit dieser Anspruchshaltung überrascht und präsentieren sich wenig vorbereitet. So sind beispielsweise beim Thema Rassismus über 50 Prozent der Deutschen der Meinung, dass sich »deutsche Unternehmen nicht genug für Werte wie Vielfalt und Respekt in der Gesellschaft einsetzen«. Fast 60 Prozent glauben, dass der Fehler hier vor allem beim Topmanagement, dessen unentschlossener Haltung und einer fehlenden Strategie liegt: »Der Wandel muss von der Geschäftsleitung ausgehen. Man kann eine Belegschaft haben, die sich mit dem Thema auseinandersetzen will – wenn diese aber nicht den Beistand der Geschäftsleitung hat, bringt das wenig. […] Besondere Bedeutung muss hierbei dem Code of Conduct beigemessen werden, mit dem Unternehmen Verhaltensleitlinien und handlungsleitende Werte definieren. […] Ebenso wichtig ist es, den Einsatz gegen Rassismus in der Unternehmensstrategie zu verankern. Der Wert eines Unternehmens wird heute schon lang nicht mehr allein von finanziellen Kennzahlen bestimmt. Das gesellschaftliche und regulatorische Umfeld, in dem ein Unternehmen agiert, wird immer wichtiger. Wer den Einsatz gegen Rassismus in die Unternehmensstrategie einbaut, setzt ein Zeichen: Klare Ziele werden abgesteckt, Maßnahmen formuliert und notwendige Ressourcen bereitgestellt.«[149]

Die Verfolgung eines Stakeholder-Value-Ansatzes ist nicht ungefährlich. Unternehmen, die sich darauf einlassen, geraten in Gefahr, von einer dauererregten Öffentlichkeit auch bei kleinen Verfehlungen mit einem Shitstorm bestraft zu werden. Der Grund hierfür liegt in eben dieser moralischen Argumentation, auf die sich immer mehr Unternehmen einlassen, die beispielsweise »grün« werden, sich als besonders sozial oder generell als moralisch gut präsentieren wollen. Machen solche moralisch aufgeladenen Unternehmen dann Fehler, werden sie nach ebendiesen moralischen Maßstäben eingeschätzt und abgeurteilt. Das zeigt auch das Beispiel des Textil-Discounters Primark: »Die erbärmlichen Versuche von Primark, nachhaltig zu wirken, sind eines der dreisteren Greenwashing-Beispiele. ›Bei Primark findest du jetzt immer mehr Mode aus nachhaltiger Baumwolle.‹ So wirbt der Fashion-Discounter. […] Was Primark tatsächlich macht: einige wenige Teile mit nachhaltiger Baumwolle zu produzieren. Es ist den unterbezahlten Näherinnen und Nähern aber völlig egal, ob die Baumwolle nachhaltig ist oder nicht. Hinzu kommt, dass nachhaltige Baumwolle nicht zwingend bio ist. Und selbst das, was dann noch übrig bleibt, hat nichts mit Nachhaltigkeit zu tun: Primark verarbeitet nämlich Baumwolle der Better Cotton Initiative, die selbst ein Greenwashing-Label ist. […] Besonders dreist ist es dann von Primark, das Design der VEJA Sneakers zu kopieren. Gefährlich, wenn der Verbraucher das verwechselt und dann mit gutem Gewissen glaubt, ein Superschnäppchen gemacht zu haben.«[150] Einem Unternehmen muss klar sein, dass der Stakeholder-Value-Ansatz eben nicht nur die Chance auf ein größeres gesellschaftliches Ansehen bietet, sondern nach dem Motto »mitgefangen, mitgehangen« auch ein höheres Imagerisiko bei entsprechendem Fehlverhalten.

Langfristig bleibt der Stakeholder-Value-Ansatz für die meisten Unternehmen alternativlos.

Langfristig jedoch bleibt der Stakeholder-Value-Ansatz für die meisten Unternehmen alternativlos. Die Komplexität der modernen westlichen Gesellschaften hat sich seit Beginn der Industrialisierung vor knapp 150 Jahren immer weiter erhöht. Historisch gesehen war es nur eine Frage der Zeit, bis sich die gesellschaftlichen Wertsphären verschränken und auch einer geldorientierten Wirtschaft nichts anderes übrig bleibt, als zusätzlich in anderen Währungen wie Image, Nachhaltigkeit oder sozialer Gerechtigkeit zu denken und zu handeln. Die kleinen und großen Wirtschaftsskandale, die gefühlt immer häufiger auftreten, sind in Wirklichkeit ein Seismograph für die immer heftigere Nichtakzeptanz des alten Shareholder-Value und ein Aufbegehren dagegen: »Dass die Globalisierung zu häufigerem moralischem Fehlverhalten in großen Unternehmen führe, bestreitet der frühere Chef des Bundesverbandes der Deutschen Industrie und heutige Wirtschaftsprofessor Hans-Olaf Henkel vehement. ›Mit Sicherheit ist das Gefühl berechtigt, dass heute mehr passiert‹, sagt er. Dies liege aber daran, dass die moralischen Ansprüche gestiegen seien und dass durch die Medien mehr Fehlverhalten zutage gefördert werde. Daraus resultiere der subjektive Eindruck, es sei alles viel schlimmer als früher.«[151]

Auch wenn man dem Argument folgt, dass nicht mehr passiert als früher, zeigt die immer schnellere Abfolge aufgedeckter Skandale eine neue Anspruchshaltung der Gesellschaft gegenüber der Wirtschaft. In diesem Kontext muss man auch das Whistleblower-Phänomen neu bewerten. Während Whistleblower in der Regel ihrem eigenen Gewissen folgen, wenn sie Missstände öffentlich machen, kann man sie auch als Symbole einer immer besorgteren, kritischen Öffentlichkeit betrachten. Sie sind mithin Beschleuniger eines Bewusstseinsprozesses, der zu einer flächendeckenden Stakeholder-Value-Philosophie und einer stärkeren Moralisierung der Wirtschaftssphäre führen soll.

Stakeholder-Value bedeutet, das Denken und Handeln eines Unternehmens nochmals komplexer zu gestalten, als es ohnehin schon ist, weil es das zentrale Element der Wirtschaft, das Gewinnstreben, zu einer Neudefinition herausfordert. Es geht hierbei nicht nur um eine Erweiterung der gesellschaftlichen Anspruchsgruppen, wie es der eingangs erwähnte Brief des American Business Roundtable suggeriert. Auch in der Ära des Shareholder-Value verhielten sich viele Unternehmen nicht amoralisch, sondern zahlten faire Löhne, lieferten gute Produkte zu angemessenen Preisen und engagierten sich in ihrer örtlichen Gemeinde. Würde sich die Diskussion um den neuen Stakeholder-Value-Ansatz nur in der Debatte um neue Anspruchsgruppen erschöpfen, hätten Unternehmen jedes Recht, weiterhin auf einer Shareholder-Value-Philosophie zu bestehen. Solange Umsatz und Gewinn stimmen, kann man immer auf die individuelle Auslegung gesellschaftlicher und wirtschaftlicher Ansprüche verweisen.

Die Revolution des Stakeholder-Value besteht in der Moralisierung der Wirtschaft mit allen positiven und negativen Folgen. Unternehmen als Akteure der Gesellschaft werden nun aktiv herausgefordert, zu gesellschaftlichen Fragen Stellung zu beziehen, Haltung zu zeigen und sich bewusst mit neuen Anspruchsgruppen auseinanderzusetzen. Das ist vordergründig zu begrüßen. Auf den zweiten Blick allerdings müssen sich Unternehmen sehr bewusst mit einem Wandel zum Stakeholder-Value auseinandersetzen. Was, wenn die moralisch guten Werte von heute die unerwünschten von morgen wären? Was, wenn die Gesellschaft immer neue Anspruchsgruppen erzeugt, die ihren Tribut fordern? Heute sind es die Frauen, People of Color oder Migranten. Morgen werden es vielleicht die arbeitslosen Weißen über 50 sein. Was sich wie eine absurde Provokation anhört, ist bereits dabei, Wirklichkeit zu werden. So hat ausgerechnet die Antidiskriminierungsstelle der Berliner Humboldt-Universität in einer Stellenausschreibung betont, keine Person weißer Hautfarbe einzustellen: »Wir bitten […] weiße Menschen, von einer Bewerbung für diese Beratungsstelle abzusehen«, heißt es dort.[152] Erst nach heftiger Kritik korrigierte die Universität die Stellenanzeige.

> **Die Moralisierung der Wirtschaft durch den Stakeholder-Value ist nicht mehr aufzuhalten. Besser wir gestalten sie bewusst, kompetent und vor allem gemeinsam.**

Stakeholder-Value bedeutet einen komplexen Prozess der Bewusstwerdung des Unternehmens zu sich selbst. Welchen Stellenwert hat Gewinn für uns? Was fällt für uns alles unter Investition? Welchen Preis sind wir auf vielen Ebenen bereit, für unseren Gewinn zu zahlen? Wer im Unternehmen und in der Gesellschaft soll diesen Preis bezahlen? Und wer soll schließlich von unserem Gewinn profitieren? All das sind Fragen, die sich nicht über Nacht und schon gar nicht mit einer simplen Entscheidungsvorlage für den Vorstand lösen lassen. Die Philosophie des Stakeholder-Value tritt somit aus der Begrenzung des Shareholder-Value heraus, welcher die Rolle und die Wirkung der Wirtschaft auf eher einseitige betriebswirtschaftliche Kriterien reduziert. Stakeholder-Value bedeutet eine Verbreiterung der gesellschaftlichen Verantwortung für Unternehmen und damit die Akzeptanz ethischer Kriterien auf breiter Front auch für wirtschaftliches Handeln. Stakeholder-Value mag auf uns Deutsche wie ein neuer Begriff für soziale Marktwirtschaft wirken. In Wahrheit geht Stakeholder-Value darüber hinaus, indem man den Unternehmen eine aktivere gesellschaftliche Rolle zuschreibt und die Überschneidung der gesellschaftlichen Wertsphären zulässt, ja sogar fördert. Die Moralisierung der Wirtschaft durch den Stakeholder-Value ist nicht mehr aufzuhalten. Besser wir gestalten sie bewusst, kompetent und vor allem gemeinsam. In der Verwirklichung des Stakeholder-Value wird sich zeigen, ob Unternehmen der Komplexität unserer modernen Gesellschaft gewachsen sind.

Die neue Lust am Kollektiv: Wenn das Wir politisch wird

Unter Verschwörungstheoretikern rund um den Globus ist das Weltwirtschaftsforum (World Economic Forum – WEF) ein altbekannter Feind. Das 1971 von Klaus Schwab gegründete Forum vereint über 1000 global tätige Unternehmen, die ihrerseits oft Branchenführer sind bzw. in ihrem jeweiligen Land eine wichtige Rolle spielen. Der durchschnittliche Jahresumsatz eines WEF-Mitgliedsunternehmens beträgt fünf Milliarden Dollar. Obwohl das offizielle Motto des WEF lautet, den »Zustand der Welt verbessern«, ist es vor allem bei Globalisierungskritikern berüchtigt, ja verhasst. Bei den jährlichen Mitgliedstreffen, zu denen Politiker, Wissenschaftler und Prominente anreisen, kommt es regelmäßig zu Zusammenstößen mit der Polizei – bis hin zu bürgerkriegsartigen Scharmützeln. In den Augen vor allem linker Politiker, Aktivisten und Kritiker ist das Weltwirtschaftsforum ein Hort des neoliberalen Bösen, angetreten, um die Welt nach seinem Bild zu formen. Dabei geht es beim Weltwirtschaftsforum durchaus offen zu. So wirbt eine Schweizer Zeitung offensiv-fröhlich mit ihrer Berichterstattung: »Mittendrin sind unsere Reporter […], die ab sofort regelmäßig über die Großveranstaltung berichten. Sie holen vor Ort Stimmen ein, drehen Videos und führen Interviews mit Wissenschaftlern und Entscheidungsträgern aus Wirtschaft sowie Politik. […] Ergänzt wird die Berichterstattung mit unserem Dossier, wo Sie Hintergründe, Analysen, Bilder und vieles mehr rund um die Großveranstaltung finden.«[153] Das hört sich nicht gerade nach Hinterzimmer-Deals in einem verrauchten Mafia-Lokal an. Im Gegenteil sind die Davos-Meetings Ereignisse der Superlative. 2019 stand das Treffen unter dem Motto »Globalisierung 4.0: Gestaltung einer globalen Architektur im Zeitalter der vierten industriellen Revolution«. Das Weltwirtschaftsforum 2019 hatte 3000 Teilnehmer aus über 100 Ländern, die mehr als 400 Vorträge und Workshops besuchen konnten. 2020 traf man sich trendbewusst zum Thema »Akteure für eine kohärente und nachhaltige Welt«, wiederum mit etwa 3000 Teilnehmern. Gleichzeitig feierte man das 50. Treffen in dieser Form.

Der Wert der jährlichen Treffen der »Weltelite« in Davos oder anderswo liegt für die Teilnehmer nicht nur im offiziellen Tagungsprogramm, sondern im Aufbau eines Netzwerks, im »Meet and Greet« mit anderen einflussreichen Persönlichkeiten. In diesem Sinne ist das WEF tatsächlich einzigartig. Nirgendwo sonst auf der Welt kann man Teil eines ähnlich einflussreichen, illustren Netzwerks werden. Und dieser inoffizielle Networking-Charakter macht das WEF in der Tat gefährlich – wenn auch auf andere Art, als es viele Aktivisten befürchten. Es ist ein Irrtum, anzunehmen, Politiker reisten nach Davos, um sich freundlich mit Unternehmern auszutauschen oder das neuste Wissen rund um globale Themen zu erfahren. Aber sie sind ebenso wenig willfährige Befehlsempfänger der Reichen und Mächtigen, wie es manche Verschwörungstheoretiker vermuten. Die Wahrheit ist für die politische Sphäre noch grausamer: Sie kämpft in Davos gegen ihre eigene Bedeutungslosigkeit.

Klaus Schwab and Friends sind nicht angetreten, um mithilfe der Politik die Welt zu verändern. Vielmehr halten sie die Politik und ihre traditionellen demokratischen Prozesse für veraltet und glauben, dass »eine globalisierte Welt am besten von einer Koalition aus multinationalen Konzernen, Regierungen […] und ausgewählten zivilgesellschaftlichen Organisationen (CSOs) gemanagt wird«. Regierungen seien nicht länger »die überwältigend dominierenden Akteure auf der Weltbühne« und man sei überzeugt, dass »die Zeit für ein neues Stakeholder-Paradigma der internationalen Governance« gekommen sei. Auch die UNO soll entpolitisiert werden: »Die Vision des Weltwirtschaftsforums umfasst eine ›öffentlich-private‹ UNO, in der bestimmte Sonderorganisationen unter gemeinsamen staatlichen und nichtstaatlichen Governance-Systemen arbeiten würden [...] Dieses Modell geht auch davon aus, dass einige Probleme von der Tagesordnung des UN-Systems gestrichen werden, um von ›plurilateralen, oft Multi-Stakeholder-Koalitionen der Willigen und Fähigen‹ angegangen zu werden.«[154]

Hier begegnet uns der Stakeholder-Gedanke wieder – allerdings in einer politisierten und gleichzeitig radikaleren Form. Ging es dem American Business Roundtable noch darum, die amerikanische (und damit letztlich die globale) Wirtschaftswelt nach dem Stakeholder-Prinzip umzuformen, erklärt das Weltwirtschaftsforum dieses kollektiv orientierte, aber schlussendlich undemokratisch strukturierte Prinzip zur Regierungsform einer globalen Welt. Darin liegen die tatsächliche Anmaßung und die intellektuelle Übersteigerung des Eliten-Netzwerks:»Diese Mischung aus Naivität und Zynismus ist atemberaubend. Kein Wunder, dass Verschwörungstheoretiker im Great Reset ein Komplott der sogenannten Eliten sehen, wahlweise den Sozialismus oder ökonomischen Faschismus einzuführen. Für sie passt jetzt endlich alles zusammen. Covid-19 und der Lockdown waren alles nur Tricks, um die ahnungslosen Massen auf das wahre Ziel hinzusteuern. Hört man den Davos-Vordenkern und ihren von der eigenen Grandiosität überzeugten Aussagen zu, muss man noch nicht einmal sonderlich paranoid sein, um auf solche Ideen zu kommen.«[155]

Initiativen wie der aktuelle *Great Reset* oder das 2010 formulierte *Global Redesign* schreien geradezu nach einer verschwörungstheoretischen Interpretation. Wie sonst sollte man erklären, dass das neoliberale Weltwirtschaftsforum auf einmal linke, fast sozialistische Werte vertritt: faire Löhne, höhere Steuern, Umweltschutz, das Begrenzen von Schäden der industriellen Produktion sowie eine Neubewertung von Eigentum. Daher kommen konservative bis marktradikale Kritiker zu einem vernichtenden Ergebnis hinsichtlich des Great Reset:»Das Weltwirtschaftsforum und die mit ihm verbundenen Institutionen wollen zusammen mit einer Handvoll Regierungen und einigen wenigen High-Tech-Unternehmen die Welt in eine neue Ära ohne Eigentum und Privatsphäre führen. Werte wie Individualismus, Freiheit und das Streben nach Glück stehen auf dem Spiel, die zugunsten des Kollektivismus und der Auferlegung eines

›Gemeinwohls‹ abgelehnt werden sollen, das von der selbsternann-
ten Elite der Technokraten definiert wird. Was der Öffentlichkeit als
das Versprechen von Gleichheit und ökologischer Nachhaltigkeit
verkauft wird, ist in Wirklichkeit ein brutaler Angriff auf die Menschenwürde und -freiheit. Anstatt die neuen Technologien als Instrument der Besserung zu nutzen, versucht der Great Reset, die
technologischen Möglichkeiten als Werkzeug der Versklavung ein-
zusetzen. In dieser neuen Weltordnung ist der Staat der alleinige
Eigentümer von allem. Es bleibt unserer Vorstellungskraft überlassen, herauszufinden, wer die Algorithmen programmiert, die die
Verteilung der Güter und Dienstleistungen regeln.«[156]

Egal ob linke Verschwörung oder naiver Traum einer Weltelite: Die Kontroversen um das Weltwirtschaftsforum und den Great
Reset verdeutlichen einen grundlegenden Bewusstseinswandel,
der an allen Fronten unserer Gesellschaft sichtbar wird: die Wie-
derentdeckung des Kollektivs. Das Stakeholder-Manifest der amerikanischen Wirtschaftsbosse ist nur der Ausdruck eines immer
stärkeren Kollektiv-Gedankens, der für
viele Menschen durchaus positiv besetzt
ist. Für andere stellt er den Beweis dar,
dass Individualismus, Freiheit und das
Streben nach Glück auf dem Spiel stehen.
Der Kampf von kollektiven gegenüber individuellen Interessen ist eine der großen
Bruchlinien moderner Gesellschaften. Immer öfter fragt die Gesellschaft: »Ist das

Der Kampf von kollektiven gegenüber individuellen Interessen ist eine der großen Bruchlinien moderner Gesellschaften.

Wohl von vielen nicht wichtiger als das Wohl von Einzelnen? Wo
endet die Freiheit des Individuums, die – neu definiert – nicht von
der Freiheit des anderen begrenzt wird, sondern von der Freiheit
des Kollektivs?« Besonders drastisch wird diese Frage beim Thema
Corona diskutiert: »Darf ich mich entscheiden, mich nicht impfen
zu lassen? Oder muss ich mich solidarisch zeigen?« Ist die Corona-
Impfung nicht sogar eine »patriotische Pflicht«, wie es Gesund-
heitsminister Jens Spahn formulierte? 2021 ging im Wahlkampf
zur Bundestagswahl ein Foto viral: Es zeigt ein zerschnittenes FDP-
Wahlplakat, übersprüht mit dem Satz »Tötet die Ungeimpften!«.

Satire? Ein Scherz? Allein die Möglichkeit, dass der Sprayer es durchaus ernst meint, sagt viel aus über unsere überreizte Gesellschaft und die Gnadenlosigkeit, mit der Meinungen aufeinanderprallen können.

Die ethischen Fragen in der Corona-Krise können nur eine solche Brisanz erlangen, weil wir den Wert von Kollektiven gegenüber Individuen immer höher ansetzen. Anders sind Ereignisse wie das Urteil des Bundesverfassungsgerichts 2021 zur Klimapolitik nicht zu verstehen. Dort wurde das Klimaschutzgesetz der Bundesregierung teilweise für unzulässig erklärt. Man könne nicht den heute lebenden Deutschen erlauben, »unter vergleichsweise milder Reduktionslast große Teile des CO_2-Budgets zu verbrauchen, wenn damit zugleich den nachfolgenden Generationen eine radikale Reduktionslast überlassen und deren Leben umfassenden Freiheitseinbußen ausgesetzt würde«[157]. Künftig können »auch gravierende Freiheitseinbußen zum Schutz des Klimas verhältnismäßig und verfassungsrechtlich gerechtfertigt sein«, denn »das relative Gewicht des Klimaschutzgebots in der Abwägung bei fortschreitendem Klimawandel« nehme weiter zu.[158]

In der Rechtsprechung gilt immer öfter: Das Wohl vieler zählt mehr als das Wohl Einzelner. Auch öffentliche Äußerungen wie die des SPD-Vize-Vorsitzenden Kevin Kühnert, der BMW gern verstaatlichen würde, oder die Enteignungsinitiative gegenüber Berliner Wohnkonzernen setzen auf das Vorrecht des Kollektivs gegenüber Einzelinteressen eines Unternehmens: »Durch Vergesellschaftung von Wohnungsbeständen kann Berlin Probleme lösen, für die der Politik heute jedes Mittel fehlt. Öffentliches Eigentum erlaubt nicht nur leistbare Mieten, sondern auch Schutz für Kleingewerbe, Raum für Kunst und alternative Jugendkultur, dezentrale Unterbringung von Geflüchteten oder Schutzräume vor häuslicher Gewalt.«[159] Eine Enteignung sei außerdem ein wertvolles Symbol, denn »die kleinen Miethaie nehmen« sich die großen Miethaie als Vorbild«.[160]

Wenn wir von wirtschaftlichem Stakeholder-Value oder von der Wiederkehr sozialistischer Fantasien in der Politik sprechen, fußen diese Gedanken nicht mehr auf einer universalistischen Ethik mit dem einzelnen Individuum als Basis. Grundlage für die Beurteilung von moralischem Verhalten ist nicht mehr die juristisch und ethisch identifizierbare Person. Stattdessen werden gesellschaftliche Gruppen in Form von Männern, Frauen, Weißen, People of Color, LGBTQ*, Klimaaktivisten und so weiter als Kollektive verstanden und angesprochen. Die Durchsetzung kollektiver Interessen ist der Wandlungsschmerz unserer aktuellen demokratischen Gesellschaften. Natürlich kennen wir Tarifkonflikte, Streiks oder Demonstrationen, mit denen auch schon früher versucht wurde, Vorteile für Kollektive herauszuholen – für die Gewerkschaften, die Studenten oder die Pflegekräfte. Doch es gibt einen gravierenden Unterschied zu heutigen Kollektiven, die im politischen Raum agieren. Er besteht in der hohen persönlichen Identifizierung mit dem Kollektiv, die bis zur Selbstaufgabe und zur Erkrankung an schweren psychischen Störungen gehen kann. Das wird vor allem an der Klimabewegung sichtbar, in der nicht wenige junge Frauen (es sind fast immer Frauen) Depressionen entwickeln: »Mittlerweile gibt es sogar neue medizinische Begriffe für die Angst um das Klima. ›Climate Grief‹ (Klima-Trauer) nennen Experten diese belastenden Emotionen. Der Begriff schließt auch die Trauer mit ein, die Menschen bei umweltbezogenen Verlusten empfinden, etwa wenn Tierarten aussterben oder Gletscher schmelzen. […] Gerade viele junge Menschen hätten oft wenig Hoffnung auf eine bessere Zukunft.«[161] In den USA hat man für diese Gruppe bereits einen eigenen Begriff geprägt: »Doomer«. Gemeint sind junge Menschen, die aufgrund der scheinbar überwältigenden Probleme der Welt hoffnungslos und deprimiert in die Zukunft blicken. Es ist erschütternd zu sehen, dass wir junge Menschen darauf trainieren, die Zukunft als besonders düster und unabwendbar kaputt wahrzunehmen. Ein Verlust für alle Seiten.

Die neue Lust am Kollektiv kann man als Erweiterung der Weber'schen These verstehen, dass unsere Gesellschaft eine Gesellschaft der Organisationen ist. Bislang haben wir diese Definition nur auf reglementierte Organisationen angewandt: Unternehmen, Parteien, Verbände, Vereine etc. Mit dem Erstarken des Kollektiv-Gedankens bilden sich diffuse Organisationen – eher lose Gruppenverbände als Organisation, die jeweils ihre Partikularinteressen verfolgen. Und das ist problematisch. Traditionelle Unternehmen, sogar wenn sie nach Prinzipien der Agilität oder Selbstverantwortung geführt werden, haben wenigstens rudimentäre Hierarchien, juristische und organisatorische Verantwortlichkeiten und definierte Rollen für ihre Mitglieder. Diese Rollen legen gleichzeitig die Identitätsgrenze gegenüber der Organisation fest. Man erinnere sich an die Purpose-Diskussion: Purpose-Unternehmen verwischen gezielt diese Identitätsgrenze, indem sie den ganzen Menschen als Arbeitskraft für sich reklamieren. In diesem Sinne sind Purpose-Unternehmen ein Zwitterwesen aus traditioneller, reglementierter Organisation und diffusem Kollektiv, das sich um einen gemeinsamen Purpose sammelt. Als politischer oder gesellschaftlicher Akteur hingegen handeln Kollektive oft ohne juristischen oder organisatorischen Rahmen. So wird beispielsweise auf der Website von »Fridays for Future« im Impressum weder eine juristische noch eine natürliche Person als Ansprechpartner genannt. Hier findet man lediglich eine Postadresse ohne Empfängernamen.[162] Rechtlich gibt es die Organisation »Fridays for Future« gar nicht, höchstens als Marke oder eben als Bewegung, als Kollektiv. Das ist so lange kein Problem, solange »Fridays for Future« keine juristisch relevanten Handlungen vollziehen muss. Aber schon beim Spendensammeln wird das problematisch. Wohin überweist man seine Spende: auf ein Privatkonto? Oder wer ist verantwortlich, wenn auf einer FFF-Demo jemand verletzt wird? Spätestens dann wird das Manko der »unorganisierten Organisation« offensichtlich.

Wir erreichen in der gesellschaftlichen und politischen Auseinandersetzung und der oft gegensätzlichen Interessenverfolgung unterschiedlicher Anspruchsgruppen ein neues Stadium. Es gibt nicht mehr einerseits Individuen und andererseits Organisationen, die ihre Interessen durchsetzen wollen. Die Kollektive stehen zwischen der Ebene der Individuen und der Ebene der Organisationen. Sie bleiben diffus, nur geeint durch ein identitätsstiftendes Merkmal oder einen übergeordneten Zweck. Kollektive handeln als eigenständiger Akteur, mitunter in einer Opferrolle, ohne selbst gegenüber formellen Organisationen oder Individuen zur Rechenschaft gezogen werden zu können.

Mit der Bildung von Kollektiven und der Argumentation des kollektivistischen Interesses fallen wir im Grunde hinter die universalistischen Menschenrechte zurück, die wir uns mit der Aufklärung erobert haben. Wenn Robert oder Sabine vor allem als Teil von Kollektiven wahrgenommen werden, beispielsweise als »alter weißer Mann« hier und als »Feministin« dort, wenn wir Rechtsstaatlichkeit nicht mehr auf Grundlage der Person, sondern des kollektiven Interesses gründen, wenn sich Kollektive als Opfergruppen inszenieren und andere Kollektive oder Personen innerhalb einer Cancel Culture mundtot machen wollen (»Tötet die Ungeimpften!«), haben wir ein Problem. Als prominentes Beispiel unter mittlerweile unzähligen sei hier die Ausladung des berühmten Comic-Zeichners Frank Miller (»Sin City«, »300«) wegen angeblichem Rassismus von einem britischen Festival genannt: »Aufgestachelt von einer muslimischen Comic-Kleinverlegerin, die sich an seiner einseitigen Darstellung des Islam im Quasi-Batman-Comic ›Holy Terror‹ von 2012 stört, hat sich in den sogenannten sozialen Medien der übliche Mob zusammengerottet, der unter dem Banner der Toleranz so lange herumstänkerte, bis die Festivalleitung, die Miller erst halten wollte, einknickte. […] Frank Miller, der eigentlich als Headliner auf den Plakaten stand, muss zu Hause bleiben.«[163]

Was verbindet das World Economic Forum, Fridays for Future und die Cancel Culture? Wir erleben immer öfter Kollektive als handelnde Akteure im gesellschaftlichen und politischen Bereich – ohne offiziellen Auftrag, unreguliert, unkontrolliert, teilweise aggressiv in ihrer Zielverfolgung. Geprägt von einer extremen Opferhaltung und einem umfassenden Freund-Feind-Denken. Das kann den Kollektiv-Gedanken langfristig vergiften und diskreditieren. Wir tauchen ein in eine neue Ära des kollektiven Bewusstseins. Wir konstruieren Purpose-Unternehmen und bilden Bewegungen für ökologische oder soziale Nachhaltigkeit. Wir rotten uns zusammen, um die Lesung eines politisch unkorrekten Autors in unserer Stadt zu verhindern. In unseren Kollektiven wollen wir genau wie in unseren Kirchen und Organisationen Teil eines großen Ganzen sein. Auch Kollektive leben von der Kraft des Transzendenten – vom religiösen Kern, von der »Erhobenheit« eines gemeinsamen Sinns.

Aber wir gehen einen gefährlichen Weg, wenn wir die individualistische Ethik durch eine unregulierte Kollektiv-Ethik ersetzen. Wer schützt uns vor der Willkür unreglementierter Kollektive – sei es das Weltwirtschaftsforum, gut gemeinte Opfergruppen oder linke Antifaschisten, die jedes Wochenende in Berlin Autos vermeintlicher »Kapitalistenschweine« anzünden? Der Gedanke, sich in Kollektiven für einen gemeinsamen Zweck zu organisieren, ist grundsätzlich gut. Was wir bei der Entwicklung von Kollektiven nicht zulassen dürfen, ist die unreflektierte Unterdrückung anderer Kollektive oder Individuen bis hin zur gesellschaftlichen Vernichtung. Das muss man so deutlich sagen, weil es im Deutschland der 2020er-Jahre durchaus üblich geworden ist, Andersdenkende via Facebook oder Twitter zu terrorisieren und ihnen jegliches Existenzrecht abzusprechen.

Wir brauchen einen viel bewussteren Umgang mit der Macht von Kollektiven und ihrer gesellschaftlichen Rolle. Momentan verhalten wir uns wie ein Kind, das mit einer Pistole spielt, und lassen zu, dass unregulierte Kollektive die Diskurshoheit über wichtige Themen der Gesellschaft (Klimawandel, Migration, soziale Gerechtigkeit, Rassismus etc.) übernehmen. Kollektive haben das Recht, ihre Meinung zu äußern. Sie haben aber auch die Pflicht, andere Meinungen zu akzeptieren. Alles andere führt zurück in eine kulturelle Steinzeit, in der Baustellen von Wohnungsunternehmen angezündet, Politiker krankenhausreif geprügelt und Künstler wegen einer falschen Meinung ihrer Existenz beraubt werden. So inspirierend der Gedanke des Kollektivs mit seiner Kraft der Solidarität und der Gemeinschaft ist, müssen wir Mittel und Wege finden, Kollektive zu disziplinieren und sie bei Bedarf zur Rechenschaft zu ziehen: moralisch, juristisch, finanziell. Eine freie Gesellschaft kann von der Kraft der Kollektive profitieren. Doch Kollektive dürfen keine moralische Sonderstellung einfordern. Sonst verspielen sie den Kredit, den sie sich in der Vergangenheit mühsam erarbeitet haben.

Sozialer Kapitalismus: Wie ein Widerspruch die Gesellschaft verändert

Jede Epoche hat ihren eigenen Kapitalismus, ihre individuelle Interpretation von Ökonomie, Gewinnstreben, Gemeinwohl und der Rolle der Wirtschaft in der Gesellschaft: angefangen vom rohen Kapitalismus der frühen Industrialisierung, dem sozial orientierten New Deal der USA vor dem Zweiten Weltkrieg über den marktradikalen, britischen Manchester-Kapitalismus unter Margret Thatcher und die US-amerikanischen, neoliberalen Reagonomics der 1980er-Jahre bis hin zum kritischen Kapitalismus im Nachgang der Finanzkrise 2008 / 2009. Das kapitalistische System ist nicht der unverrückbare und menschenfeindliche Monolith, als der er gern beschrieben wird. Jede Gesellschaft und jede Epoche erzeugen ihre eigene Spielart von Kapitalismus. Allerdings waren bis in die frühen Nullerjahre hinein ethische Argumente lange nicht so präsent wie sie es heute sind – auch wenn beispielsweise im Zuge der sozialen Marktwirtschaft deutscher Prägung die damalige katholische Soziallehre eine enorme Rolle spielte: »Die katholische Soziallehre, in der Gemeinwohl ein zentrales Sozialprinzip ist, basiert auf einer metaphysisch gefüllten Idee vom Gemeinwohl, das einem übergeordneten, vernünftigen und göttlichen Interesse […] entspricht. Diesem Ziel ist sowohl das Handeln Einzelner als auch der Gemeinschaft verpflichtet, indem sie nach sozialer Gerechtigkeit streben. So schaffen sie die wahre Gemeinschaftsordnung und gewährleisten dadurch das Gemeinwohl.«[164] Man muss bei allen heutigen Missständen und Skandalen den beiden großen Kirchen dankbar sein, dass sie das Nachkriegsdeutschland mit ihren damaligen

Vorstellungen einer gemeinwohlorientierten Wirtschaftsordnung prägten.

Der von der Kirche damals verwendete Begriff »Gemeinwohl« ist allerdings gar nicht so eindeutig. Von den antiken Philosophen über Aufklärer wie Jean-Jacques Rousseau bis zu Ökonomen wie Adam Smith und in jüngster Vergangenheit zu Philosophen wie Michael J. Sandel gab und gibt es teilweise sehr unterschiedliche Interpretationen zur Frage des Gemeinwohls. So unterschied die Aufklärung den »gemeinsamen Willen«, das Gemeinwohl, von der reinen Addition der individuellen Willensbildung: »Nicht die Summe der individuellen Zielverfolgungen, sondern nur die kollektive Willensanstrengung könne das Gemeinwohl garantieren.«[165] Schon die Aufklärer machten so darauf aufmerksam, dass sich das Gemeinwohl nicht irgendwie ergibt, sondern dass es bewusst gesucht, formuliert und umgesetzt werden muss. Demgegenüber folgten die Utilitaristen einer anderen Variante von Gemeinwohl: Gemeinwohl sei das Wohl von möglichst vielen Individuen und Gruppen zum einkalkulierten Nachteil weniger Individuen und Gruppen.

Wenn beispielsweise in der Corona-Krise der Deutsche Ethikrat Einschränkungen für Ungeimpfte empfiehlt, ist er in einer klaren utilitaristischen Tradition unterwegs – weg von der universalistischen Position der Menschenrechte, die rein auf dem Individualrecht beruhen: »Wer sein Recht auf Unvernunft wahrnehmen will, der muss damit rechnen, dass sich andere vor ihm schützen.«[166] Und im Zusammenhang mit Corona-Tests für Ungeimpfte: »Es ist nicht Aufgabe des Staates, aus Steuergeldern Unvernunft zu finanzieren.«[167] Aus Sicht des Ethikrates ist das Verhalten eines Ungeimpften nicht mehr Ausdruck der individuellen Freiheit, sondern ein Nachteil zugunsten einer anderen Gruppe, der nicht toleriert werden darf. Das ist eine klare utilitaristische Ethik. Auch die Argumentation in aktuellen politischen Debatten über Enteignung oder den Ausbau erneuerbarer Energien folgt dieser

Wer eine Ölheizung im Keller hat, Fleisch essen oder fliegen will, setzt sich aus Sicht der Utilitaristen ins Unrecht und darf durch Zwang auf den rechten Weg gebracht werden.

Argumentation. Wer eine Ölheizung im Keller hat, Fleisch essen oder fliegen will, setzt sich aus Sicht der Utilitaristen ins Unrecht und darf durch Zwang auf den rechten Weg gebracht werden.

Diese Überlegungen muten zunächst recht theoretisch an. Aber sie markieren den Kern der momentanen wirtschaftlichen Diskussion um Kapitalismus, Gemeinwohl und das Verhalten der Wirtschaft in einer moralisch immer aufgeladeneren Gesellschaft. Kapitalismus ist somit nicht mehr eine Ideologie der individuellen Gewinnanhäufung und des Shareholder-Value. Vielmehr wird er zum Vehikel des Stakeholder-Value – zum Medium unterschiedlicher Kollektivinteressen, die auf Kosten anderer Kollektive durchgesetzt werden sollen. Die Bewegungen und Ansätze, den Kapitalismus zu reformieren und in sozialere Varianten zu verwandeln, sind also beileibe nicht neu. Von der sozialen Marktwirtschaft in Deutschland über die »solidarische Ökonomie« und den damit verbundenen Genossenschaftsgedanken bis zur Gemeinwohl-Ökonomie des Österreichers Christian Felber haben Vordenker – mal utilitaristisch, mal nicht – dafür plädiert, die Freiheit des Individuums einzuschränken und als Kontrast alle wirtschaftlichen Akteure in sozialverträglichere Verhaltensweisen einzubinden: »Die typische und oft auch erfolgreichste Strategie, um einen höheren Gewinn zu erwirtschaften, sind egoistische und rücksichtslose Verhaltensweisen. Das halte ich für einen entscheidenden Systemfehler. […] Wir wollen, dass Tugenden belohnt werden und nicht Laster. Auf den Märkten wäre es schon eine wichtige Umstellung, wenn die Finanzbilanz zur Sekundärbilanz würde und die Ethik- oder Gemeinwohlbilanz zur Hauptbilanz.«[168]

Die Gemeinwohl-Ökonomie in ihren unterschiedlichen Spielarten stellt die Grundsatzfrage »Für wen ist der Kapitalismus da?« neu. Und so erfrischend und einleuchtend die Logik einer Gewinnumverteilung hin zu möglichst vielen Anspruchsgruppen, von sozialer und ökologischer Nachhaltigkeit und von einer besseren und gerechteren Welt erscheint, können die Gemeinwohl-Ökonomie und jede Form eines sozialen Kapitalismus nur unter bestimmten Vorzeichen funktionieren. Zunächst einmal müssten sich die revolutionären Kräfte der Gemeinwohl-Philosophie eingestehen, dass

Gemeinwohl-Ökonomie genau das ist: eine Revolution. Und Revolutionen gehen nicht ohne Verluste ab. Wo Investitionen und Gewinne umverteilt werden, bekommen einige Individuen und Gruppen zwar mehr, andere aber weniger als vorher. Und niemand lässt sich gerne etwas wegnehmen. Das fängt schon im Sandkasten an. Doch statt den revolutionären Charakter der Gemeinwohl-Ökonomie zu betonen, versucht man, das Momentum der Bewegung kleinzureden:»Wir wollen nichts umkrempeln um der Veränderung willen. Veränderung ist kein Selbstzweck. Wenn die Dinge gut sind, dann sind wir konservativ und sie dürfen bleiben. [...] Die Unternehmen werden sich zum Beispiel überhaupt einmal dessen bewusst, was sie tun. Das ist ein ganz pragmatisches Organisationsentwicklungsinstrument, noch bevor es dann ein ethischer Kompass wird. [...] Den Unternehmen wird bewusst, wie sie bestimmte Entscheidungsprozesse und Abläufe gestalten und dass sie diese eigentlich ganz anders auch gestalten könnten. [...] Das kann zum Beispiel bedeuten, dass man den Stromanbieter oder die Bank, bei der man ein Konto eröffnet, ganz bewusst nach ethischen Gesichtspunkten wählt. Es kann auch heißen, dass man Obstkörbe im Unternehmen aufstellt.«[169]

Es ist verständlich, wenn sich Befürworter der Gemeinwohl-Ökonomie defensiv verhalten und die Idee der Gemeinwohl-Bilanz als Organisationsentwicklung kleinreden. Nur kann eine solche Taktik, mit verbalen Wattebäuschchen zu werfen, auch nach hinten losgehen. Gemeinwohl-Ökonomie setzt das Wohl des Kollektivs vor das Wohl des Individuums. Mehr noch: In der politischen Spielart der Idee hat die Vorstellung einer »souveränen Demokratie« Hochkonjunktur, in der traditionelle Parteien an Macht verlieren: »Ich träume davon, dass wir eines Tages in der souveränen Demokratie ankommen, und diese könnte ganz ohne Parteien auskommen. Ich halte Parteien grundsätzlich für ineffektiv und kontraproduktiv.«[170]

Letztendlich will die Gemeinwohl-Ökonomie reichen Wirtschaftslenkern, Milliardären und einflussreichen Politikern Geld und Macht wegnehmen, den Gewinn und die Macht umverteilen und dem kapitalistischen System neue Spielregeln verpassen. Genau das aber kennzeichnet eine waschechte Revolution. In der Selbstverzwergung der Gemeinwohl-Ökonomie lassen sich Parallelen zum Bundestagswahlkampf der Grünen 2021 ziehen. Auch dort verbarg sich die Spitzenkandidatin Annalena Baerbock hinter dem Klein-Klein ordnungspolitischer Maßnahmen, ohne die Wähler mit einer wagemutigen Vision herauszufordern: »Warum profitieren die Grünen nicht von der Klimakrise? Weil sie vor lauter Forderungen keine Sprache finden, weil sie bei all den ›Projekten‹ die Größe des Problems lieber gar nicht benennen. [...] Nur zur Erinnerung: Die nächsten Jahre werden über die nächsten Jahrhunderte entscheiden, eine Revolution steht an, die alle Lebensbereiche durchdringt, alle Menschen fordert, die Art des Wirtschaftens ebenso verändert wie die Art des Zusammenlebens. Das jedenfalls denken die Grünen, trauen sich aber nicht, es zu sagen.«[171] Wie den Grünen fehlt es der Gemeinwohl-Ökonomie an Mut, das Unleugbare auszusprechen: Es geht um Macht, Geld, Moral und Systemveränderung und nicht nur darum, dass einzelne Unternehmen eine Gemeinwohl-Bilanz erstellen.

Revolutionen haben leider die unangenehme Begleiterscheinung, unkontrollierbare Flurschäden zu verursachen. Es müssen nicht gleich massenweise Köpfe rollen wie in der Französischen Revolution, aber wirtschaftliche und politische Revolutionen, das haben die vergangenen Jahrhunderte gezeigt, produzieren neue gesellschaftliche Gewinner und Verlierer. Sie erzeugen Spannungen und Verteilungskämpfe. Was wir daher favorisieren sollten, ist weder eine Revolution an den Börsen dieser Welt noch in den Sälen der Mächtigen. Zunächst brauchen wir eine Revolution in unseren Köpfen. Wir sollten neues Gedankengut wie die Gemeinwohl-Ökonomie ernst nehmen und uns damit konsequent auseinandersetzen. Der Ökonom John Maynard Keynes soll gesagt haben: »Die Schwierigkeit ist nicht, neue Ideen zu finden, sondern den alten zu entkommen.«[172] Das Verlernen ist mindestens genauso wichtig wie das Lernen. Wohlklingende

Revolutionen haben leider die unangenehme Begleiterscheinung, unkontrollierbare Flurschäden zu verursachen.

Konzepte sind schnell verfasst, nur die alten müssen auch aufgegeben werden dürfen. Wie kann das gelingen?

Es mag sinnvoll sein, mit der Gemeinwohl-Ökonomie zu beginnen. Aber wenn sie wirklich eine Revolution ist, werden sich unbeabsichtigte Nebenwirkungen einstellen. Und mit diesen sollten wir umgehen können. Wer bestimmt, wie Investitionen und Gewinne umverteilt werden? Das betroffene Unternehmen? Der Staat? Ein Verbund »sozialer« Kollektive? Wenn Ökonomie moralisch wird, was passiert dann mit Waffenproduzenten und Herstellern von Alkohol und Zigaretten? Wer schützt die Gesellschaft davor, dass nicht wieder einige mächtige Menschen und Lobbyisten die Gemeinwohl-Ökonomie nach ihrem Willen beeinflussen? Diese und andere Fragen muss ein sozialer Kapitalismus beantworten können, bevor wir in die Umsetzung eines ökonomischen Musterwechsels gehen. Wir brauchen Prozesse und Institutionen, die als handelnde Akteure der Gesellschaft versuchen, die Gemeinwohl-Ökonomie mit Leben zu füllen. Die wichtigsten Prinzipien, auf denen die Herstellung eines solchen sozialen Kapitalismus fußen muss, sind Meinungsfreiheit, Beteiligung und Transparenz.

Meinungsfreiheit als Grundlage gesellschaftlicher Prozesse zu betonen, mag ungewöhnlich oder unnötig erscheinen. Ist die Meinungsfreiheit nicht ohnehin Grundlage eines liberalen Rechtsstaats? Und haben wir nicht sowieso Meinungsfreiheit in Deutschland? Ganz so einfach ist die Sache nicht. Selbstverständlich haben wir Meinungsfreiheit des Einzelnen (die sich übrigens von der Presse- bzw. Rundfunkfreiheit unterscheidet, aber das nur am Rande). Doch es geht bei der praktischen Meinungsfreiheit nicht nur um rechtliche Grenzen, sondern um das subjektive Gefühl, bestimmte Dinge sagen zu dürfen oder nicht. In diesem Sinne ist auch der berühmte Satz »Das wird man ja wohl noch sagen dürfen!« einzuordnen. Wer Angst davor hat, in einer von Kollektiven beherrschten Öffentlichkeit, die nach Gutdünken festlegen, was moralisch gut oder schlecht ist, von eben dieser Öffentlichkeit medial oder physisch exekutiert zu werden, der zweifelt nicht am liberalen Fundament unseres Rechtsstaats, sondern an der Toleranz seiner Mitmenschen. Nur geht es der Gemeinwohl-Ökonomie und einem sozialen Kapitalismus um das Wohlergehen von Kollektiven zulasten von Einzelnen. Das öffentliche Gemeinwohl muss nicht mit meinen individuellen Interessen identisch sein; es kann diesen sogar entgegengesetzt sein. Umso wichtiger ist es in einer Gemeinwohl-Ökonomie und dem darunterliegenden liberalen Rechtsstaat, die Meinungsfreiheit des Einzelnen zu schützen, auch gegen Interessen vermeintlich wohlmeinender Kollektive.

Der wohlhabende Immobilienbesitzer hat ebenso einen verbrieften Meinungsanspruch wie Wohnungsbaugenossenschaften oder wie Bürgerinitiativen, die von Enteignung träumen. Auch der politische Rechtsaußen hat einen Meinungsanspruch, nicht nur ein potenziell linker politischer Mainstream. Auch der Eigentümer eines Fleischwaren-Produzenten hat einen Meinungsanspruch, nicht nur die vegane Community. Die Grenze der Meinungsfreiheit regeln lediglich die Gesetze, nicht der unreglementierte moralische Anspruch durchaus gut gemeinter Kollektive. In einer Gemeinwohl-Ökonomie und einem System des sozialen Kapitalismus müssen wir auf jeder Stufe des Prozesses die Meinungsfreiheit auch unliebsamer Gruppen und Individuen sicherstellen. Die Schriftstellerin Evelyne Beatrice Hall ließ in ihrer Biografie über Voltaire eben diesen folgenden Ausspruch tätigen: »Sir, ich lehne ab, was Sie sagen, aber ich werde bis auf den Tod Ihr Recht verteidigen, es zu sagen.«[173] Dieser Satz hat nichts von seiner Aktualität verloren und sollte unser Leitstern für alle gesellschaftlichen Debatten sein.

Ebenso wie die Meinungsfreiheit sollte ein Ausweiten der *demokratischen Mitbestimmung* Teil einer Gemeinwohl-Revolution sein. Entsprechende Parallelen zur Ausweitung der demokratischen Möglichkeiten in der Politik finden sich in der Unternehmensdemokratie-Bewegung. Diese tritt dafür ein, innerhalb eines Unternehmens möglichst viele Entscheidungen in einem strukturierten demokratischen Prozess zu treffen, aufgrund der einfachen Logik: »Was viele betrifft, sollten möglichst viele dieser Betroffenen entscheiden.« Das reicht im Unternehmenskontext von harmlosen Beispielen bezüglich des Kantinen-Speiseplans bis hin zu weitreichenden Entscheidungen über strategische oder finanzielle Maßnahmen. Die Möglichkeiten der Demokratisierung in Unternehmen umfassen zum Beispiel Entscheidungsprozesse, Finanz- und Eigentümerstrukturen und soziale Teilhabe. Es gibt also vielerlei Ansatzpunkte, um Demokratie in Unternehmen zu erweitern. Aber man braucht dafür den mündigen »Unternehmensbürger«, der die Verantwortung der demokratischen Gestaltung auch annehmen will. Demokratisierung von Unternehmen bedeutet daher auch demokratische Ermächtigung des Mitarbeiters. Passiv-politische Konsumdemokratie – man wählt und muss dann vier Jahre lang nichts mehr tun – funktioniert nicht in einer dynamischen Wirtschaft und in der Steigerung der »schöpferischen Zerstörung« (Josef Schumpeter).

Demokratie in einer Organisation kann nur gestaltet, nie erduldet werden. Daher braucht man nicht nur den Willen des Managements zur Demokratisierung, sondern auch den Willen des Mitarbeiters zur Gestaltung und zur Übernahme von Verantwortung. Was wir im Kleinen in den demokratischen Laboren unserer Unternehmen lernen, können wir im Großen auf die Gemeinwohl-Ökonomie anwenden. Das bedeutet aber, dass wir nicht nur die Unternehmen, sondern auch uns selbst auf mehr Demokratie vorbereiten müssen. Das kann anstrengend sein – und nicht jeder kann oder will mehr gesellschaftliche Verantwortung tragen. Aber genauso wie wir für den demokratischen Rechtsstaat Institutionen, Prozesse und Schutzmechanismen entwickelt haben, müssen wir für einen sozialen Kapitalismus diese Institutionen und Prozesse prüfen, neu bewerten, einige vielleicht verändern oder gar aufgeben. So, wie sich die individuelle Meinungsfreiheit an der Mauer des Rechts bricht, müssen sich die kollektiven Interessen der Gemeinwohl-Ökonomie an der Prüfung durch demokratische Institutionen bewähren.

Das alles wird nur möglich durch eine konsequente, gesellschaftliche *Transparenz*. Für die Verwirklichung einer Gemeinwohl-Ökonomie muss klar sein: Wer bestimmt die staatlichen und wirtschaftlichen Regeln? Wer legt fest, was das Gemeinwohl ist? Wer überwacht, wie Gewinne und Investitionen verteilt werden? Für

Demokratie in einer Organisation kann nur gestaltet, nie erduldet werden.

das Gelingen einer transparenten Entwicklung hin zu einer Gemeinwohl-Ökonomie brauchen wir unabhängige Medien, die frei
von Parteienproporz und ideologischem Einschlag Missstände aufdecken und die unterschiedlichen Initiativen eines sozialen Kapitalismus kritisch begleiten. Presse und Rundfunk sollten in diesem
Sinne tatsächlich eine »vierte Gewalt« darstellen, die den einflussreichen Playern in Gesellschaft, Wirtschaft und Politik Contra gibt –
und sich nicht als Sprachrohr der Politik versteht. Unter diesem
Aspekt ist der aktuelle Trend zum Haltungsjournalismus kritisch zu
sehen. Manche Medien verstehen sich eben nicht mehr als neutrale
Instanzen und zeitgenössische Berichterstatter. Fakt und Meinung
werden oft nicht mehr getrennt. Vielmehr spielen sich einige Medien als Aktivisten mit angeschlossenem Redaktionsbüro auf. So
nahm der »Stern« 2021 offensiv eine Richtung hin zum Haltungs-
und Kampagnenjournalismus ein: »Der Stern möchte sich für das
Gelingen unserer Gesellschaft einsetzen. Dafür wollen wir uns
nicht nur einmischen, sondern mitmischen. Missstände möchten
wir nicht nur aufdecken und analysieren, sondern auch bekämpfen
und verändern […]. Wir machen Journalismus, der Haltung zeigt
und erklärt, wie er dazu kommt. Nicht vom Spielfeldrand, sondern
mittendrin. […] Wir finden, dass die reine Berichterstattung und
Kommentierung angesichts der Vielzahl der Probleme in unserer
Gesellschaft nicht mehr ausreichen.«[174]

Eines der ehemals wichtigsten Nachrichtenmagazine Deutschlands verabschiedet sich ganz offiziell von seiner neutralen »Wäch-
terfunktion«, um ihm genehme Positionen gesellschaftlich zu be-
werben. Das ist legitim, nur macht sich der »Stern« damit zum
Komplizen unreglementierter Kollektive. Aber gerade in einer neu
zu verhandelnden Gemeinwohl-Ökonomie benötigen wir transparente, neutrale Medien – vielleicht mehr als je zuvor. In einer
Übergangszeit, in der Macht und Geld neu verteilt werden, braucht
die Gesellschaft Leuchttürme der Information und Transparenz.
Medien, auf die man sich verlassen kann.

Dass immer mehr Bürger den Medien nicht vertrauen und eine
tatsächliche oder halluzinierte unsichtbare Agenda zugunsten des
politischen Mainstreams sehen, unterstreicht nur die Dringlichkeit

einer transparenten Berichterstattung. Sonst wird sich der ohnehin starke Rückzug von Teilen der Bevölkerung in die unterschiedlichen Social-Media-Kanäle und eine entsprechende Blasenbildung nur verstärken. Damit werden auch die gefühlte Meinungsfreiheit und der Drang nach Beteiligung torpediert. Wozu sich demokratisch engagieren, wenn doch alles gelenkt und manipuliert ist?

Eine Gemeinwohl-Ökonomie baut sich nicht von allein. Wir alle bauen sie – wenn wir das wollen und wenn wir dafür Meinungsfreiheit, demokratische Beteiligung und Transparenz schützen und stärken.

Die Gemeinwohl-Ökonomie und der soziale Kapitalismus bieten unserer Gesellschaft enorme Chancen: sozial, wirtschaftlich, politisch. Dafür müssen wir den Ansatz des Stakeholder-Value konsequent verfolgen und einen Weg finden, den Willen der gesellschaftlichen Kollektive zu kanalisieren und produktiv einzuhegen. Eine Gemeinwohl-Ökonomie baut sich nicht von allein. Wir alle bauen sie – wenn wir das wollen und wenn wir dafür Meinungsfreiheit, demokratische Beteiligung und Transparenz schützen und stärken. Unsere Zukunft sollte uns das wert sein.

Der Autor

Markus Väth ist Psychologe, Vordenker, Speaker und Autor. Er gilt als einer der führenden Köpfe der New-Work-Bewegung in Deutschland und ist Verfasser der New Work Charta, die sich für eine klare, humanistische und soziale Version von New Work einsetzt. Darüber hinaus hat er den Begriff »New Work Deal« für die politische Dimension Neuer Arbeit geprägt. Die Frankfurter Allgemeine Zeitung bescheinigt ihm »kluge Gedanken« und  »wichtige Anregungen«, während die Wirtschaftswoche konstatiert, er habe »die philosophischen Utopien Frithjof Bergmanns in die Arbeitswelt geholt«.

Markus Väth ist Mitgründer und geschäftsführender Gesellschafter der humanfy GmbH. humanfy versteht sich als Think-Tank für Neues Arbeiten und vernetzt Menschen aus Wirtschaft, Wissenschaft und Politik, die New Work voranbringen und die Zukunft der Arbeit gezielt gestalten wollen. Zu den Innovationen von humanfy gehört unter anderem der Ansatz des Organisationscoachings, mit dem Unternehmen bei einer individuellen und selbstbestimmten Transformation in die neue Arbeitswelt begleitet werden.

Markus Väth ist mehrfacher Buchautor, Host des Podcasts New Work Works und hat einen Lehrauftrag für New Work und Organisationsentwicklung an der Technischen Hochschule Nürnberg.

www.humanfy.de

Quellenverweise

1 Stiftung für Zukunftsfragen: Zukunftsmonitor 2021. Online: http://www.zukunftserwartungen.de/zahlen/daten/statistik/hoffnung-waechst-sorgen-nehmen-ab

2 https://www.welt.de/finanzen/article192230369/Die-gefaehrliche-Aktien-Ignoranz-der-Deutschen.html

3 Keese, Christoph: Silicon Valley: Was aus dem mächtigsten Tal der Welt auf uns zukommt. Penguin Verlag, 2014, S. 27 f.

4 https://www.bertelsmann-stiftung.de/fileadmin/files/user_upload/MT_Globalisierungsreport_BTI_Laender_2020_DT.pdf

5 https://science.orf.at/v2/stories/2946247/

6 https://www.diepresse.com/5630201/werner-plumpe-der-kapitalismus-ist-eine-okonomie-der-armen-fur-arme

7 Ebenda

8 https://www.tagesspiegel.de/wissen/studierendenrekord-werden-die-vielen-akademiker-auch-gebraucht/23693048.html

9 Ebenda

10 Ebenda

11 Shell-Jugendstudie 2019. Online: https://www.shell.de/ueber-uns/shell-jugendstudie/_jcr_content/par/toptasks.stream/15707 08341213/4a002dff58a7a9540cb9e83ee0a37a0ed8a0fd55/shell-youth-study-summary-2019-de.pdf

12 https://www.welt.de/wirtschaft/bilanz/article181503362/Seitenwechsel-Manager-in-Wirtschaft-und-Politik.html

13 https://www.netzsieger.de/ratgeber/alle-tatort-folgen-im-ueberblick

14 https://schufa.de/media/editorial/ueber_uns/dateien/pressemitteilungen_1/w2gipfel_2018/W2_Jugend_Finanzmonitor_FORSA_Ergebnisse.pdf

15 https://www.insm.de/fileadmin/insm-dms/downloads/INSM-Bildungsmonitor-2019.pdf

16 Kaiser, Tim / Kirchner, Vera: Das Finanzwissen angehender Wirtschaftslehrpersonen: Ergebnisse eines aktuellen Surveys, in: Zeitschrift für Berufs- und Wirtschaftspädagogik, Band 111, Dezember 2015, Heft 4, S. 552–574

17 https://www.hwwi.org/fileadmin/hwwi/Zweigniederlassung_Thueringen/Produkte/Studien/Studie_Schulbuecher_Marktwirtschaft.pdf

18 https://de.statista.com/statistik/daten/studie/1184876/umfrage/sonntagsfrage-ard-volontaere/

19 https://www.medienpolitik.net/2021/02/das-herz-des-journalismus-schlaegt-links-so-what/

20 https://twitter.com/JoeKaeser/status/996700947966513152

21 http://www.spiegel.de/netzwelt/netzpolitik/sascha-lobos-kolumne-zum-tag-der-arbeit-am-1-mai-a-830734.html

22 https://www.rtl.de/cms/trotz-mehrarbeit-und-sonderschichten-in-der-corona-krise-mitarbeiter-von-supermaerkten-verdienen-weniger-4656397.html

23 https://www.bibliomed-pflege.de/news/9000-pflegende-2020-aus-beruf-ausgeschieden

24 https://www.faz.net/aktuell/karriere-hochschule/buero-co/gallup-studie-corona-spaltet-die-arbeitnehmer-17250942.html

25 ARTE-Dokumentation: Arbeit auf Abruf: Digitale Tagelöhner. Online: https://www.arte.tv/de/videos/075833-000-A/arbeit-auf-abruf/

26 https://www.sozialpolitik-aktuell.de/files/sozialpolitik-aktuell/_Politikfelder/Arbeitsmarkt/Datensammlung/PDF-Dateien/abbIV91.pdf

27 https://de.statista.com/statistik/daten/studie/158665/umfrage/freie-berufe---selbststaendige-seit-1992/

28 https://www.morganstanley.com/ideas/freelance-economy

29 Rest, Jonas: Volles Risiko, frei Haus. In: manager magazin, Ausgabe 08/2021, S. 28–34

30 https://de.statista.com/statistik/daten/studie/1135602/umfrage/bestellung-von-essen-nach-hause/#professional

31 https://www.wsj.com/articles/netflixs-reed-hastings-deems-remote-work-a-pure-negative-11599487219

32 https://www.polver.uni-konstanz.de/kunze/konstanzer-homeoffice-studie/

33 https://www.mckinsey.com/business-functions/people-and-organizational-performance/our-insights/what-employees-are-saying-about-the-future-of-remote-work

34 Vgl. Bergmann, Frithjof: Neue Arbeit, neue Kultur. Arbor Verlag, 2004

35 https://www.karriere.at/blog/umfrage-30-stunden-woche.html

36 https://www.ey.com/de_de/news/2021/05/ey-zukunft-der-arbeitswelt-2021

37 https://www.diw.de/de/diw_01.c.697152.de/publikationen/wochenberichte/2019_46_1/teilzeiterwerbstaetigkeit_ueberwiegend_weiblich_und_im_durchschnitt_schlechter_bezahlt.html#box1-collapsible

38 https://www.humanresourcesmanager.de/news/new-work-wer-sind-die-verlierer.html

39 https://de.wikipedia.org/wiki/Wertsch%C3%B6pfung_(Wirtschaft)

40 https://www.humanisten.at/humanismus/humanistisches-menschenbild/

41 https://digital-strategy.ec.europa.eu/en/policies/desi

42 https://www.uni-wuerzburg.de/fileadmin/02000015/2021/Die_Corona-Warn-App_-_eine_Zwischenbewertung.pdf

43 https://www.de.digital/DIGITAL/Redaktion/DE/Publikation/digitale-strategie-2025-broschuere.pdf?__blob=publicationFile&v=8

44 https://www.handelsblatt.com/technik/it-internet/e-commerce-corona-boom-amazon-wickelt-jetzt-mehr-als-die-haelfte-des-deutschen-onlinehandels-ab/27382008.html

45 https://zeitung.faz.net/fas/wirtschaft/2021-05-30/fe89e-2d58aeac7fb63fbf74704468576/

46 Ebenda

47 https://www.heise.de/newsticker/meldung/FDP-Gruene-und-Landkreistag-fordern-schnellere-Digitalisierung-4355376.html

48 https://www.capital.de/wirtschaft-politik/prominenter-abgang-in-merkels-digitalrat

49 https://community.secondlife.com/blogs/entry/2349-celebrating-15-years-second-life-infographic-town-hall-video/

50 Platon: Werke, Übersetzung und Kommentar. Band III/4: Phaidros. Vandenhoek & Ruprecht, 1997, S. 61

51 Die Bibel, Einheitsübersetzung 2016: Markus 16, 15

52 https://www.absatzwirtschaft.de/singularitaet-maschinen-werden-intelligenter-sein-als-menschen-76541/

53 https://wirelesslife.de/reiskorn/

54 Bergmann, Frithjof: Neue Arbeit, Neue Kultur. Arbor Verlag, 2004, S. 107 f.

55 Ebenda, S. 109

56 Brynjolfsson, Erikm / McAfee, Andrew: The Second Machine Age. Plassen, 2014, S. 157

57 Ebenda, S. 200

58 https://www.tagesschau.de/wirtschaft/weltwirtschaft/ilo-jobs-corona-101.html

59 https://de.wikipedia.org/wiki/Robert_Oppenheimer

60 https://larsmecklenburg.medium.com/was-ist-digitalit%C3%A4t-1e15921ef8c0

61 https://www.faz.net/aktuell/finanzen/digital-bezahlen/bezahlen-mit-potential-die-schoene-welt-des-digitalen-banking-14599644.html

62 https://www.stiftung-nv.de/sites/default/files/210317_scheinlosung_digitalministerium.pdf

63 Ebenda

64 https://www.welt.de/wirtschaft/plus233562474/Digitalisierung-das-Maerchen-von-der-deutschen-Aufholjagd.html

65 https://www.handelsblatt.com/politik/deutschland/infrastruktur-ausbau-die-blockierte-republik-woran-oeffentliche-projekte-in-deutschland-scheitern/25078986.html?ticket=ST-893623-KxxC-LOAvG1egCfdhSRaz-ap6

66 Ebenda

67 https://www.hp.com/hpinfo/execteam/speeches/fiorina/ceo_ctea_00.html

68 https://www.bitkom.org/Presse/Presseinformation/Manager-sprechen-sich-selbst-hohe-Digitalkompetenz-zu

69 https://www.personalwirtschaft.de/der-job-hr/artikel/purpose.html

70 Vgl. Weber, Max: Wirtschaft und Gesellschaft. Verlag Mohr Siebeck, 2002

71 https://eu.patagonia.com/de/de/home/

72 https://www.azquotes.com/quote/671483

73 https://www.haufe.de/personal/hr-management/der-purpose-

verleiht-organisationen-sektenhafte-zuege_80_491412.
html

74 https://www.spiegel.de/wirtschaft/unternehmen/volkswagen-greenpeace-klaut-hunderte-autoschluessel-und-schafft-sie-zur-zugspitze-a-3a8cc142-681a-4908-9bc3-ff7bd21852a4

75 https://www.haufe.de/personal/hr-management/der-purpose-verleiht-organisationen-sektenhafte-zuege_80_491412.html

76 Vgl. Bergmann, Frithjof: Neue Arbeit, neue Kultur. Arbor Verlag, 2004

77 Bauer, Joachim: Arbeit. Warum sie uns glücklich oder krank macht. Heyne, 2015, S. 16

78 https://www.faz.net/aktuell/feuilleton/buehne-und-konzert/charles-aznavour-im-gespraech-am-dringendsten-braucht-man-freunde-12308492.html?printPagedArticle=true#pageIndex_2

79 Frankl, Viktor: Das Leiden am sinnlosen Leben. Herder, 2009, S. 13

80 Ebenda

81 https://www.researchgate.net/publication/332381961_New_Work_und_Coaching_-_psychologisches_Empowerment_als_Chance_fur_CoachesNew_Work_and_coaching-psychological_empowerment_as_chance_for_coaches

82 https://www.inspectandadapt.de/scheitern-ist-scheisse/

83 Vgl. Peterson, Jordan: 12 Rules for life: An Antidote to Chaos. Verlag Penguin, 2019

84 Vgl. Schermuly, Carsten: New Work – Gute Abeit gestalten. Verlag Haufe, 2019 (2. Auflage), S. 64

85 https://www.boeckler.de/de/auf-einen-blick-17945-zahlen-und-studien-zum-pflegenotstand-und-wege-hinaus-17962.htm

86 http://www.vincelombardi.com/quotes.html

87 https://www.bpb.de/apuz/250659/der-arbeitsmarkt-als-problem-und-politikum-entwicklungslinien-und-aktuelle-tendenzen?p=0

88 https://de.wikipedia.org/wiki/Working_out_loud

89 Hofmann, Josephine / Piele, Alexander / Piele, Christian: Arbeiten in der Corona-Pandemie. Fraunhofer-Institut für Arbeitswirtschaft und Organisation IAO, 2021, S. 8

90 https://www.schlichtundergreifend.net/uploads/3/6/1/3/3613481/workplaceaccountabiliystudy.pdf

91 Ebenda

92 https://www.arbeit-und-arbeitsrecht.de/fachmagazin/fachartikel/macht-und-verantwortung-noch-ungleich-verteilt.html

93 https://www.haufe.de/personal/hr-management/agilitaet/definition-agilitaet-als-hoechste-form-der-anpassungsfaehigkeit_80_378520.html

94 https://blog.wiwo.de/management/2018/01/20/die-angst-der-deutschen-manager-gastbeitrag-von-strategy-decisions-chef-mark-seidler/

95 Shakespeare, William: Maß für Maß. Komödie, 1603

96 Enste, Dominik / Kürten, Louisa / Schwarz, Inga: Vertrauen in Unternehmen. In: IW-Report 45 / 2020, S. 14

97 Ebenda, S. 8

98 https://www.it-finanzmagazin.de/studie-unternehmen-weniger-vertrauen-78303/

99 https://www.produktion.de/wirtschaft/warum-unternehmen-ihren-mitarbeitern-immer-weniger-zutrauen-130.html

100 Kienbaum, Whitepaper: Remote Leadership und fehlendes Feedback: Handlungsansätze. Online: https://media.kienbaum.com/wp-content/uploads/sites/13/2021/02/Whitepaper_Remote_Leadership_Fehlendes_Feedback.pdf

101 HBM, Chefs sind immer noch misstrauisch. Online: https://www.manager-magazin.de/harvard/management/homeoffice-chefs-sind-immer-noch-misstrauisch-a-00000000-0002-0001-0000-000172874350

102 Traemann, Kai / Kitsch, Christian: »Was habe ich bekommen vom DFB? Einen Arschtritt«. DIE WELT Online: 10.08.2021, https://www.welt.de/sport/article233062395/Schiedsrichter-Manuel-Graefe-Was-habe-ich-bekommen-vom-DFB-Einen-Arschtritt.html

103 https://2hmforum.de/studie-unternehmen-haben-kaum-fans-unter-ihren-mitarbeitern/

104 https://www.newsaktuell.de/blog/interne-kommunikation-das-geht-noch-besser/

105 Foerster, Heinz von: Sicht und Einsicht. Vieweg + Teubner Verlag, 1985, S. 41

106 Ebenda, S. 12

107 Foerster, Heinz von / Pörksen, Bernhard: Wahrheit ist die Erfindung eines Lügners. Gespräche für Skeptiker. Carl-Auer-Systeme Verlag, 2019, S. 65 f.

108 https://www.bitkom.org/Themen/Achim-Berg-zur-Digital-
strategie
109 Ebenda
110 https://www.capital.de/wirtschaft-politik/warum-die-konzerne-
gerade-die-dezentralisierung-neu-entdecken
111 https://humanfy.de/new-work-charta
112 Domin, Hilde: Hier. S. Fischer, 1990, S. 33
113 Senge, Peter Michael: Die fünfte Disziplin. Kunst und Praxis der
lernenden Organisation. Schäffer-Poeschel, 1996, S. 13
114 Vates, Daniela / Decker, Markus: Winfried Kretschmann:
»Annalena Baerbock braucht Beinfreiheit«. Redaktionsnetzwerk
Deutschland, 29.06.2021. Online: https://www.rnd.de/politik/
winfried-kretschmann-annalena-baerbock-braucht-beinfreiheit-
AQHD3MFMMZEIDHSZFPT6JQJGOY.html
115 Staatsinstitut für Schulqualität und Bildungsforschung: Oberste
Bildungsziele in Bayern. Art. 131 der Bayerischen Verfassung –
Wertefundament des LehrplanPlus, S. 10. Online: https://www.
isb.bayern.de/download/18716/isb_oberste_bildungsziele_
internet.pdf
116 Böckenförde, Ernst Wolfgang: Die Entstehung des Staates als
Vorgang der Säkularisation. In: Recht, Staat, Freiheit. Studien
zur Rechtsphilosophie, Staatstheorie und Verfassungsgeschichte,
Suhrkamp, 2006, S. 92–114, 112
117 Kühl, Stefan: Das Ende der Entfremdung. In: Frankfurter Allgemeine Zeitung vom 25.06.2021. Online: https://www.faz.net/
aktuell/karriere-hochschule/klassenzimmer/lernumfeld-an-
schulen-das-ende-der-entfremdung-17403934.html
118 https://de.wikipedia.org/wiki/Bildungsreform
119 Schimank, Uwe: Vom »fordistischen« zum »postfordistischen«
Kapitalismus. Bundeszentrale für Politische Bildung (online):
https://www.bpb.de/politik/grundfragen/deutsche-verhaeltnisse-
eine-sozialkunde/137994/vom-fordistischen-zum-postfordisti-
schen-kapitalismus?p=1
120 Schimank, Uwe: Theorien gesellschaftlicher Differenzierung.
VS Verlag für Sozialwissenschaften, 2007, S. 61
121 Kühl, Stefan: Das Ende der Entfremdung. In: Frankfurter
Allgemeine Zeitung vom 25.06.2021. Online: https://www.faz.
net/aktuell/karriere-hochschule/klassenzimmer/lernumfeld-an-
schulen-das-ende-der-entfremdung-17403934.html

122 Preußische Geheime Staatspolizei Berlin, 1. November 1935, StAM LR 17 134354, BAD Z/B 1 904, BAK R 43 II/822, zitiert nach: Kugler, Walter: Feindbild Steiner. Verlag Freies Geistesleben, 2001, S. 11 f.

123 https://de.wikipedia.org/wiki/Waldorfschule

124 https://de.wikipedia.org/wiki/Summerhill

125 Robinson, Ken: Ersticken Schulen die Kreativität? Vortragstranskript eines TEDTalks 2006. Online: https://www.ted.com/talks/sir_ken_robinson_do_schools_kill_creativity/transcript?language=de

126 Ebenda

127 https://www.forschung-und-lehre.de/lehre/weniger-studienabbrecher-durch-fachhochschulen-2970/

128 https://www.kmk.org/fileadmin/Dateien/pdf/Statistik/Dokumentationen/Aus_Abiturnoten_2018.pdf

129 https://www.sueddeutsche.de/bayern/abitur-bayern-einser-abiturienten-1.4049603

130 Ebenda

131 Müller, Torger: Woher stammt die Halbwertszeit des Wissens? In: Babik, Wieslaw / Ohly, H. Peter / Weber, Karsten: Theorie, Semantik und Organisation von Wissen. ERGON Verlag, 2017, S. 398–411

132 Ebenda

133 Robinson, Ken: Bring on the learning revolution! TedTalk 2010. Online: https://www.ted.com/talks/sir_ken_robinson_bring_on_the_learning_revolution/

134 Haniel-Stiftung: Kooperationsprojekt Bildung als Chance. Online: https://www.haniel-stiftung.de/bildungschancen/kooperationsprojekt-bildung-als-chance

135 Bendel, Oliver: Bildung. In: Gabler Wirtschaftslexikon. Online: https://wirtschaftslexikon.gabler.de/definition/bildung-100060

136 Schleicher, Andreas: The case for 21st-century learning. OECD online: https://www.oecd.org/general/thecasefor21st-centurylearning.htm

137 Beantwortung der Frage: Was ist Aufklärung? In: Berlinische Monatsschrift, 1784, 2, S. 481–494

138 OECD Learning Compass 2030. Online: https://www.oecd.org/education/2030-project/teaching-and-learning/learning/learning-

compass-2030/OECD_Learning_Compass_2030_Concept_Note_
Series.pdf

139 Deutsche Welle: Problematisch: Homeschooling in der Krise.
Online: https://www.dw.com/de/problematisch-homeschooling-
in-der-corona-krise/a-56369233

140 Ebenda

141 SPIEGEL Online: Warum Schüler unter Druck einbrachen. Inter-
view mit Klaus Hurrelmann, 19.09.2003. Online: https://www.
spiegel.de/lebenundlernen/schule/interview-mit-jugendforscher-
hurrelmann-warum-schueler-unter-druck-einbrechen-a-266168.
html

142 Sadigh, Parvin: Spekulieren über die vielen Einsen. In:
ZEIT Online, 17.09.2019. Online: https://www.zeit.de/
gesellschaft/schule/2019-09/abitur-einsen-notendurch-
schnitt-benotung-ehrgeiz-wissen-verbesserung?utm_
referrer=https%3A%2F%2Fwww.google.com%2F#welche-
rolle-spielt-der-foederalismus

143 https://wirtschaftslexikon.gabler.de/definition/shareholder-
value-43433

144 https://www.sueddeutsche.de/wirtschaft/shareholder-value-
lehre-die-bloedeste-idee-der-welt-1.405826

145 https://opportunity.businessroundtable.org/ourcommitment/

146 https://www.blackrock.com/corporate/investor-relations/2020-
blackrock-client-letter

147 https://www.businessroundtable.org/business-roundtable-
redefines-the-purpose-of-a-corporation-to-promote-an-
economy-that-serves-all-americans

148 https://www.ludwig-erhard.de/erhard-aktuell/standpunkt/
deutschland-wird-nicht-ungleicher/

149 https://www.ey.com/de_de/government-public-sector/warum-
sich-unternehmen-fuer-diversitaet-und-gegen-rassismus-
einsetzen-sollten

150 https://nachhaltige-deals.de/nachhaltiger-leben/greenwashing-
beispiele/

151 https://www.dw.com/de/unmoralisches-verhalten-in-der-
wirtschaft-nur-ein-gef%C3%BChltes-problem/a-3380665

152 https://www.zeit.de/news/2021-08/26/keine-weissen-
menschen-stellenanzeige-stoesst-auf-kritik?utm_referrer=
https%3A%2F%2Fwww.google.com%2F

153 https://www.tagesanzeiger.ch/schweiz/standard/wir-berichten-fuer-sie-aus-davos/story/24300189

154 https://link.springer.com/chapter/10.1007/978-3-030-30469-0_12#Fn6_source

155 https://www.zeit.de/wirtschaft/2021-01/wef-davos-weltwirtschaftsforum-pandemie-armut/komplettansicht

156 https://antonymueller.medium.com/keine-privatsph%C3%A4re-kein-eigentum-die-welt-im-jahr-2030-6fd414cb4827

157 https://www.tagesschau.de/inland/klimaschutzgesetz-bundesverfassungsgericht-101.html

158 Ebenda

159 https://www.dwenteignen.de/warum-enteignen/

160 Ebenda

161 https://www.derstandard.de/story/2000109330490/wie-die-klimakatastrophe-psychisch-krank-macht

162 Abgerufen am 29.10.2021

163 https://www.welt.de/kultur/plus232838543/Frank-Miller-gecancelt-Faschisten-sind-immer-die-anderen.html

164 https://de.wikipedia.org/wiki/Gemeinwohl

165 Ebenda

166 https://www.br.de/nachrichten/deutschland-welt/ethikrat-mitglied-nichtgeimpfte-duerfen-benachteiligt-werden,SfHa5v6

167 Ebenda

168 https://www.planet-interview.de/interviews/christian-felber/50274/

169 Ebenda

170 Ebenda

171 Pausch, Robert: Nichts zu erzählen. In: DIE ZEIT vom 02.09.2021, S. 4

172 https://www.wirtschaftszitate.de/autor/keynes-john-maynard/

173 Hall, Evelyn Beatrice: Brainyquote.com. Vgl.: Boller, Paul F. Jr./George, John: They Never Said It: A Book of Fake Quotes, Misquotes, and Misleading Attributions, Oxford University Press, 1989, S. 124–126

174 https://www.horizont.net/medien/nachrichten/anpacken-nicht-nur-schreiben-das-bemerkenswerte-mission-statement-der-beiden-stern-chefredakteure-191146

Vorhang auf für
das GABAL Magazin

Wissen teilen, Menschen vernetzen

Auf unserem Online-Portal bieten wir hochwertige Inhalte,
praxisrelevantes Wissen und umsetzbare Impulse.
Wir erweitern unsere Community und verleihen unseren
Inhalten und AutorInnen noch mehr Sichtbarkeit.

DIE 3. ALTERNATIVE IN DER PRAXIS

Ob Ärzte, Polizisten, Angestellte, Unternehmer, Verkäufer, Künstler, Lehrer oder Eltern: In diesem Buch werden Sie viele Menschen kennenlernen, die beschlossen haben, sich mit nichts weniger als der 3. Alternative zufriedenzugeben. Sie werden sehen, wie viele von ihnen sich von scheinbar hoffnungslosen Konflikten nicht beirren ließen. Stattdessen haben sie auf die 3. Alternative gesetzt und Lösungen entwickelt, von denen sie zuvor nicht einmal zu träumen gewagt hatten.

NUTZEN SIE DIE KRAFT DER 3. ALTERNATIVE

Jedes der Beispiele aus diesem Buch ist eine Einladung an Sie, die Kraft der 3. Alternative zu nutzen. Denn: Die Suche nach der 3. Alternative ist Ihre größte Chance, Ihr Denken von Grund auf zu verändern, das allgegenwärtige Konkurrenzdenken hinter sich zu lassen, aufreibende Konflikte zu vermeiden und ein völlig neues Leben zu führen.

PROBIEREN SIE ES AUS!

Auf der folgenden Seite finden Sie unser Praxis-Tool »4 Schritte zur Synergie« und eine kleine »Gebrauchsanweisung« dazu. Nutzen Sie das Praxis-Tool, um eine 3. Alternative für ein aktuelles Problem oder einen akuten Konflikt in Ihrem Leben zu entwickeln.

Das KOMPLETTE PRAXISTOOL mit allen Schritten finden Sie im Buch. Hier haben wir eine stark verkürzte und vereinfachte Zusammenfassung für Sie!

www.stephen-covey.de

So geht Konfliktlösung heute – EINVERNEHMLICH, RESPEKTVOLL und KREATIV!

Unterschiede SCHÄTZEN, Gegensätze ÜBERWINDEN und Synergien SCHAFFEN

PRAXIS-TOOL: 4 SCHRITTE ZUR SYNERGIE

1. Fragen Sie pro-aktiv nach der 3. Alternative: Gehen Sie auf den anderen zu und fragen Sie: »Bist du bereit, eine Lösung zu suchen, die besser ist als alles, was jeder von uns beiden bisher im Sinn hatte?«

2. Legen Sie klare Erfolgskriterien fest: Überlegen Sie: Worauf kommt es bei einer Lösung wirklich an? Was wäre für alle Beteiligten eine echte Win-Win-Situation? Halten Sie alle wesentlichen Punkte schriftlich fest.

3. Lassen Sie Ihrer Kreativität freien Lauf: Stellen Sie Ihr Denken auf den Kopf. Widerstehen Sie der Versuchung, sofort fertige Lösungen präsentieren zu wollen. Lassen Sie Ihren Ideen freien Lauf. Verzichten Sie auf jede Bewertung, bis Sie den Moment erreicht haben, in dem Sie spüren, dass zwischen allen Beteiligten Synergie herrscht.

4. Entwickeln Sie eine 3. Alternative und einen Plan zur Umsetzung: Schreiben Sie auf, wie Ihre 3. Alternative ganz konkret aussieht. Notieren Sie auch, wie Sie die 3. Alternative erfolgreich umsetzen können.

....

Aber Achtung: Verwechseln Sie die 3. Alternative nicht mit einem Kompromiss. Ein Kompromiss besänftigt, weckt aber keine Begeisterung. Ein Kompromiss bedeutet, dass alle Abstriche machen müssen. Dagegen sind bei der 3. Alternative alle fest davon überzeugt, dass die Lösung ein echter Gewinn für sie ist.

....

24,90 € (D) | ca. 25,60 € (A)
ISBN 978-3-96739-099-5